泰王国程序法汇编

黎群 编译

图书在版编目（CIP）数据

泰王国程序法汇编／黎群编译. —北京：商务印书馆，2022
ISBN 978-7-100-20387-6

Ⅰ. ①泰… Ⅱ. ①黎… Ⅲ. ①行政程序—程序法—汇编—泰国　Ⅳ. ① D933.621

中国版本图书馆 CIP 数据核字（2021）第 190373 号

权利保留，侵权必究。

民族法与区域治理研究协同创新中心资助出版。本书为2019年中国博士后科学基金第66批面上资助项目"中国－东盟国际商事仲裁法律适用问题研究"（项目编号：2019M662756）阶段成果；广西高等学校高水平创新团队（东盟民商法研究创新团队）阶段成果。

泰王国程序法汇编
黎群　编译

商　务　印　书　馆　出　版
（北京王府井大街36号　邮政编码100710）
商　务　印　书　馆　发　行
北　京　冠　中　印　刷　厂　印　刷
ISBN 978-7-100-20387-6

2022年6月第1版	开本 880×1230　1/32
2022年6月北京第1次印刷	印张 14 1/8

定价：98.00元

序　　言

　　广西壮族自治区位于我国西南边陲,是我国唯一与东盟国家陆海相邻的省区。作为我国与东盟国家的前沿,广西壮族自治区与东盟就经济、文化、教育、科技等多项事宜进行广泛的合作与交流。2003年国务院决定将中国－东盟博览会落户广西,广西成为中国－东盟博览会的永久举办地,搭建了中国与东盟交流合作的平台。2015年中共中央赋予了广西"三大定位"新使命,2017年对广西提出了"五个扎实"新要求,这不仅为新时代广西发展指明了方向,也对广西加强与东盟国家之间交流合作提出了新的要求,加强与东盟国家之间的民事、刑事和行政诉讼法律制度研究变得更加重要。

　　广西民族大学高度重视与东盟国家的交流与合作。在学术交流与人才培养方面,学校加强与东盟国家高等院校的国际合作,先后与新加坡国立大学、泰国法政大学、越南河内国家大学等100多所高校建立了合作关系。举办中国－东盟诉讼法论坛、中国－东盟民商法论坛、中国－东盟刑法论坛等多个具有国际影响力的国际学术会议。在科研合作方面,学校构建了比较完整的科研平台。先后获批3个省部级科研平台,并成立了8个校级科研平台和11个院级科研平台。在东盟人才培训方面,学校依托东盟学院培训中心、中国法学会东盟法律培训基地和南宁市法学会东盟法律培训基地等平台,组织开放式、多元化、多层次的培训班。截至2020年,共培训学员1.7万余人,其中培养面向东盟高层次法律人才为700余人,并为东盟国家提供培训和指导留学生4000余人,在广西乃至全国及东盟国家均产生了良好影响。

基于服务国家战略,服务广西地方发展以及服务东盟法律人才培养的需要,我们翻译了《泰王国民事诉讼法典》《泰王国刑事诉讼法典》《泰王国行政法院成立与程序法》三部法律,这既可以为从事中泰交往的企业或人员全面了解泰国的民事、刑事、行政诉讼制度提供法律文本参考,让其在必要的时候选择诉讼渠道以维护自己的合法权益,还可以为我国从事民事、刑事、行政诉讼法研究的专家、学者提供基础资料,让更多的专家、学者研究东南亚国家的法律制度;同时还可以为公检法等实务部门工作人员的执法、司法提供有益借鉴或参考,具有重要的理论意义和实践价值。

谢尚果

2021年12月

译 者 序

一、译本翻译的背景

随着中国-东盟自贸区升级《议定书》的全面生效,以及我国"一带一路"倡议和中国企业"走出去"的不断推进,中国与东盟国家的经贸往来越来越频繁。泰国地处亚洲中南半岛中部,是东南亚地区的经济、金融中心和航空枢纽,是"一带一路"的重要节点,也是东盟十国的重要国家之一。随着中国与泰国经贸往来的频繁增加,跨国民商事法律纠纷也随之不断增加。同时中国与泰国之间也面临非法居留人口数量高居不下、非法婚姻问题异常突出、毒品犯罪态势十分严峻、恐怖邪教活动屡禁不止等问题。此外,行政管理部门在执法管理过程中也不可避免地会出现侵犯行政相对人或利害关系人合法权益的情形,而诉讼仍然是解决中国与泰国之间民事、刑事和行政争议纠纷的重要途径。为了让在泰国从事投资、贸易、文化交流、旅游等活动的中国企业和公民更好地了解泰国的民事、刑事和行政诉讼法律制度,以及为了保障中国企业和公民在泰国的合法权益,对泰国的民事诉讼法律制度、刑事诉讼法律制度和行政诉讼法律制度进行系统全面了解是十分必要的。

二、译本翻译的意义

目前国内对泰国诉讼法律制度的研究,还处于起步阶段或者处于零散研究的阶段,并且大多数的研究基础是基于英文资料而不是泰文资料。国内至今没有《泰王国民事诉讼法典》《泰王国刑事诉讼法典》《泰王国行政法院成立与程序法》的完整译本,国内对泰国民事诉讼、刑事诉讼和行政诉讼法律的有关翻译和介绍往往是以二手资料即英文资料为基础的,在内容方面也欠缺系统性和完整性。基于此,本人在攻读泰国法政大学博士学位时就萌生要翻译《泰王国民事诉讼法典》《泰王国刑事诉讼法典》《泰王国行政法院成立与程序法》的念头。

《泰王国民事诉讼法典》《泰王国刑事诉讼法典》《泰王国行政法院成立与程序法》三部法律的翻译,不仅具有重要的理论意义,而且具有重要的实践意义。首先,首次以中文形式系统全面展现了泰国民事诉讼、刑事诉讼、行政诉讼三大诉讼法律制度,即系统地展现了泰国民事、刑事、行政诉讼案件从立案、受理、审理,到判决与执行的整个诉讼过程,全面呈现了泰国民事、刑事、行政诉讼方面的特色与亮点。一方面,本译本在兼顾法律词语专业性的基础上,尽量使用通俗易懂的语言将抽象的法律条文以简单化的方式呈现,为读者系统全面地了解泰国的民事、刑事、行政诉讼法律制度体系提供一个快捷的窗口;另一方面,泰国三大诉讼法律的汇编,也为学界和实务界从业者有针对性地获取第一手资料提供便利的通道。其次,促进中泰民事、刑事、行政诉讼领域的交流。本译本将泰国民事、刑事、行政诉讼三大诉讼法律制度客观呈现,不仅可以丰富中国-东盟国际诉讼法交流领域的研究成果,更能促进中国与泰国乃至其他东盟国家国际诉讼法律的交流。

三、译本的主要内容

《泰王国程序法汇编》由《1934年泰王国民事诉讼法典》《1934

年泰王国刑事诉讼法典》《1999年泰王国行政法院成立与程序法》三部法律组成。这三部法律是根据泰国法制办公室网站上发布的最新修改的2020年《泰王国民事诉讼法典》、2019年《泰王国刑事诉讼法典》和2019年《泰王国行政法院成立与程序法》的泰文版文本并在结合英文版文本的基础上翻译出来的。由于泰国没有出台正式的《行政诉讼法》,泰国行政案件的审理是由行政法院来负责的,其审理基本都是依据《泰王国行政法院成立与程序法》来进行的,故翻译了《泰王国行政法院成立与程序法》,以代替《行政诉讼法》。本译本主要内容如下:

(一)《1934年泰王国民事诉讼法典》的主要内容

该法共有4编12章367条。主要内容包括:第一编总则,分为法律术语解释、法院、当事人、诉讼文书与文件的递交与送达、证据、判决与裁定。第二编初级法院的审判程序,分为初级法院的普通程序、初级法院的特别程序。第三编上诉和终审,分为上诉、终审。第四编审理前的临时措施及判决、裁定的执行,分为审理前的临时措施,判决、裁定的执行。

(二)《1934年泰王国刑事诉讼法典》的主要内容

该法共有7编19章267条。主要内容包括:第一编总则,分为基本原则,侦查人员和法院的权力,提起刑事诉讼和提起刑事附带民事诉讼,传票和刑事司法令状,逮捕、拘留、监禁、搜查、暂时释放。第二编侦查,分为一般原则、侦查。第三编初级法院的审判程序,分为刑事诉讼的起诉与审查、审判、判决与裁定。第四编上诉与终审,分为上诉、终审。第五编证据,分为一般原则、证人、书证、物证、专家鉴定。第六编执行判决与诉讼费用,分为执行判决、诉讼费用。第七编赦免、从轻处罚和减刑。

（三）《1999年泰王国行政法院成立与程序法》的主要内容

该法共有5节及附则规定107条。主要内容包括行政法院的设立及其职权、行政法院的法官、行政法院司法委员会、行政案件的审理程序（起诉、审理、裁判）和行政法院办公室等。

由于水平限制，译本难免存在瑕疵，敬请读者批评并提出宝贵意见，以便译者改正。

黎　群

2021年12月

目　　录

1934 年泰王国民事诉讼法典 ……………………………………… 1

1934 年泰王国刑事诉讼法典 ……………………………… 237

1999 年泰王国行政法院成立与程序法 ……………………… 375

1934年泰王国民事诉讼法典

以阿南塔·玛希顿国王陛下之名
摄政委员会
(根据1934年3月7日《国家议会主席公告》公布的名单)
阿努汶·扎杜隆
阿提贴·阿帕
昭披耶勇叻
于八世王第二年1935年6月15日签发

国家议会通过决议,宣布废除现行的《民事诉讼条例》及相关规定,颁布实施《民事诉讼法典》。

经国家议会提议并同意,国王发出圣谕,颁布皇家法令,内容如下:

第一条 本法典名称为《1934年民事诉讼法典》。

第二条[①] 本法典自于《政府公报》公布之日起施行。

第三条 附在本圣谕后的《民事诉讼法典》,自1935年10月1日起施行。

本法典规定的条款适用于泰王国领域内的所有法院,专门法

---

① 《政府公报》第52期/—/第723页/1935年6月20日。

院另有规定的,适用其特别规定。如果其他法律规定应当使用公序良俗和宗教法审理案件,该法院可适用公序良俗和宗教法代替本法典,但当事人双方一致同意选择适用本法典的除外。

本法典规定的条款,适用于所有案件,包括本法典施行时法院未审结的案件和本法典施行后向法院提起诉讼的案件。

第四条 自本民事诉讼法典施行之日起,其他法律、法规和规定中与本法典矛盾或冲突的部分,予以废止。

第五条[②] 司法部部长有权依照民事诉讼法典的规定,对下列事项制定部门规定:

(一)规定工作人员执行案件的工作规范,包括规定执行的诉讼费用以及对上述人员的费用补贴进行规定,本法典附表5另有规定的除外;

(二)规定查封、扣押或冻结工作的执行规范,通过以拍卖或其他方式将财产变现以及执行员在执行过程中应当采取的方法。

部门规定于《政府公报》公布后施行。

第六条[③] 最高法院院长有权依照民事诉讼法典的规定,在经普通法院管理委员会同意下,对下列事项发布规定:

(一)对译员、翻译和专家的任命、指定和宣誓进行规定,以及对上述人员的酬劳和费用补贴进行规定;

(一)/1[④] 对法院传唤出庭作证的证人的误工费、差旅费和住宿费进行规定。

(二)对法院工作人员的职业规范进行规定,包括对手续费的收费标准以及对上述人员的费用补贴进行规定,本法典附表5另有规

---

② 第五条 修改于《民事诉讼法典修改案》〔2000〕2号文件。
③ 第六条 修改于《民事诉讼法典修改案》〔2000〕2号文件。
④ 第六条(一)/1 修改于《民事诉讼法典修改案》〔2015〕3号文件。

定的除外；

（三）对保存或者注销法院案例、判例、判决书或者审判用语等方面进行规定；

（四）对向法院工作人员提交书证的职业规范进行规定，以便向法院递交或者向当事人双方或其他人员送达，以及对以口头方式向法院提起的小额诉讼案件进行规定，以便法院对该类案件进行审理，作出裁判；

（五）对一方当事人向另一方当事人提交书证原件的规范进行规定。

上述规定于《政府公报》公布后施行。

接旨人

泰王国总理

披耶帕凤·丰派育哈色纳上校

泰王国民事诉讼法典

第一编　总则

　　第一章　法律术语解释　　　　　　　　第1条
　　第二章　法院
　　　　第一节　管辖　　　　　　　　　　第2—10条
　　　　第二节　回避　　　　　　　　　　第11—14条
　　　　第三节　法院的职权和职责　　　　第15—34条
　　　　第四节　审理　　　　　　　　　　第35—45条
　　　　第五节　案件报告和案卷　　　　　第46—54条
　　第三章　当事人　　　　　　　　　　　第55—66条
　　第四章　诉讼文书与文件的递交与送达　第67—83（8）条
　　第五章　证据
　　　　第一节　一般原则　　　　　　　　第84—105条
　　　　第二节　证人出庭与质证　　　　　第106—121条
　　　　第三节　书证的审查　　　　　　　第122—127（2）条
　　　　第四节　法院审查与指定专家　　　第128—130条
　　第六章　判决与裁定
　　　　第一节　案件裁判的一般原则　　　第131—139条
　　　　第二节　判决、裁定的内容与效力　第140—148条
　　　　第三节　诉讼费用
　　　　　一、诉讼费用的规定与交纳及
　　　　　　　诉讼费用的免交　　　　　　第149—160条
　　　　　二、终审法院诉讼费用的承担　　第161—169/3条

第二编　初级法院的审判程序

第一章　初级法院的普通程序	第170—188条
第二章　初级法院的特别程序	
第一节　小额诉讼案件的审判程序	第189—196条
第二节　缺席审判程序	
一、未按规定递交答辩状	第197—199（6）条
二、缺席审理	第200—209条
第三节　仲裁	第210—222条
第四节　集体诉讼⑤	
一、一般规定	第222/1—7条
二、集体诉讼的申请	第222/8—13条
三、集体诉讼案件的审理	第222/14—34条
四、判决与执行	第222/35—44条
五、上诉与终审	第222/45—48条
六、诉讼费用	第222/49条

第三编　上诉和终审

| 第一章　上诉 | 第223—246条 |
| 第二章　终审 | 第247—252条 |

第四编　审理前的临时措施及判决、裁定的执行

第一章　审理前的临时措施	
第一节　一般原则	第253—265条
第二节　紧急情况下的申请	第266—270条
第二章　判决、裁定的执行⑥	
第一节　一般原则	

---

⑤ 第二编第二章第四节　集体诉讼　增加于《民事诉讼法典修改案》〔2015〕26号文件。
⑥ 第二章　判决、裁定的执行　修改于《民事诉讼法典修改案》〔2017〕30号文件。

一、执行法院　　　　　　　　　　　　第271条

　　二、执行书　　　　　　　　　　　　　第272—273条

　　三、执行申请　　　　　　　　　　　　第274—275条

　　四、执行申请的审查　　　　　　　　　第276条

　　五、法院依申请审查被执行人的资产　　第277条

　　六、执行员的一般权限　　　　　　　　第278—286条

　　七、案件执行中的利害关系人　　　　　第287—288条

　　八、执行中止　　　　　　　　　　　　第289—291条

　　九、执行撤回　　　　　　　　　　　　第292—294条

　　十、执行撤销与更正　　　　　　　　　第295条

第二节　金钱债务的执行

　　一、执行员的权限　　　　　　　　　　第296—300条

　　二、执行范围以外的财产　　　　　　　第301—302条

　　三、查封、扣押财产　　　　　　　　　第303—315条

　　四、冻结债权　　　　　　　　　　　　第316—320条

　　五、法院依申请执行案外人的财产　　　第321条

　　六、案外人的权利与利害关系人
　　　　被执行的财产　　　　　　　　　　第322—325条

　　七、参与分配与继续执行　　　　　　　第326—330条

　　八、拍卖或变卖　　　　　　　　　　　第331—335条

　　九、设立不动产管理人或代替拍卖或
　　　　变卖的其他措施　　　　　　　　　第336条

　　十、分配明细表的制作　　　　　　　　第337—344条

　　十一、无人认领的款项　　　　　　　　第345条

第三节　特定财产的返还与交付　　　　　　第346—349条

第四节　强制驱逐　　　　　　　　　　　　第350条

一、依照判决强制被执行人迁出其房屋、
　　　　居住地及交出其掌控的财产　　　第351—354条
　　二、强制拆除被执行人的建筑物、林木、
　　　　草本、作物或者强制将其财物从房屋、
　　　　居住地及其占有的房产中搬出　　　第355条
第五节　履行或中止履行　　　　　　　　第356条
　　一、履行　　　　　　　　　　　　　第357—358条
　　二、中止履行　　　　　　　　　　　第359条
第六节　对已登记财产的执行　　　　　　第360条
第七节　法院依申请逮捕与拘留被执行人　第361—365条
第八节　对已提供担保案件的执行　　　　第366—367条

第一编 总 则

第一章 法律术语解释

第一条 在本法典中,如果没有其他规定,法律术语的解释如下:

(一)法院,是指有权审理民事案件的普通法院与审判人员;

(二)案件,是指为实现确权、维权、行使权利,或要求强制履行义务而向法院提起诉讼,直至审结案件的所有程序;

(三)起诉状,是指原告向法院提出的书状,包括以口头或书面形式提出的起诉状;向初级法院、上诉法院或者最高法院提出的起诉状;在刚启动案件时递交的起诉状或申请书;在起诉后补充或修改的起诉状或提出反诉的文书;主动请求或法院要求其参加诉讼的文书以及请求重新审理案件的申请书;

(四)答辩状,是指当事人一方依照本法典规定,针对起诉状,向法院提交的回答、辩解或反驳,但声明除外;

(五)诉讼文书,是指当事人向法院递交的表明其争议要点的起诉状、答辩状或其他申请文书;

(六)声明,是指任何一方当事人以口头或者书面形式作出的向法院递交的陈述,即就诉讼文书中的争议焦点或法院对某一问题作出的判决或裁定,提出自己的观点;在上述观点中,当事人仅是对证人证言、事实认定或法律适用问题作出表明、重申、坚持或解释;

(七)审判程序,是指当事人或法院依照本法典或者根据法院的裁判作出的与案件审理有关的所有行为,包括一方当事人对法院、对另一方当事人作出的行为,法院对任何一方当事人或双方当事人

作出的行为,也包括依照本法典递交的诉讼文书或其他文件等;

(八)审理,是指法院在作出判决、裁定或者案件终结前,对案件进行审理的全过程;

(九)开庭审理,是指法院开庭审理案件,比如确定争议焦点、审查证据以及进行法庭调查、听取诉求与听取口头辩论等;

(十)审查证据日,是指法院开始审查证据的日期;

(十一)当事人,是指向法院提起诉讼的人或被提起诉讼的人以及基于案件审理需要,依照法律规定,有权代为诉讼的人员及律师;

(十二)无诉讼行为能力人,是指法律规定的无民事行为能力人以及《民商法典》中规定的限制民事行为能力人;

(十三)法定代理人,是指依法有权代理无诉讼行为能力人,批准或同意无民事行为能力人作出某一行为的人;

(十四)⑦执行员,是指执行局的工作人员或者依照现行有效的法律规定,有执行权的其他工作人员,以及经执行员授权,代替其履行执行工作的其他人员。即为了保护审理过程中当事人的权益,或者为了依照判决或裁定执行案件,并依照本法典第四编规定的执行方式,对案件进行执行的人员。

第二章 法院

第一节 管辖

第二条 除下列情况外,不得向法院提起诉讼:

(一)依照《普通法院组织法》的规定,对起诉状和法院的级别进行审查后,发现该法院有管辖权的,则由该法院管辖该案件;

---

⑦ 第一条第(十四)项 修改于《民事诉讼法典修改案》〔2005〕22号文件。

(二)依照本法典关于案件受理和管辖的规定,对起诉状进行审查后,发现案件在该法院管辖范围内的,由该法院管辖。

第三条[8]　为了便于提起诉讼:

(一)当案件发生在泰王国境外的泰国船舶或航空器上时,民事法院对该案件有管辖权;

(二)被告在泰王国境内没有住所地的;

(1)如果被告在起诉日前两年内,在泰王国境内有住所地的,该住所地视为被告住所地;

(2)如果被告在起诉日或起诉日之前两年内,在泰王国境内从事或曾经从事全部或部分经营性事务,无论是其亲自经营,还是由他人代理经营,或者是由他人在泰王国作为经营联系人的,应当将其用于或曾经用于经营的地点或联络处视为住所地;或者将代理人、联系人的居住地视为其住所地。

第四条[9]　法律另有规定的除外:

(一)起诉状应当向被告住所地法院或者案件发生地法院递交,无论被告在泰王国境内是否有住所地;

(二)申请书应向案件发生地法院或申请人住所地法院递交。

第四条之二[10]　起诉涉及不动产纠纷或不动产权益纠纷的,无论被告是否在泰王国境内有住所地,向不动产所在地法院或被告住所地提出。

第四条之三[11]　除第四条之二以外的起诉状,即被告在泰王国境内无住所地,或者案件不是发生在泰王国,如果原告具有泰国国

---

[8]　第三条　修改于《民事诉讼法典修改案》〔1991〕12号文件。
[9]　第四条　修改于《民事诉讼法典修改案》〔1991〕12号文件。
[10]　第四条之二　增加于《民事诉讼法典修改案》〔1991〕12号文件。
[11]　第四条之三　增加于《民事诉讼法典修改案》〔1991〕12号文件。

籍,或在泰王国有住所的,应当向民事法院或原告住所地法院提出。

前款规定的起诉,如果被告在泰王国有可供执行的临时或永久财产的,原告可以向财产所在地法院提起诉讼。

第四条之四[12]　申请指定遗产管理人的,应当向被继承人死亡时的住所地法院提出。

被继承人在泰王国境内无住所的,应当向遗产所在地法院提出申请。

第四条之五[13]　申请撤销法人大会决议或会议决议、申请终止法人资格、申请任命或解除法人清算人以及其他与法人相关的申请,应当向法人总部所在地法院提出申请。

第四条之六[14]　关于对泰王国境内的财产提出的申请,或者对法院依申请作出处置或停止处置泰王国境内财产的裁定提出执行申请,如果案件未发生在泰王国境内,或申请人在泰王国境内没有住所的,应当向上述财产所在地法院递交。

第五条[15]　两个或两个以上法院都有管辖权的起诉或申请,如果上述案件具有牵连性,原告或申请人可以向其中一个法院起诉或申请。不管该起诉或申请是基于住所地、财产所在地、案件发生地而向法院提出,还是基于有多个诉讼请求而向法院提出。

第六条[16]　在递交答辩状之前,被告向起诉法院申请将案件移送给其他有管辖权的法院管辖的,被告应当提供理由,证明该案件继续由原法院审理将会导致审理不方便,或者被告有可能因此而受

---

[12]　第四条之四　增加于《民事诉讼法典修改案》〔1991〕12号文件。
[13]　第四条之五　增加于《民事诉讼法典修改案》〔1991〕12号文件。
[14]　第四条之六　增加于《民事诉讼法典修改案》〔1991〕12号文件。
[15]　第五条　修改于《民事诉讼法典修改案》〔1991〕12号文件。
[16]　第六条　修改于《民事诉讼法典修改案》〔1991〕12号文件。

到不公正审理。法院认为理由合理的,可以决定准许其申请。

前款规定的法院,在接受移送的法院同意之前,不得作出准许移送案件的裁定;如果受移送法院不同意,移送法院应当将案件报请上诉法院院长裁定,上诉法院院长的裁定是最终裁定。

第六条/(一)[17] 案件是向初级法院起诉而非向民事法院起诉的,在确定案件争议焦点之日前,或无须确定案件争议焦点的,在审查证据前,如果法院审查认为上述案件判决可能影响保护或维护自然资源和消费者群体环境或者其他重要的公共利益,且认为将案件移交民事法院审理更有利于提高效率的,法院应当通知当事人,并将该意见报请上诉法院院长决定,上诉法院院长的决定是最终决定。

前款规定的案件移交,在案件移交决定作出之前已经进行的审理继续有效,该审理视为民事法院的审理,除非民事法院基于公正而作出其他决定。

第七条[18] 前述第四条、第四条之二、第四条之三、第四条之四、第四条之五、第四条之六、第五条、第六条以及第六条/(一),应当适用于下列情形:

(一)事后对审查案件提出起诉或申请的,向该法院提出;

(二)[19]对于依照法院判决或裁定提起的执行诉讼或申请,应当向第二百七十一条规定的法院提出。该法院在执行案件前,应当全面、正确地对上述执行诉讼或申请进行审查,作出相应裁定;

(三)对于第一百零一条规定的申请,如果已经向某个法院提出起诉或申请的,则向该法院提出;如果尚未向任何法院提出起诉或申

---

[17] 第六条/(一) 增加于《民事诉讼法典修改案》〔2015〕28号文件。
[18] 第七条 增加于《民事诉讼法典修改案》〔2015〕28号文件。
[19] 第七条第一款第(二)项 修改于《民事诉讼法典修改案》〔2017〕30号文件。

请的,如果将要进行审查的证据、人员、财产或地点在某个法院管辖范围内的,则向该法院提出;

(四)请求法院撤回或改变已经作出的裁定、批准的申请,或者请求法院撤销其任命的诉讼参加人的申请,应当向作出该裁定、批准、认定或判决的法院提出。

第八条 诉讼标的是共同的或者诉讼标的是同一种类的两个案件,分别由有管辖权的两个初级法院进行审理,这两个法院分别收到将这两个案件合并审理的申请,如果其中一个法院尚未对案件作出判决的,任何一方当事人可以向上诉法院院长提出申请,请求该法院根据情况,将其正在审理的案件从清单中注销,或者将案件移交给另一个法院审理。

上诉法院院长作出的上述决定是最终决定。

第九条 根据第八条规定,如果一个法院已经对案件作出判决,且当事人不服判决提起上诉,任何一方当事人可以向上诉法院提出申请,请求裁定中止上诉案件的审理,直至另一个法院对案件作出判决。如果后面作出判决的案件也提起上诉,上诉法院应当将这两个案件合并审理,并作出同一个判决;如果后面作出判决的案件没有提起上诉,则应当依照第一百四十六条的规定执行。

第十条 有管辖权的初级法院由于不可抗力不能对其管辖范围内的案件进行审理的,当事人一方因此而遭受损失或可能遭受损失的,可以单独向其住所法院或有管辖权的初级法院提出书面申请。该法院基于公正审理的需要,有权根据案情对案件作出裁定。

第二节 回避

第十一条 当案件到达法院,审判人员有下列情形之一的,可能需要回避:

（一）与本案有利害关系的；

（二）是本案任何一方当事人的近亲属,包括任何一方的直系血亲、夫妻、兄弟姐妹、三代以内堂兄弟姐妹或表兄弟姐妹、两代以内的姻亲关系；

（三）知道案件情况,曾担任过本案证人的人,或者具备与本案有关的专业知识的专家；

（四）担任或曾担任本案任何一方当事人的法定代理人或代理人,曾经是本案任何一方当事人的律师的；

（五）在其他法院中曾经参与同一案件审判工作的审判人员,或曾担任仲裁员；

（六）在另一个正在审理的案件中,该审判人员本人、其妻子、上下直系血亲与本案任何一方当事人或者其妻子、上下直系血亲有纠纷的；

（七）审判人员是任何一方当事人的债权人、债务人或者雇主的。

第十二条 当某一个法院只有一名审判人员时,该审判人员如果有第十一条规定的回避情形,或者有其他严重情形,可能影响案件公正审理的,该审判人员可能需要回避。

第十三条 正在审理案件的审判人员有第十一条和第十二条规定的情形之一的,可能需要回避：

（一）审判人员可以向法院提交回避申请,说明其可能需要回避的事由,请求退出案件审理；

（二）当事人可以以申请书的形式向法院提出回避申请。如果当事人在审查证据之日前知道回避事由的,可以在审查证据之日前提出回避申请；如果在审理过程中知道的,则可以在下一次审查证据之日前提出,但最迟不得迟于在下一次审查证据开始前提出。

前述申请提出后,法院在作出是否回避决定之前,该审判人员应当暂停参与本案的所有工作,但案件需要采取紧急措施的除外。另外,法院在回避申请提出前已经进行的诉讼程序,在回避申请提出后,因案件需要采取紧急措施而进行的审理程序,一律有效,但法院有其他裁定的除外。

如果某一个法院只有一名审判人员,且该名审判人员应当回避的;或者某一个法院有数名审判人员,且其所有审判人员都应当回避的,由上一级法院作出回避决定。

如果某一法院有数名审判人员,且包括地区首席审判人员在内,无须回避的审判人员人数符合合议庭组成人数,依法能形成多数表决的,由该法院作出回避决定。但如果仅有一名审判人员有权作出回避决定的,该审判人员不得在另一审判人员或地区首席审判人员有异议的情况下,作出驳回回避申请的决定。

如果某一法院有数名审判人员,且其不需要回避的审判人员人数包括地区首席审判人员在内,不符合合议庭组成人员数量,或者依法未能形成多数表决的;或者前款规定的某一审判人员无法获得另一审判人员或地区首席审判人员同意而作出回避决定的,由上一级法院作出回避决定。

第十四条 当事人提出回避申请,但被要求回避的审判人员不愿意退出案件审理的,法院应当听取有关当事人和被申请回避审判人员的陈述,并在审查上述人员提交的证据和其他必要证据后,作出准许回避申请或驳回回避申请的决定,该决定是最终决定。

法院内部的审判人员被要求回避的,该法院应当对是否要求回避作出决定。被要求回避的审判人员不得参与,或者与其他审判人员共同参与对回避申请的审查或对回避决定进行表决。

依照《普通法院组织法》,无论是审判人员主动要求回避还是法院决定其回避的,由其他审判人员代为履行工作。

第三节 法院的职权和职责

第十五条 法院不得在管辖权范围之外行使职权,下列情况除外:

(一)如果被询问、检查的人员,或者财产所有人、场所主人未对管辖权提出异议的,法院可以在管辖权范围之外,对上述人员进行询问或检查。

(二)法院可以对管辖权范围之外的当事人或人员签发传票。对于依照本法典第三十一条、第三十三条、第一百零八条、第一百零九条和第一百一十一条以及《刑法典》第一百四十七条的规定签发传票的,必须事先征得有管辖权法院的同意。

(三)[20]法院依照本法典的规定,作出执行或逮捕、拘留决定,可以在任何地点使用。

法院对其管辖权范围之外的案件具有执行权并对其进行执行的,应当依照第二百七十一条第三款、第四款和第五款的规定执行。[21]

民事法院依照《普通法院组织法》的规定受理的案件,或者依照第六条/(一)规定移送给民事法院的案件,如果民事法院认为有必要的,有权对其管辖权范围之外的上述案件进行审理。[22]

第十六条 如果需要进行询问、检查或审理的:

(一)可以由管辖权范围之外的任何一个初级法院进行;

(二)可以由大城府、吞武里府(曼谷)管辖权范围之外的民事法院或刑事法院进行,或者由上诉法院或最高法院进行。

---

[20] 第十五条第一款第(三)项 修改于《民事诉讼法典修改案》〔1999〕18号文件。
[21] 第十五条第二款 修改于《民事诉讼法典修改案》〔2017〕30号文件。
[22] 第十五条第三款 增加于《民事诉讼法典修改案》〔2015〕28号文件。

前述法院有权依照第一百零二条的规定,指定其他初级法院进行询问、检查或代为审理案件。

第十七条 起诉到法院的案件,法院应当按照案件目录中的案号顺序进行审理,但在特殊情况下,法院有其他规定的除外。

第十八条 法院有权审查法院工作人员接收的诉讼文书,以便向法院递交,或者向当事人或其他人送达。

如果法院认为其接收的诉讼文书中的文字无法识别、无法理解,或者夸大其词、未记载具体事项、没有签名、没有依照法律规定附加相关材料的,又或没有足额交纳或垫付案件受理费的,法院可以要求当事人重新制作或修改诉讼文书,要求当事人按照规定的时间和要求,交纳或垫付案件受理费以及法院认为须交纳的其他案件处理费。如果当事人没有按照法院规定的时间和要求履行的,法院将裁定不予受理。㉓

如果法院认为其接收的诉讼文书,没有按照法律规定的要求提交,除出现前款规定的情形之外,特别是在提交的诉讼文书中发现当事人或相关人员不在其管辖权范围之内的,法院应当作出不予受理或驳回起诉的裁定,以便其向有管辖权的法院提出。

如果不存在上述问题,法院应当在诉讼文书或者其他地方作出予以受理的裁定。

对于法院依照本条文规定作出不予受理或驳回起诉的裁定,可以根据第二百二十七条、第二百二十八条和第二百四十七条的规定,向上诉法院和最高法院提起上诉。

第十九条 法院有权根据案件需要作出裁定,要求当事人双方或一方亲自到庭,即使上述当事人已经有代理律师也不例外。另外,

㉓ 第十八条第二款 修改于《民事诉讼法典修改案》〔1984〕9号文件。

如果法院认为当事人亲自到庭有可能依照下列条款达成调解协议或和解协议的,法院应当裁定要求当事人亲自到庭。

第二十条[24] 法院有权在诉讼中的任何阶段对案件进行调解,以促成当事人就争议达成调解协议或和解协议。

第二十条之二[25] 为了便于调解,当法院认为有必要时,或经任何一方当事人申请时,法院可以在仅有当事人双方或一方本人亲自到庭的情况下,对案件进行不公开审理,律师是否到庭均可。

当法院认为有必要时,或者经任何一方当事人申请时,法院可以指定有关个人或团体作为调解人,协助法院进行调解,以达成调解协议。

法院调解的原则和方法、调解人的指定以及调解人的权利和义务,应当依照经最高法院大会审议并通过的《最高法院院长规定》执行。[26]

第三款规定的《最高法院院长规定》,于《政府公报》公布后施行。[27]

第二十条之三[28] 当事人在提起诉讼前,可以向有管辖权的法院提出申请书,请求法院指定调解员,为其调解争议。申请书的内容应当载明相关人员的姓名和住所,包括争议纠纷的详细情况。法院认为有必要的,可以受理该案件,询问另一方当事人是否愿意调解。如果另一方当事人愿意调解,法院可以要求相关当事人亲自到庭参加调解或者准许当事人的律师到庭参与调解,并参照适用第二十条

---

[24] 第二十条 修改于《民事诉讼法典修改案》〔1999〕17 号文件。
[25] 第二十条之二 修改于《民事诉讼法典修改案》〔1999〕17 号文件。
[26] 第二十条之二第三款 修改于《民事诉讼法典修改案》〔2008〕24 号文件。
[27] 第二十条之二第四款 增加于《民事诉讼法典修改案》〔2008〕24 号文件。
[28] 第二十条之三 增加于《民事诉讼法典修改案》〔2020〕32 号文件。

之二的规定,指定调解员主持调解。如果当事人可以达成和解或调解协议的,调解员应当将和解协议或调解协议提交给法院。法院审查后认为和解协议或调解协议是自愿、诚信、公平且合法的,应要求当事人在和解协议或调解协议上签字,予以确认。

依照第一款的规定达成的和解协议或调解协议,当事人可以向法院提出申请,请求法院予以确认,并向法院提供必要事由,予以证明。如果法院认为理由成立的,应依申请并参照适用第一百三十八条的规定,确认和解协议或调解协议的效力。

依照本条规定提交的申请和进行审理,无须交纳案件受理费。

法院依照本条的规定作出的裁定为最终裁定。

第二十一条 当任何一方当事人向法院提出请求或声明时:

(一)如果本法典没有规定申请或声明必须以书面形式提出,法院有权受理当事人以口头形式提出的申请或声明,但必须将其申请或声明的内容记入笔录;或者如果法院认为有必要的,可以要求该当事人递交书面的申请或声明;

(二)如果本法典没有规定申请只能由一方当事人单方提出的,法院在作出决定前,不得剥夺另一方当事人或其他当事人事先提出抗辩的机会,但上述这些都应当适用于本法典中关于缺席审理的规定;

(三)如果本法典规定的申请只能由一方当事人单方提出的,法院在作出决定前,应当听取另一方当事人或其他当事人的陈述,除非申请是涉及请求法院签发传票,或者涉及请求法院在判决前查封、冻结债务人财产,或者请求法院发出执行令,或者请求法院依判决对被告或债务人作出逮捕或拘留决定;

(四)对于案件审查,如果本法典没有规定法院必须依照申请才能作出批准裁定的,法院有权根据案件需要,在依照申请作出批准裁定前,对案件进行审查。

法院依职权主动作出的裁定或者依申请作出的裁定,应当适用本条第(二)(三)和(四)项的规定。

在当事人无权依申请请求法院作出裁定,但法院可以依职权主动对该事项进行裁定的情形下,法院有权根据第一百零三条和第一百八十一条第(二)项的规定,在作出裁定前,暂停听取当事人意见或者暂停对案件进行审查。

第二十二条 法院在期限届满前对进行或不进行某诉讼活动的期间进行的计算,无论是法定期间还是法院指定的期间,应当适用《民商法典》关于期间的规定。

第二十三条 当法院认为有必要时,或者经有关当事人以诉状形式递交申请时,法院有权依照本法典关于期间的规定,或者法院关于指定期间的规定,或者其他法律关于民事诉讼程序期间的规定,裁定延长或缩短期限,以便在期间届满前进行或不进行某项诉讼活动。上述期间的延长或缩短,只有在特殊情况下且法院在该期限届满前已经作出裁定,或当事人已经提出申请的情形下方可实行,但出现不可抗力的情形除外。

第二十四条 当任何一方当事人就法律适用问题提出审查申请,如果对该问题进行审查后可以无须对案件进行继续审理,或者可以无须对案件的某些实质性争议焦点进行审理,或者即使对该案件的某些实质性的争议焦点进行审理,也不能使案情更清楚明了。当法院认为有必要时,或当事人提出申请时,法院在对案件进行继续审理前,有权先行对该法律适用问题进行审查,并在此基础上对案件作出裁定。

如果法院认为上述裁定可以使整个案件或案件的某个部分终结的,法院可以对上述问题进行审查,并在此基础上对整个案件或案件的某个部分进行审理与作出裁定。

法院依照本条规定作出的裁定,可以依照第二百二十七条、第二百二十八条和第二百四十七条的规定,向上诉法院和最高法院提起上诉。

第二十五条 如果任何一方当事人为了保护其在诉讼过程中的权益或为了执行法院判决或裁定而以书面形式向法院提出申请,请求法院依照第四编的规定对执行方式作出裁定的,法院应当及时作出准许或驳回申请的裁定。

如果当事人在递交申请时,法院已经可以对案件作出判决或裁定的,法院可以在该判决或裁定中一并对该申请作出裁定。

第二十六条 任何一方当事人认为法院的提问、判决或裁定违反法律规定,并对此提出异议的,法院在对案件进行继续审理前,应当将被提出异议的提问、判决或裁定以及异议情况记入案卷。对于提出异议的原因,法院可以在案卷中斟酌记录,或者要求提出异议的当事人提交书面声明,并将该声明附加在案件材料中。

第二十七条 对于书写、递交或送达诉状或其他资料,或者对于审理案件、审查证据或执行案件,如果没有依照本法典规定执行,达到保障司法公正和维护公共秩序目的的,法院认为有必要或者利益受损的当事人提出申请的,法院有权根据案件情况,作出撤销全部或部分违反规定的裁定、责令改正或者作出其他裁定。

利益受损的当事人可以在作出判决前,对违反规定的事项提出异议,但不得迟于利益受损的当事人知道违规内容或抗辩事由之日起八日内提出。但是利益受损的当事人在知道违规内容后不得作出新的行为或者认同该违规行为。

如果法院对违反规定的审理程序作出予以撤销的裁定,且该程序违反规定不是由于当事人不按照法律或法院规定的时间导致其怠于实施的诉讼行为,这不影响当事人依法重新实施诉讼行为。

第二十八条 如果数个案件同时处于同一个法院或两个不同的初级法院的审理过程中,且这些案件的当事人全部或部分是相同的,如果上述法院或上述两个初级法院中的任何一个法院认为有必要合并审理,且合并审理有助于审理案件的,可以合并审理;或者如果这些案件的当事人全部或部分在判决前以书面形式向法院提出合并审理的申请,法院在听取上述案件中的所有当事人意见的情况下,认为这些案件具有牵连性或关联性的,法院有权将这些案件合并审理。

如果案件来自于另一个无管辖权的法院或者将案件移交给另一个无管辖权的法院的,法院在征得受移送法院同意之前,不得作出移送案件的裁定。但如果受移送的法院不同意移送的,移送法院应当将案件报请上诉法院院长指定管辖,上诉法院院长的决定是最终决定。

第二十九条 如果某个案件有多个诉讼请求,且法院认为这些诉讼请求中的某个诉讼请求与其他诉讼请求不具有牵连性关系的,法院认为有必要或者有利害关系的当事人提出分开审理申请的,法院应当尽快作出分开审理的裁定。如果原告要求继续审理该诉讼请求的,法院可以对该诉讼请求进行另案审理。

如果某个案件有多个诉讼请求,且法院认为将这些诉讼请求全部或部分分开审理有助于案件审理的,在判决前,如果法院认为有必要或者有利害关系的当事人提出书面申请的,法院在听取这些案件中的所有当事人意见的情况下,有权决定将这些诉讼请求全部或部分分开审理。

第三十条 法院有权对任何一方当事人或法院认为必须到庭的案外人作出某项规定,以维护法庭秩序,保证公正、快速地审理案件。法院的上述权力,包括责令当事人不得妨碍诉讼、拖延诉讼或者滥用诉讼权利。

第三十一条[29] 任何人有下列行为之一的,视为藐视法庭:

(一)拒不履行第三十条关于维护法庭秩序的规定的,或者在法庭上有不文雅行为的;

(二)[30]依照第一百五十六条/(一)的规定,向法院提出免交诉讼费用的申请,并获得了法院批准的,经审查免交诉讼费用申请后,发现申请人提供了虚假的事实或者证据的;

(三)明知诉讼文书或其他材料将要送达其本人,故意不在场或者逃避接收的;

(四)违反第五十四条的规定,查阅或者复制卷宗中的全部或部分材料的;

(五)[31]当法院依照第十九条规定作出裁定,或者依照第二百七十七条规定发出传票,要求债务人或者其他人到庭时,拒不到庭的。

第三十二条 报纸或公开发行的出版物的作者、编辑或出版商,无论其是否知道报纸的内容或出版物的发行,存在下列两种行为的,视为藐视法庭:

(一)报纸或公开发行的出版物在任何时间内、以任何方式对案件事实或审理程序进行披露,发表观点看法的,法院出于合理性考虑,为了保护公共利益,可以不公开的方式或者以明确的方式作出禁止发行上述出版物的裁定;

(二)报纸或公开发行的出版物在案件审理直至案件审结的阶段里,故意披露案件信息,发表观点看法,影响公众情绪,影响法院、

---

[29] 第三十一条　修改于《民事诉讼法典修改案》〔1956〕5号文件。
[30] 第三十一条第(二)项　修改于《民事诉讼法典修改案》〔2008〕24号文件。
[31] 第三十一条第(五)项　修改于《民事诉讼法典修改案》〔2017〕30号文件。

当事人和证人,明显影响案件公正审理的,如

(1)对案件事实作虚假陈述的;

(2)对案件审理程序进行不中立、不正确报道、总结或评论;

(3)对当事人的诉讼行为、证人证言或者当事人或证人的品行进行违背公德的评论,包括对当事人或证人发表侮辱性的表述,即使其内容是真实的;

(4)诱导证人作假证的。

为了便于施行本条规定,适用1933年《出版法》第四条规定的术语解释。

第三十三条　任何当事人或其他人藐视法庭的,法院有权采取下列一种或者两种惩罚措施:

(一)驱逐出法庭;

(二)予以监禁或罚款处罚,或者予以监禁和罚款并用。

驱逐出法庭的,在法庭审理案件期间,或者法庭认为适当的时间内采取,必要时可以请求警察协助处理。

对于监禁和罚款并用的,其监禁的期限不得超过六个月以及其罚款不超过五百泰铢。

第三十四条　如果案件的全部或部分的审理,必须依赖于或请求于外国工作人员的协助,在没有国际条约或没有法律对该类案件进行规定的情形下,法院可以适用国际法基本原则来审理案件。

第三十四条/(一)[32]　为了便捷、快速和公正地审理案件,或者基于某些案件的审理需要,最高法院院长在经最高法院大会同意的情况下,有权根据需要,对案件起诉、证据审查、证据采纳以及审理案件作出相应规定。

---

[32] 第三十四条/(一) 修改于《民事诉讼法典修改案》〔2015〕28号文件。

前款的规定,于《政府公报》公布后施行。

第四节 审理

第三十五条 如果本法典没有其他规定的,法院应当在工作日和上班时间内审理案件,在紧急情况或必要性情况下,法院也可以在其他场所或非工作日或其他时间审理案件。

法院审判人员和工作人员在非工作日和非上班时间内审理案件的,可以依照财政部批准的司法部规定的条例领取津贴。[33]

第三十六条 法院应当公开开庭审理案件,除非:

(一)为了维护法庭秩序,法院在将有不当行为的当事人驱逐出法庭后,可以在该当事人不在场的情况下审理;

(二)基于合理性考虑,或者为了保护公共利益,对于法院在当事人的诉讼文书、声明中或者在证据审查中发现的全部或部分案件事实和情况,如果法院认为有必要的,可以决定不予公开,并可以作出下列决定:

(1)人民群众不得旁听全部或者部分案件审理,案件实行不公开开庭审理;

(2)禁止对上述事实或情况进行宣传。

对于离婚案件、通奸案件或者对非婚生子女认定的案件,如果法院认为不应当公开开庭审理的,或者公开开庭审理有可能给当事人或其他有关人员造成不公平的损失的,法院应当决定不公开开庭审理。

不管法院是否依照本条第二款作出了决定,法院的判决或裁定应当公开宣判。同时,法院可以客观公正地对判决书的全部或部分

---

[33] 第三十五条第二款 增加于《民事诉讼法典修改案》〔1996〕16号文件。

内容进行报道或者摘录,上述行为不视为违法行为。

第三十七条 法院应当连续不间断地审理案件,直至案件审理终结。

第三十八条 如果法院无法在规定的开庭审理日期内对案件进行审理,可以根据需要,决定延期审理。

第三十九条 对于法院正在审理的案件,如果必须依赖于本院或其他法院对案件中某个争议事项的全部或部分进行先行裁决的,或者必须依赖于行政机关对案件中某个争议事项进行先行裁决的,或者发现有刑事犯罪行为,对该刑事犯罪行为的裁判可能会改变正在审理的案件的裁判结果的,或者其他法院认为延期审理将更为公平的情况下,当法院认为有必要时,或者当事人提出申请时,法院可以决定延期审理,直至对该案件中的某个争议事项已经作出了判决或裁定,或者法院认为合适的时间。

如果法院决定延期审理而未确定开庭审理日期的,当法院认为有必要时,或者相关当事人提出申请时,法院可以决定在其认为合适的时间开庭审理案件。

第四十条[34] 当法院确定了开庭审理日期并通知当事人的,如果任何一方当事人申请延期开庭审理的,该方当事人必须提前或者在开庭日提出申请,并且必须提交申请延期开庭审理的理由。法院不得批准当事人的申请,除非有不可抗拒的事由或不批准会显失公平的。

如果法院决定延期审理的,可以根据情况,要求申请延期审理的当事人,向因依照法院传票而出庭作证的证人支付合理的出庭作证费用,以及向出庭参加诉讼的其他当事人支付必要的费用,例如

---

[34] 第四十条 修改于《民事诉讼法典修改案》〔2008〕24号文件。

当事人、律师或者证人的交通和住宿等费用。如果申请延期审理的当事人没有按照规定支付出庭作证费等必要费用的,法院可以裁定驳回延期申请。

前述第二款规定出庭作证费用或必要开支费用的支付,应当累计支付。

前述第一款规定的延期审理申请,如果没有以口头形式当庭向法院提出的,那么应当以书面形式向法院提出,也可以经法院批准后单方向法院提出。

第四十一条[35] 当事人、代理人、律师、证人或依法院传票规定须出庭参加诉讼的其他人员,以生病不能出庭为由,申请延期审理的,如果法院认为有必要或者任何一方当事人单方对延期审理申请提出审查要求的,法院可以安排工作人员去检查。如果能联系到医生的,也可以安排医生一同去检查。在法院指派的人员检查后,或者作出检查报告后,法院认为上述人员的病情没有严重到不能出庭的程度,法院可以根据情况,依照本法典关于缺席审理的规定或者故意称病不出庭的规定,对案件进行审理。

法院可以要求前款规定的申请审查的当事人或任何方当事人,陪同法院指定的检查人员一起去检查,上述当事人也可以委托其他人代为陪同,一起去检查。

工作人员和医生的交通费和误工补贴视为案件处理费,适用第一百六十六条的规定。

第四十二条 任何一方当事人在法院作出判决前死亡的,法院应当决定延期审理,直至已故当事人的继承人、遗产管理人或者遗嘱继承人提出申请,表明代替已故方参加诉讼,或经法院传票传唤

---

[35] 第四十一条 修改于《民事诉讼法典修改案》〔1984〕10号文件。

参加诉讼。上述人员主动提出申请参加诉讼的,该申请应当自该已故当事人死亡之日起一年内提出。

如果上述人员没有提出申请,或者任何一方当事人没有在规定的时间内提出申请的,法院应当裁定终止审理案件。

第四十三条 如果已故当事人的继承人、遗产管理人或者遗嘱继承人请求继续参加诉讼的,应当以书面形式向法院提出申请。

在上述情况下,如果法院认为有必要,或者任何一方当事人提出申请的,法院可以要求请求继续参加诉讼的上述人员提供证据,以证明其请求的合理性。法院在收到其提交的证据后,应当作出批准或不批准其代替已故当事人参加诉讼的决定。

第四十四条 法院传唤任何人代替已故当事人参加诉讼的,应当给被传唤人预留充足的时间,以便被传唤人对其并非是已故当事人的继承人、遗产管理人或者遗嘱执行人提出异议。

已故当事人的继承人、遗产管理人或者被法院传唤的人,在法律规定的期限内不具有适格当事人身份的,不必按照法院传票履行义务。

被法院传唤的人表示同意代替已故当事人参加诉讼的,法院应当将该情况记入笔录,并对案件继续审理。

如果被法院传唤的人表示不同意代替已故当事人参加诉讼的,法院应当根据情况进行审查。如果法院认为该传唤理由充分的,应当指定该被传唤人代替已故当事人参加诉讼,并对案件继续审理;如果法院认为被法院传唤人的抗辩事由成立的,法院可裁定撤回传票。如果当事人一方能在规定的一年期限内,确定已故当事人的继承人、遗产管理人或者遗嘱执行人,以便其参加诉讼的,法院应当根据案件情况,并基于公正原则,对案件作出裁定。

第四十五条 如果法院发现任何一方当事人丧失诉讼行为能

力,或者任何一方当事人的法定代理人死亡或者丧失代理权的,应当作出延期审理的决定,直至其认为合理的时间,以便法定代理人或新法定代理人收到被指定为代理人的通知,并以书面形式向法院提出参加诉讼的申请。如果没有提出上述申请的,适用第五十六条的规定。

如果当事人的代理人或律师死亡或者代理权终止的,法院应当作出延期审理的决定,直至该当事人确定了新的代理人或律师,或者决定自己亲自参加诉讼,并向法院提交书面申请;如果法院认为有必要或者任何一方当事人单方提出申请的,法院有权规定合理的时间,以便当事人确定新的代理人或律师,或者决定自己亲自参加诉讼,并将该情况告知法院。在这种情况下,如果当事人没有在规定的时间内告知法院的,法院可以根据需要,决定开庭审理时间。

前款规定适用于无诉讼行为能力人的法定代理人,因该无诉讼行为能力人能力恢复而丧失代理权限的情形。

第五节 案件报告和案卷

第四十六条 法院对民事案件进行审理和裁判,一律应当使用泰语。

当事人、法院或者法院工作人员制作的案卷材料,包括诉讼文书、资料或者文件等,都应当用泰语记录或打印。如果出现文字错误,不得擦涂,可以划掉后重写,并让书写人在页边的空白处签字;如果有增加内容的,让该增加内容的人签字,或者签姓名缩写作为标记。

如果向法院递交的原件或其他文件是以外文记载的,法院有权要求递交人对文件的全部或重要部分进行翻译,并将公证书一并附在原件后。

如果当事人一方或出庭的人员不通晓泰语,或为聋哑人,以及不能读、写泰语的人,有关当事人应当为其提供翻译。

第四十七条 如果任何一方当事人或任何个人递交授权委托书的,法院有权要求该当事人或个人就授权委托书的真实性作出承诺。

法院对授权委托书的真实性产生合理怀疑的,另一方当事人递交申请表示其有正当的理由怀疑递交的授权委托书是不属实的,法院有权要求有关的当事人或个人按照下列规定递交授权委托书。

在泰王国制作的授权委托书,应当由县长作证人;在设有泰国领事馆的国家制作的,应当由泰国领事馆作证人;在未设有泰国领事馆的国家制作的,必须由该地方法律认定的有权在该类文件上作证的公证员、地方官员、地方审判人员或其他人作证人,应当附上该外国政府关于这些作为证人的人员有权作证的证明文件。

本条规定适用于当事人向法院递交的重要文件或类似文件。

第四十八条 对于每个案件的全部庭审活动,法院应当将其记入笔录,并制成报告。

报告应当记明下列事项:

(一)案件号;

(二)当事人姓名;

(三)开庭审理或诉讼活动的地点、日期和时间;

(四)简要概括其进行的或处理的重要事项;

(五)审判人员签名。

当法律有明确规定,或者法院认为有必要时,应当制作笔录(详细记入报告中或另行记录)。笔录包括本法典规定的对重要事项、协议、决定、裁定或口头审理活动等进行的陈述或抗辩。

第四十九条 当事人的陈述或抗辩,或者证人、专家的证词,或者当事人放弃诉讼权利的协议不得作为证据使用。经法院向当事人或其他相关人员宣读,且将申请书请求增加或修改的事项记入笔录,并由当事人或其他相关人员签名后,才可以作为证据使用。

第五十条 任何一方当事人或任何个人应当在报告上表明其知悉报告内容,或者应当在文件上签名,表明其已阅读或者已将该文件送达。

(一)签名、手印、画押或者当庭作出的其他标志,无须有两位见证人签字确认;

(二)如果当事人或个人必须在上述报告上签字,但无法签字或不愿签字的,法院应当对不签字的事由予以记录,以代替签名。

第五十一条 法院应当履行下列职责:

(一)根据案件受理顺序,在案件目录中对案件进行登记,即登记依照本法典规定向法院递交起诉状或提起诉讼以启动案件的日期和时间;

(二)在判决书目录中对所有案件的判决书或裁定书进行登记;

(三)收集向法院递交的或者法院制作的报告和资料,以及法院的判决书和裁定书,将其归于案卷中并妥善保管;

(四)制作法院判决书和裁定书的复印件,将其依次排序并妥善保管;

(五)妥善保管法院案例目录和文本,比如案件目录和判决目录。

前款(一)(二)(三)(四)和(五)规定中的整理法院案例目录和判决书目录,整理资料归于案卷中以及妥善保管法院判决书和裁定书,可以制作成电子数据的形式。上述电子数据经按照法院规定的方式发布后,视为与法院案例目录和判决目录,或者案卷的复印件具有一致性(视情况而定),可以代替原始资料,予以使用。以上这些,根据经最高法院大会同意的最高法院院长规定的标准和方式执行,该最高法院院长规定于《政府公报》公布后施行。㊱

第五十二条 当判决或裁定为终审判决或裁定,且已经得到了履行或执行的,或者已过规定的执行期限的,法院应当将案卷进行归档,并将该案卷移送司法部,以便司法部保管或按照司法部规定处理。

第五十三条 如果法院正在审理的或将要执行的案卷中的报告、判决书、裁定书或其他资料全部或部分丢失或损坏,妨碍法院的裁判或案件的执行的,当法院认为有必要,或经有关当事人提出书面申请的,法院可以要求当事人或资料持有人将与原件一致的复印件提交给法院,如果该复印件全部或部分缺失的,法院出于公平考虑,可以裁定重新审理案件,或根据情况作出其他裁定。

第五十四条 当事人、提供相关证言的证人、在法律上有利害关系或基于其他事由具有利害关系的案外人,可以在审理过程中或审理后的任何时间内向法院申请,请求查阅全部或部分案卷资料,或者请求复制或请求法院文印工作人员复制并证明该案卷资料。

(一)法院不得批准除案件当事人和证人以外的其他人查阅或复制不公开审理的案卷资料,不得批准查阅或复制其为了维护社会秩序或公共利益而裁定禁止查阅或复制全部或部分的案卷资料,即使案件当事人和证人申请也不例外。但这不能剥夺当事人查阅或复制判决书、裁定书,或者请求确认原件与复印件一致的权利。

(二)法院不得批准当事人复制己方证人的证词,直至法院对该

㊱ 第五十一条第二款 增加于《民事诉讼法典修改案》〔2015〕28号文件。

证人提供的证词审查结束,有特殊情况的除外。

为了便于法院开展工作,有利于案卷资料的安全保管,申请人或申请人委托的人获得法院批准后,应当按照法院文印工作人员规定的时间和要求,进行查阅或复制。

在宣读判决书或裁定书前,以及在判决书或裁定书登记入裁判目录前,不得复制判决书或裁定书。

对于法院按照第一百四十一条以口头形式作出判决或裁定,如果法院增加了补充说明附于判决或裁定报告中,当事人有权申请查阅或复制该补充说明,或将该补充说明视为判决或裁定的一部分,向法院申请获取复印件。

经核证的复印件,由法院文印工作人员作为证明人,并按照附加于本法典之后的列表收取手续费,申请人自己查阅或复制资料的,不必收取手续费。

第三章 当事人

第五十五条 当公民因民事权利义务产生纠纷时,或者当公民必须通过法院行使权利时,该公民可以依照民法或本法典的规定,向有管辖权的民事法院提起诉讼。

第五十六条 无民事行为能力人或者代理人可以依照《民商法典》关于民事行为能力的规定和本法典规定,向法院提出诉讼请求或其他审理程序,依照上述规定作出的批准或同意,应当以书面形式向法院递交并将其作为附件归入案卷。

在判决前,如果法院认为有必要,或者经一方当事人书面提出申请,法院有权对申请人或另一方当事人的民事行为能力进行审查,如果法院认为上述人的民事行为能力存在瑕疵,可以要求其在规定的时间内纠正瑕疵。

如果法院认为,基于公平考虑而不应当拖延案件审理的,法院可以裁定民事行为能力有瑕疵一方当事人先行暂时参与诉讼,但法院不得对案件争议点作出判决,直至该瑕疵已经得到全面纠正。

如果无民事行为能力人没有法定代理人,或者法定代理人不能履行代理义务的,法院有权根据需要作出批准或同意裁定,或者为无民事行为能力人指定代理人。如果没有其他人选的,法院有权指定检察官或其他行政人员作为代理人。

第五十七条 当事人以外的案外人可以申请加入诉讼,成为诉讼参加人。

(一)如果案外人认为有必要请求确认、保护或执行其现行享有的权利,可以在审理过程中主动向法院提出申请,或者有权依照法院的判决或裁定提出执行申请,请求法院发出执行令。

(二)如果案外人认为案件处理结果与其有法律上的利害关系的,可以在判决前主动向法院提出申请,请求作为共同原告或共同被告,或者经某方当事人同意后代替该方当事人进行诉讼。尽管法院同意其代替某方当事人进行诉讼,该方当事人也必然受法院判决的约束。

(三)下列案件,法院通知案外人参加诉讼:

(1)任何一方当事人为了行使追索权或赔偿权而以书面形式提出申请,表明其有可能起诉或被某方当事人起诉的,法院审查后认为该起诉方当事人败诉的;

(2)当法院认为有必要的或者任何一方当事人提出请求时,法院可以裁定追加案外人参加诉讼。当法律规定应当追加案外人参加诉讼,或者法院基于案件公正审理的需要,认为有必要追加案外人参加诉讼,法院可以裁定追加案外人参加诉讼。但是如果任何一方当事人申请追加上述案外人参加诉讼的,应当在递交起诉状或答辩状时一并以书面形式提出,以便法院签发传票,或者如果不能在上述时间提出,经法院批准后,可以在判决前提出。

依照本款规定发出传票追加案外人参加诉讼的,必须有申请书副本或法院的裁定书,并附上启动案件的起诉状。

本法典的规定不剥夺债权人依照《民商法典》的规定,对债务人行使债权请求权,或者请求追加债务人参与诉讼的权利。

第五十八条 依照前条第一款第(一)项和第(三)项参加诉讼的人,其参加诉讼的权利等同于原告或被告的权利。因此,该参加诉讼的人可以出示新的证据,或者对已递交的证据提出异议,或者对其加入诉讼前询问过的证人进行质问和对审查过的证据提出异议,也可以依照法律规定,对法院的判决和裁定进行上诉,或者缴纳或被要求缴纳案件处理费。

依照前条第一款第(二)项参加诉讼的人在审理阶段可以行使原来的共同原告或共同被告已有的权利,除此之外,不得行使其他权利,也不得行使与原来的原告或被告相冲突的权利。诉讼参加人应当支付案件处理费,除非法院批准其代替原来的原告或被告,在这种情况下,诉讼参加人才享有与原诉讼当事人等同的地位。

当法院作出判决或裁定后,如果案件判决或裁定涉及诉讼参加人与申请加入诉讼的一方当事人之间必须裁决的事项的,或者涉及诉讼参加人与法院通知其参加诉讼的一方当事人之间必须裁决的事项的,诉讼参加人应当受该判决或裁定的约束,下列情况除外:

(一)由于一方诉讼当事人的疏忽大意,致使诉讼参加人不能参与对案件实质性问题进行辩论的;

(二)一方诉讼当事人故意或严重疏忽大意,没有将案件存在的但诉讼参加人并不知情的重要的法律问题或事实问题争议提出来的。

第五十九条 如果发现当事人为二人以上,或者同一个案件的当事人对案件诉讼标的有利害关系的,这些人可以作为共同原告或共同被告,但上述人员不得相互代表,除非这些案件涉及连带责任,或法律有明确规定。但下列情形下,上述人员可以互相代表:

(一)共同诉讼当事人中的一人作出的诉讼行为或者对另一方当事人作出的诉讼行为,视为其他共同诉讼人作出的诉讼行为或对另一方当事人作出的诉讼行为,但该共同诉讼当事人中的一人作出的诉讼行为损害其他共同诉讼人的利益的除外;

(二)对共同诉讼当事人中的一人作出的延期或中止审理决定,对其他共同诉讼当事人发生效力。

第六十条[37] 任何一方当事人、无民事行为能力人的法定代理人,或者法定代表人,可以根据案件需要,并结合自身利益,亲自参与案件审理的全部过程,也可以委托一名或多名律师代理其参与诉讼活动。

前款规定的当事人、法定代理人、代理人可以制作授权委托书委托他人代理其参与诉讼,上述被授权人不享有律师的辩护权,但不剥夺前述人员委托律师参与诉讼的权利。

第六十一条 委托律师代为诉讼的,必须向法院提交由委托人和律师共同签名的委托代理合同,并由法院将该委托代理合同归入案卷中。该委托代理合同只对法院本次受理的案件有效。律师获得当事人的一般授权后,应当出示授权委托书,并将授权委托书副本提交给法院,以代替委托代理合同,以便律师依照本条规定代为参与诉讼活动。

---

[37] 第六十条 修改于《民事诉讼法典修改案》〔1956〕5号文件。

第六十二条　当事人委托的律师为了实现当事人的权益,有权为当事人进行辩护和代为参与诉讼活动。律师代为参与的诉讼活动涉及对当事人的诉讼权利的处分,如承认对方的诉讼请求、撤诉、调解、放弃权利、提出上诉或终审,或申请重新审理的,必须有委托人的特别授权。委托人特别授权的,必须在委托代理合同记明委托权限,或者在事后另行制作一份或几份授权委托书。事后另行制作一份或几份授权委托书的,适用本法典第六十一条的规定。

任何情况下当事人或代理人均可以当庭否认或指正律师的口头陈述,即使当事人或代理人未在委托代理合同中保留该项权利。

第六十三条　前条规定不剥夺当事人委托律师或代理人,向法院提交书面委托代理合同的权利,以便律师或代理人代为接收当事人向法院支付的金钱或财产,或者代为向法院交纳诉讼费用或者其他费用,以及代为接收法院裁定退还的金钱或者财产,或者代为接收法院裁定给付给某方当事人的金钱或者财产。但如果法院怀疑当事人的民事行为能力,或者不信任上述委托的代理人或律师本人的,法院有权要求当事人或者律师出庭,或者要求委托人和律师共同出庭。

第六十四条　除非法院作出其他决定,当案件有特殊事由,涉及任何一方当事人、任何一方当事人的代理律师的,该方当事人或律师可以委托其他人代为诉讼,但是每次均须向法院提交授权委托书,以便于开展下列诉讼活动,即决定开庭日期、审查证据日期、宣判日期、执行日期及法院其他裁定的日期;或者代为到庭,听取法院判决书、执行决定书、其他裁定文书的宣读,在相关文书上签名,以及根据本法典第七十一条、第七十二条规定接收答辩状、申请书或者其他文件副本,并标明已知悉并接收上述文件。

第六十五条[38]　当事人委托的律师可以向法院提出解除委托关系,但是律师必须向法院表明其已经告知当事人了,除无法找到当事人的除外。

当法院依申请批准后,法院应当尽快以邮寄的方式或者其认为恰当的方式告知当事人。

第六十六条　某人自称其为当事人的法定代理人或法人的代理人的,当法院认为有必要的或者相关当事人在提交起诉状或答辩状时提出申请时,法院可以对该人的权限进行审查,如果有足够理由认为该人没有代理权限或者该人的权限有瑕疵的,法院有权作出驳回起诉的裁定,或者出于公平公正考虑,根据案件情况,作出其他判决或裁定。

第四章　诉讼文书与文件的递交与送达

第六十七条　如果本法典或其他法律规定,应当将某文件送达某一方当事人或者有关人员的(比如当事人作出的起诉状、答辩状、申请书或申诉书、传票或其他法律文书;声明书副本、证据资料复印件等),这些文件应当有明确的送达对象并记明下列事项:

(一)受理案件的法院名称,或者审理过程中的法院名称与案件号;

(二)诉讼当事人的名称;

(三)接收诉讼文书或文件的诉讼当事人或个人的姓名;

(四)诉讼文书或文件所依据的事实与理由;

(五)诉讼文书或文件的年、月、日,以及工作人员、当事人或者递

---

[38]　第六十五条　修改于《民事诉讼法典修改案》〔1984〕10 号文件。

交或送达人员的签名。

递交或送达的诉讼文书或文件,应当按照法院提供的范本制作。工作人员、当事人或者相关人员应当使用法院规定的纸张,纸张的价格由司法部规定。

依照本法典,应当将法人名称、登记的法人名称,或者法人住所地或办事处的名称作为送达对象,即将管辖法院所在地的或者案件审理法院所在地的法人办事处或总办事处视为送达地点。[39]

第六十八条[40] 诉讼文书或文件的递交或送达,无论是任何一方当事人向法院或向另一方当事人作出的,还是法院向任何一方当事人或当事人双方作出的,亦或是法院将其作出的裁判或其他内容告知当事人或其他人的,可以通过电子邮件或者其他电子技术送达。以上这些,根据经最高法院大会同意的最高法院院长规定的标准和方式进行,该最高法院院长规定于《政府公报》公布后施行。

第六十九条 向法院递交诉讼文书或文件,可向法院工作人员或者正在审理案件的法庭递交。

第七十条[41] 所有的起诉状、传票及其他传唤文书、裁定书、执行书,均由法院工作人员作为送达人,负责将上述诉讼文书送达当事人或者相关的案外人。下列情形除外:

(一)证人传票,由提出证人的一方当事人作为直接送达人,除非法院有其他裁定或者证人拒绝接收的,由法院工作人员作为送达人;

(二)法院的决定书,包括法院开庭日期、审查证据日期的决定书(视情况而定)或者法院延期审理的决定。如果法院作出上述决定

---

[39] 第六十七条第三款 增加于《民事诉讼法典修改案》〔2015〕28号文件。
[40] 第六十八条 修改于《民事诉讼法典修改案》〔2015〕28号文件。
[41] 第七十条 修改于《民事诉讼法典修改案》〔2017〕30号文件。

时,当事人或者相关个人在场,并且签名予以确认的,视为已经依法送达。

起诉状由原告支付送达费用。原告是否送达均可,但法院要求原告负责送达的除外。对于法院依当事人一方申请作出的传票与其他传唤文书、裁定书等,如果法院不要求其送达的,由该方当事人支付送达费用即可。其他情形下的送达,由法院作为送达人,负责送达给当事人或者相关个人。

第七十一条 答辩状由其制作者向法院递交原件,同时递交副本,以供另一方当事人或其他诉讼当事人向法院工作人员领取。

请求补充答辩的申请书,由法院工作人员作为送达人,负责将其送达另一方当事人或其他诉讼当事人,但补充答辩状的递交者有义务协助处理送达事务。

第七十二条 在法律或法院规定的时间范围内,或者依照法院在案卷中记载的当事人协议,向法院递交申请书与声明的,应当递交申请书与声明原件,同时递交副本,以便另一方当事人、其他诉讼当事人或通知有关个人来领取。

其他的申请书,应当向法院递交申请书原件,同时递交申请书副本,以便送达另一方当事人、其他诉讼当事人或有关个人。如果法院规定由法院工作人员负责送达此类申请书副本的,则由法院工作人员作为送达人,由递交申请书的一方当事人支付送达费用。

其他的文件,比如声明书副本或证据复印件,可以通过下列两种方式送达给另一方当事人、其他诉讼当事人或有关个人:

(一)须由当事人送达的,应当先将副本送达给另一方当事人、其他诉讼当事人或有关个人,然后将送达回证及原件递交法院;送达回证的制作,应当在原件上记明已收到副本和接收日期,由接收人签字;

(二)须由当事人送达的,且当事人已将原件及副本递交法院,请求法院送达另一方当事人、其他诉讼当事人或有关个人的。该申请人应当与法院工作人员一同前往送达,并支付送达费用。

第七十三条 承担送达义务的当事人申请法院工作人员代为送达诉讼文书或其他文件的,工作人员应当尽快送达。为了便于识别受送达的当事人或个人,或者便于查找受送达人的住所或工作场所,法院工作人员可以要求申请人或申请人认为合适的人一同前往送达。

根据法院裁定送达的诉讼文书或其他文件,如果个人与当事人没有送达义务的,由法院负责送达。

第七十三条之二[42] 法院工作人员负责送达的诉讼文书或其他文件,无论是法院根据职责安排送达,还是根据有送达义务的当事人申请送达,法院可以采取挂号件邮件、特快邮件的方式邮寄送达,由有送达义务的人支付送达费用。邮政工作人员送达的诉讼文书或其他文件,其效力等同于法院工作人员送达,并且参照适用本法典第七十四条、第七十六条、第七十七条的规定。

第七十四条 法院工作人员送达的诉讼文书或其他文件,应当依照下列规定:

(一)应当在白天送达,即日出与日落之间;

(二)应当送达到诉讼文书或其他文件上规定的受送达当事人或个人的住所地或工作场所,并交给指定的当事人或个人,但应当适用以下六个条款的规定。

第七十五条 为了便于开展第六十四条规定的事务,向当事人委托的律师或律师委托的人员送达诉讼文书或其他文件,视为依法

---

[42] 第七十三条之二 修改于《民事诉讼法典修改案》〔2015〕28号文件。

完成送达。

第七十六条　法院工作人员在受送达的当事人或个人的住所或工作场所中发现受送达人不在场的,法院将须送达的诉讼文书或其他文件送达给与受送达人同住的或者共事的二十岁以上的人员,或者依照法院规定送达了诉讼文书或其他文件的,视为已依法正确送达诉讼文书或其他文件。

在上述情形下,将诉讼文书或其他文件送达任何一方当事人的,不得将诉讼文书或其他文件送达与该方当事人相对立的另一方当事人,此种送达不视为依法完成送达。

第七十七条　在受送达的当事人或个人的住所、工作场所以外的地点送达诉讼文书或其他文件,法院工作人员依照下列方式的送达,视为已依法正确送达:

(一)当事人或个人愿意接收诉讼文书或其他文件的;

(二)法院当庭送达诉讼文书或其他文件的。

第七十八条　如果诉讼文书或其他文件指定的受送达人无正当理由,拒绝接收法院工作人员送达诉讼文书或其他文件,法院工作人员可以请求有权的行政工作人员或警察一同前往见证。如果受送达的当事人或个人再次拒绝接收的,可以将诉讼文书或其他文件留在受送达人所在地,视为已依法正确送达。

第七十九条[43]　如果无法根据前述规定送达诉讼文书或其他文件的,法院可以采取其他替代方式送达,即法院可以将诉讼文书或其他文件张贴在诉讼文书或其他文件指定的受送达的当事人或个人的住所地或工作场所易见处;或者将诉讼文书或其他文件授权行政工作人员或警察代为送达,并将上述授权行为予以宣传或公告;或

---

[43]　第七十九条　修改于《民事诉讼法典修改案》〔1979〕8号文件。

者采用法院认为合适的其他方式。

法院采用其他方式送达诉讼文书或其他文件的,自诉讼文书、其他文件或授权书公告张贴或公告之日,或者其他送达方式完成之日起,超过十五日或超过法院规定的期间的,视为发生送达效力。

第八十条 由法院工作人员送达诉讼文书或其他文件,法院工作人员应当将经当事人或接收人签字后的送达回证,或者将经法院工作人员签字的诉讼文书或其他文件的送达报告递交给法院(视情况而定),以便将其归于案卷中。

送达回证与送达报告,应当清楚记明下列事项:

(一)送达人的姓名,如果有接收人的,注明接收人姓名;

(二)送达方式与送达的年、月、日、时;

对于送达报告,应当记明年、月、日以及制作报告的工作人员的签名。

对于送达回证,可以在向法院递交的诉讼文书或其他文件的原件上送达证明。

第八十一条 相关当事人送达证人传票的,依照下列规定送达:

(一)应当在白天送达,即在日出与日落之间;

(二)应当将传票送达到传票指定的当事人或个人的住所地、工作场所,应当适用第七十六条和第七十七条的规定。

第八十二条 如果需要将诉讼文书或其他文件送达多个当事人或个人的,应当送达诉讼文书或其他文件的副本。在这种情况下,负责安排送达诉讼文书或其他文件的法院工作人员,可以要求有送达义务的一方当事人,按照需送达的人数,提交诉讼文书或其他文件的副本。

第八十三条 如果任何一方当事人必须在法院或法律规定的时间内或时间前,将诉讼文书或其他文件递交法院或送达另一方当事人、案外人的,并且上述送达必须通过法院工作人员送达的,当该方当事人在规定的时间内或时间前,将诉讼文书或其他文件递交给法院,即使接收诉讼文书或其他文件,申请送达诉讼文书或其他文件,将诉讼文书或其他文件送达另一方当事人或个人的时间出现在规定的时间之后,视为该方当事人已履行了法院或法律规定的送达义务。

如果本法典明确规定,向另一方当事人或个人送达的诉讼文书或其他文件,应当在法院开庭审理或审查证据前规定的时间内提前告知另一方当事人或个人的,有义务送达的该方当事人将诉讼文书或其他文件,在规定的时间三日前递交给法院工作人员的,视为依照前条款规定完成送达。

如果本条法律未对有诉讼文书送达义务或其他文件送达义务的任何一方当事人采用的送达方式作禁止性规定的,当事人可以将诉讼文书或其他文件的副本直接送达另一方当事人或案外人,但是该方当事人应当在法院或法律规定的时间内或时间前,将送达回证递交给法院。

第八十三条之二[44] 被告在泰王国没有住所的,应当将传票与起诉状送达被告境外的住所或工作场所。但下列情形除外:被告本人或者其代理人在泰王国境内有经营业务,或者有书面协议约定,将应送达被告的诉讼文书或文件,送达至被告所委托的在泰王国有居所的代理人,将应送达给被告或代其经营业务的代理人或代为接收诉讼文书或文件的代理人的传票与起诉状,送达至被告或代其经营业务的代理人的经营地或代为接收诉讼文书或文件的代理人在泰王国境内的所在地(视情况而定)。

---

[44] 第八十三条之二 增加于《民事诉讼法典修改案》〔1991〕12号文件。

依照第五十七条(三)的规定,须向在泰王国境内没有住所的案外人送达传票,通知其作为诉讼当事人参加诉讼的,参照适用前款的规定。

第八十三条之三⁴⁵ 送达第八十三条之二的规定之外的诉讼文书、申请书、声明书及其他文件,如果受送达人在泰王国境内没有住所的,但是其本人或其代理人在泰王国境内有经营业务的,或者有代理人代为接收诉讼文书或文件的,或者有律师在泰王国境内为其代理案件的,应当向受送达人或代理人在泰王国境内的经营场所所在地、代理人居住地、律师住所及工作场所送达(视情况而定)。如果受送达人本人在泰王国境内没有经营业务,或者在泰王国境内没有前述代理人与律师的,应当在法院里以张贴公告的方式送达。

第八十三条之四⁴⁶ 根据第八十三条之二的规定,如果需要将传票与起诉状送达被告境外的住所或工作场所的,原告应当自其递交起诉状之日起七日内向法院提交申请书,以便法院安排将传票与起诉状送达给被告。在这种情况下,如果泰王国签订的缔约国协议中没有特别规定的,原告应当将传票、起诉状或其他文件翻译为被告住所或工作场所所在地使用的官方语言或英语,并将翻译认证文件及上述申请书一同递交法院,并在法院规定的时间内向法院支付所需的费用。

如果法院认为有必要的,法院可以要求原告在规定的时间内补交其他资料。

如果原告怠于履行第一款、第二款规定的义务,依照第一百七十四条的规定,视为原告撤回诉讼。

㊺ 第八十三条之三 修改于《民事诉讼法典修改案》〔2008〕24号文件。
㊻ 第八十三条之四 增加于《民事诉讼法典修改案》〔1991〕12号文件。

依照第五十七条(三)的规定,须向在泰王国境内没有住所的案外人送达传票,通知其作为诉讼当事人参加诉讼的,参照适用第一款、第二款与第三款的规定。

第八十三条之五[47] 根据第八十三条之二的规定,将传票与起诉状送达被告或案外人境外的住所或工作场所的,自送达之日起,超过规定时间的六十日后,发生送达效力;如果使用其他送达方式替代送达被告或案外人的,自使用其他送达方式送达之日起,超过规定时间的七十五日后,发生送达效力;

第八十三条之六[48] 根据第八十三条之二的规定,将传票与起诉状送达在泰王国有经营业务的被告或其代理人,或者代理人代为接收诉讼文书或文件,自依法送达之日起超过规定时间三十日后,发生送达效力。

根据第八十三条之三的规定,向受送达人、代理人或律师送达的,自依法送达之日起超过规定时间十五日后,发生送达效力。

根据第八十三条之三的规定,以张贴公告的方式送达的,自张贴公告之日起超过规定时间三十日后,发生送达效力,并且不适用第七十九条的规定。

第八十三条之七[49] 当原告根据第八十三条之四的规定履行了,如果泰王国参加的缔约国协议中没有特别规定的,法院可以通过国际特快邮件邮寄、国际包裹邮寄,或者通过外交部或普通法院办公室送达给被告与案外人。以上这些,按照经最高法院大会同意的最高法院院长规定的标准和方式执行,该最高法院院长规定于《政府公报》公布后施行。

---

[47] 第八十三条之五 增加于《民事诉讼法典修改案》〔1991〕12号文件。
[48] 第八十三条之六 增加于《民事诉讼法典修改案》〔1991〕12号文件。
[49] 第八十三条之七 增加于《民事诉讼法典修改案》〔2015〕28号文件。

第八十三条之八[50] 根据第八十三条之二的规定,将传票与起诉状送达被告或案外人境外的住所或工作场所的,如果原告向法院递交申请书,且向法院证明其已依照第八十三条之七的规定送达,但因无法找到上述人员住所或工作场所或者因其他原因无法送达的;或者法院已依照第八十三条之七的规定送达,但是无法获悉送达效果的,可以允许法院以张贴公告的方式代替送达。在这种情况下,法院也可以采取报纸公告或其他方式送达。[51]

根据第一款规定的方式送达的,自在法院张贴公告之日起超过规定时间六十日后发生送达效力,且不适用第七十九条的规定。

第五章　证据

第一节　一般原则

第八十四条[52] 审查案件应当以证据作为认定事实的根据。但下列事实除外:

(一)众所周知的事实;

(二)没有争议的事实;

(三)当事人当庭承认或者视为已承认的事实。

第八十四条/(一)[53] 当事人对自己提出的主张,有责任提交证据。但对于根据法律或者日常生活经验法则能推定出的事实,当事人只需证明其已根据该事实条件履行了相应义务。

第八十五条　依照本法典或其他法律关于证据提交和采纳的

---

[50] 第八十三条之八　增加于《民事诉讼法典修改案》〔1991〕12号文件。
[51] 第八十三条之八第一款　修改于《民事诉讼法典修改案》〔2015〕28号文件。
[52] 第八十四条　修改于《民事诉讼法典修改案》〔2007〕23号文件。
[53] 第八十四条/(一)　增加于《民事诉讼法典修改案》〔2007〕23号文件。

规定,负有举证责任的一方当事人有权向法院提交审查的证据。

第八十六条 无论是法院认为应该采纳的证据,还是法院认为不应该采纳的证据,如果该证据是违反本法典的规定提交的,法院应当不予采纳。

如果法院认为某项证据过于夸张、迟延提交或者与案件争议焦点无关,法院有权中止审查该类证据或其他证据。

如果法院基于公平正义的考虑,认为需要补充证据的,可以不经当事人申请,继续对证据进行审查,包括对已询问过的证人进行再次询问。

第八十七条 法院不得采纳下列情形以外的其他证据:

(一)任何一方当事人应当提交审查的,与案件事实相关的证据;

(二)一方当事人表示将按照第八十八条、第九十条规定提交证据。但如果法院基于公平正义的考虑,认为需要违反本款规定,必须对与案件争议焦点有关的重要证据进行审查的,法院有权对该证据进行审查。

第八十八条[54] 当任何一方当事人要求引用某份书证或证人证词的,或者请求法院对人员、物品、场所进行审查的,或者提出引用法院指派的专家意见或者其他具有专门知识的人员的意见,以作为支持其主张的或反驳对方主张的证据,该方当事人应当在审查证据日前不少于七日,向法院提交证据清单,该证据清单上应当有作为证据使用的书证文件、书证情况说明、人员名单、地址、专家信息、物品或场所,或者请求法院审查证据,或者请求法院指派专家,同时应当提交足够份数的证据清单副本,以便其他方诉讼当事人从法院工作人员处领取。[55]

---

[54] 第八十八条 修改于《民事诉讼法典修改案》〔1995〕14号文件。
[55] 第八十八条第一款 修改于《民事诉讼法典修改案》〔2007〕23号文件。

如果任何一方当事人需要补充证据清单的,该方当事人应当自审查证据之日起十五日内向法院提交补充证据清单说明、补充证据清单及补充证据清单副本。

当根据第一款或者第二款规定的提交证据清单的期限届满后,如果提交证据清单的该方当事人有充分的理由证明其不知道应当提交某个对己方有利的证据的,或者不知道某个证据已经存在的,或者有其他正当事由的;或者如果没有提交证据清单的该方当事人,有充分的理由向法院证明,其有正当事由不能在上述规定的时间内提交证据的,该方当事人可以在案件审理前的任何时间内向法院提交申请书,请求法院批准其提交证据、证据清单及证据清单副本。如果法院基于公平正义的考虑,认为应当审查该证据的,法院可以批准当事人的申请。

第八十九条[56] 在下列情形下,一方当事人可以提出证据,以向其他方当事人的证人证明自己的主张:

(一)反驳或更改证人的证词;

(二)在其他方当事人的证人作证时,对该证人作出的行为、言辞及其提交的书证或其他证据进行质证,以便证人对此作出解释,对于证人未提及的内容,证人也可以作出补充说明。

任何一方当事人未在其他方当事人的证人作证时对上述事项进行质证,而是在事后提交证据,请求法院对上述事项进行审查,其他方当事人对此提出异议的,法院可以不采纳该证据。

依照第一款规定的一方当事人提交证据,请求对其他方当事人的证人进行再次审查,以便证明自己的主张,如果该方当事人有足够理由让法院相信其在其他方当事人的证人作证时不知道或不应

---

[56] 第八十九条　修改于《民事诉讼法典修改案》〔2007〕23号文件。

该知道上述事项的,或者如果法院基于公平正义的考虑,认为应当审查该证据的,法院可以审查该证据。在这种情况下,另一方当事人可以请求法院再次审查相关证据,或者法院自己认为有必要时,可以自行进行审查。

第九十条[57] 一方当事人依照第八十八条第一款的规定提出书证,以支持自己的主张或反驳对方的主张的,应当在审查证据日前不少于七日向法院和其他各方当事人提交书证副本。

一方当事人依照第八十八条第二款、第三款的规定提交声明书或申请书,请求提供书证作为证据的,应当向法院和其他各方当事人提交书证副本以及声明书或申请书。如有正当事由且经法院批准后,可以提交书证副本。

一方当事人提出以书证作为证据的,在下列情形下无须向法院提交书证副本,也无须向其他各方当事人提交书证副本:

(一)一方当事人提出引用为证据的书证是成套的书证,且该书证是其他各方当事人知晓的或者能轻易查证到该书证是存在的或者真实的书证,如当事人之间的书信往来、贸易账单、银行存折和案卷中的其他书证;

(二)一方当事人须引用的一份或几份的书证,但该书证为其他方当事人或案外人持有的;

(三)如果复制书证会延误案件审理,给引用书证的一方当事人造成损失的;或者有正当理由表明其不可能在规定提交的时间内完成书证复制的。

根据本条第三款第(一)项或者第(三)项的规定,由引用书证的一方当事人向法院递交申请书,请求法院批准中止提交书证副本,

---

[57] 第九十条 修改于《民事诉讼法典修改案》〔1995〕14号文件。

并以提交书证原件代替提交书证副本,以便于法院或其他各方当事人根据法院规定的要求审查书证。

根据本条第三款第(二)项的规定,由引用书证的一方当事人在第一款或第二款规定的时间内,申请法院根据第一百二十三条的规定,裁定书证持有人提交书证。该方当事人有义务跟进该事的进展情况,以便于在法院规定的时间内获得该书证。

第九十一条 当事人双方均有权引用相同的证据。

第九十二条 当事人或任何个人应当作证或者出示某项证据的,可以将上述证词或证据进行公开。

(一)政府公文或国家工作的某项内容是应当暂时或永久保密的,且为当事人或个人持有或者通过政府公职或公务职责或其他政府行为获知的;

(二)保密性的文件或内容,是经授权以律师身份获悉的或者当事人告知的;

(三)经法律保护不予公开的发明、外观设计或者其他作品。

上述当事人或个人可拒绝作证或出示某项证据,但工作人员或相关人员允许公开的除外。

当事人或个人可拒绝作证或出示某项证据,法院有权要求工作人员或相关个人到庭,并要求其根据法院需要进行说明,以便于法院审查其拒绝是否有正当理由。如果法院认为其拒绝没有正当理由的,法院有权裁定不适用本条规定,并要求上述当事人或个人出庭作证或者出示某项证据。

第九十三条[58] 引用书证作为证据的,只采纳书证原件。除非:

(一)当各方当事人一致认为书证副本正确无误的,法院应当对

---

[58] 第九十三条 修改于《民事诉讼法典修改案》〔2007〕23号文件。

上述书证副本予以采纳;

(二)由于不可抗力导致书证被损害、丢失或者其他不能归责于举证方的原因无法出示书证原件,如果法院出于审理公正的考虑,认为应当审查书证副本,或询问证人取代对无法出示的原件的审查的,法院可批准当事人提交书证副本或带证人到庭询问;

(三)政府机构保管或掌控的书证原件,得到相关政府机构批准后方可以出示。另外,书证副本经有职权的人员确认无误后,视为已完成出示,但法院另有规定的除外;

(四)一方当事人依据第一百二十五条的规定引用书证作为证据,另一方当事人主张其没有对该书证副本进行质证的,法院可以将该书证副本认定为证据。但是这些并不影响法院依据第一百二十五条第三款享有的权力。

第九十四条 当有法律明确规定必须提交书证的,即使另一方当事人同意,法院也不得采纳证人证言。

(一)当无法提交书证时,请求提交证人证言代替书证的;

(二)当事人已提交书证,但该书证里有内容需要补充、删减或变更,请求提交证人证言以作进一步证明的。

但是本条规定不适用于第九十三条第一款第(二)项规定的情形,以及不视为削减举证方当事人辩驳或提出证人证言证明以下事项的权利:提交的书证是虚假的或者全部或部分不正确;或者书证中的协议或债务不完整;或者另一方当事人理解错误。

第九十五条 法院不得采纳下列人员以外的其他人为证人:

(一)能够理解并回答提问的人;

(二)亲自看见、听见、或者知道可以作为证据内容的人,但上述证言只有在没有法律明确规定或法院另有裁定的情况下才予以适用。

如果法院不认可证人的证言,因为认为该人不能作为证人或不能提供证言,且相关当事人在法院对案件进行审理前提出异议的,法院应当记入笔录,记明证人姓名或法院不认可的事由,或相关当事人提出异议的事由。对于相关当事人提出异议的理由,由法院斟酌后记录入报告,或者要求该方当事人向法院提交书面说明,以便归于案卷之中。

第九十五条/(一)[59] 当事人将证人讲述的内容作为证据向法院提交的,或者将记录在书证或物品上的内容作为证据向法院提交的,如果提交该类证据是为了证明内容的真实性的,应当视为言词证据。

法院不得采纳下列言词证据以外的其他言词证据:

(一)根据言词证据的情况、特点、来源、事实环境等,认为可以证明事实的;

(二)由于亲自看见、听见、或者知道可以作为证据内容的证人不能亲自出庭作证,但基于案件公正审理的需要,有必要采纳言词证据的。

如果法院认为不应当采纳言词证据的,参照适用第九十五条第二款的相关规定。

第九十六条 聋、哑或者又聋又哑的证人,可以以文字或者其他适当的方式,接受提问或回答问题,上述人员的证词视为本法典的证人证言。

第九十七条 任何一方当事人可以引用另一方当事人作为己方的证人,或者以自己作为己方的证人。

第九十八条 任何一方当事人可以引用在艺术、科技、手工艺、贸易方面,或者在工作领域及国际法律方面具有专业知识的人员作

---

[59] 九十五条/(一) 增加于《民事诉讼法典修改案》〔2007〕23号文件。

为己方的证人,这些证人的意见可能有利于对案件争议焦点作出裁判,无论该证人是否在该领域任职。

第九十九条 如果法院认为有必要对人员、物品、场所进行检查,或者认为有必要依照本法典第一百二十九条和第一百三十条的规定指派专家的,无论案件审理到什么阶段,或者当事人是否依照本法典第八十七条和第八十八条的规定提出请求,法院均有权作出检查或指定专家的决定。

本条规定不影响当事人聘请具有专业知识的人员作为己方证人的权利。

第一百条[60] 如果任何一方当事人主张某个事实,并请求另一方当事人回答是否认可该事实,可在审查证据日前不少于七日,向另一方当事人送达说明该事实的告知书。[61]

如果另一方当事人已依法收到说明该事实的书面报告,送达说明事实的书面报告的一方当事人在审查证据日向法院提出申请,请求法院询问另一方当事人是否认可告知书中说明的事实,并将该方当事人的回答记录在审理报告中。如果另一方当事人不回答与事实相关的问题,或者不认可该事实,但未明确提出不认可事由的,视为已经认可该事实。除非法院认为另一方当事人客观上不能回答或者明确提出不认可的理由,法院可以要求该方当事人在适当的时间内向法院递交与事实相关的书面声明。

当事人要求将全部或部分书证引用为证据的,参照适用本条的规定。但是在送达书面声明时,应附加书面声明副本,在必要的时候,应当将书证原件送达另一方当事人,除非该书证原件为另一方

---

[60] 第一百条 修改于《民事诉讼法典修改案》〔1992〕13号文件。
[61] 第一百条第一款 修改于《民事诉讼法典修改案》〔1995〕14号文件。

当事人或案外人持有。

第一百零一条 如果相关人员担心其在之后须引用的证据可能灭失或难以获得的,或者如果一方当事人担心其须采用的证据在证据审查前可能会灭失或难以获得的,该个人或当事人可以提交申请书,请求法院立即审查该证据。

当法院接到上述申请后,法院应当传唤申请人和另一方当事人或者相关案外人到庭。法院在听取上述人员的陈述后,应当结合案件情况,对申请作出裁定。如果法院根据申请作出批准裁定后,应当依照本法典规定对该证据进行审查。至于相关报告和其他书证等文件由法院予以保管。

如果另一方当事人或者相关案外人在泰王国境内没有住所,并且其没有到庭参与案件审理的,当法院根据第一款收到申请书后,法院应当对当事人单方提出的申请作出裁定。如果法院根据申请作出批准裁定后,法院应当在仅有一方当事人到庭的情况下,对证据进行审查。[62]

第一百零一条/(一)[63] 如果在紧急情况下,必须对证据进行紧急审查的,并且无法事先通知其他各方当事人的,当事人在递交起诉状或答辩状时或之后,可以根据第一百零一条的规定,提交申请书。申请者可以单方向法院提交书面申请,请求法院及时作出裁定。如果认为有必要的,可以申请法院将须先行审查的作为证据使用的书证或物品查封、扣押或要求将其送交法院。

依照第一款规定提交的申请书,即在无法事先通知其他各方当事人的紧急情况下,申请法院对证据进行紧急审查的申请书,应当

---

[62] 第一百零一条第三款 增加于《民事诉讼法典修改案》〔1991〕12号文件。
[63] 第一百零一条/(一) 增加于《民事诉讼法典修改案》〔2007〕23号文件。

记明出现紧急情况的事由以及不进行紧急审查可能造成的损失。对于请求法院将须先行审查的作为证据使用的文件或物品进行查封、扣押或要求将其送交法院的申请书,应当对请求法院查封、扣押或要求将其送交法院的必要性予以说明。除法院审查认为有紧急事由或有必要事由之外,不得对申请予以批准。以上行为不影响其他各方当事人请求法院传唤上述证人到庭作证的权利,以便于法院根据第一百一十七条的规定询问证人和开展诉讼活动。如果法院不能开展上述活动,法院应当谨慎权衡证据的证明力。

第一百零一条/(二)[64] 法院根据当事人的申请,对作为证据使用的书证或物品进行查封、扣押或要求将其送达法院的,法院可以规定适当的条件,或者要求申请者将一定数额的金钱或其他担保交付给法院,用于赔偿对相关个人可能造成的损失。如果该损失是由于申请者的过错或疏忽大意致使法院作出错误裁定的,由当事人承担赔偿费用。

第一款规定的情形,参照适用第二百六十一条、第二百六十二条、第二百六十三条、第二百六十七条、第二百六十八条和第二百六十九条的规定。如果法院查封、扣押第三人的财产,第三人在案件中享有与被告相同的权利。当该书证或物品无须作为证据使用时,法院认为合适或者有权请求返还的人提出申请的,法院应当裁定将该书证或物品返还给申请人。

第一百零二条 审理案件的法院负责审查证据。法院可以在庭内或庭外对证据进行审查,并可以根据证据审查情况作出相应裁定。

如果法院认为有必要的,可以授权法院内部的一名审判员或委

---

[64] 第一百零一条/(二) 增加于《民事诉讼法典修改案》〔2007〕23号文件。

托其他法院代为审查证据。被授权的审判员或接受委托的法院享有与原审查法院同等的权利与义务,包括被授权的审判员可以授权法院内部的其他审判员代为审查证据,或者接受委托的法院可以委托其他法院代为审查证据。

如果法院委托其他法院代为审查证据的,任何一方当事人可以向法院表明,其本人有意前往听取审查证据。在这种情况下,接受委托的法院应当至少提前七日将证据审查日告知当事人。前往听取审查证据的当事人可行使的权利与其在参与庭审时可行使的权利相同。

起诉状、答辩状副本以及需要审查的书证或其他证据送达接受委托的法院后,如果引用证据的一方当事人没有向法院表明,其本人有意前往听取审查证据的,该方当事人应当让接受委托的法院知道证据审查的焦点。证据审查结束后,接受委托的法院应当将必要的报告以及与审查证据相关的其他全部书证送交负责审理案件的法院。

第一百零三条 依照本法典关于缺席审理、申请参与诉讼和强行驱逐出法庭的规定,审理案件的法院、被授权的审判员或者接受委托的法院,在没有给各方当事人足够的机会到庭听取审查的情况下,不得审查任何证据和行使与审理案件相关的权力。不论该证据是任何一方当事人引用的证据,还是法院决定审查的证据。

第一百零三条/(一)[65] 如果当事人协商一致,并且法院认为有必要时,法院在征得当事人同意的情况下,可以指定法院工作人员或者其他工作人员代替法院在庭外对证据进行审查。

根据第一款规定履行职责的工作人员,是《刑法典》规定上的工作

---

[65] 第一百零三条/(一) 增加于《民事诉讼法典修改案》〔2007〕23号文件。

人员,并且参照适用第一百零三条的规定。

第一百零三条/(二)⁶⁶ 相关当事人请求法院按照其协商一致的方式审查证据,法院为了能方便、快捷、公平地审查证据,认为有必要的,可以根据当事人的申请予以准许。除非该审查方式是违反法律规定的,或者违反社会秩序、违反道德的。

第一百零三条/(三)⁶⁷ 为了能方便、快捷、公平地审查证据,最高法院院长在征得最高法院大会同意的情况下,有权决定增加审查证据的方式,但是不得违反法律或者与法律相冲突。

最高法院院长根据第一款规定作出的决定,其于《政府公报》公布后立即生效。

第一百零四条 法院有权裁定当事人提交的证据是否与案件焦点有关联性或者是否充分,或者是否能够认定为证据,并据此来审理案件。

法院在对第九十五条/(一)规定的言词证据、第一百二十条/(一)第三款和第四款规定记录的未出庭证人的证言和第一百二十条/(二)规定记录下来的证言的可信度进行审查时,法院应当采取谨慎的态度,应当综合考虑上述言词证据及证言记录的情况、特点和来源等。⁶⁸

第一百零五条 任何一方当事人不履行本法典关于证据的规定,导致另一方当事人缴纳本不该缴纳的案件处理费或额外支付案件处理费的,该增加的案件处理费视为第一百六十六条规定的不必要的支出,由导致该费用产生的当事人一方承担。

---

⑥⑥ 第一百零三条/(二) 增加于《民事诉讼法典修改案》〔2007〕23号文件。
⑥⑦ 第一百零三条/(三) 增加于《民事诉讼法典修改案》〔2007〕23号文件。
⑥⑧ 第一百零四条第二款 修改于《民事诉讼法典修改案》〔2007〕23号文件。

第二节　证人出庭与质证

第一百零六条[69]　如果任何一方当事人不能亲自带己方的证人出庭作证的,可以在审查证据日前向法院提出申请,请求法院传唤证人出庭作证。法院可以要求该方当事人对证人与案件事实具有关联性以及传唤证人的必要性进行说明。法院应当将传票和说明书副本至少提前三日送达证人。

证人传票应当记明下列内容:

(一)证人的姓名与住址、诉讼当事人双方的姓名、法院名称以及申请方律师的姓名;

(二)证人应出庭作证的时间、地点;

(三)不按传票出庭作证和不如实作证将受到的处罚。

如果法院认为证人未作准备,无法提供证言的,法院可以将证人可能被询问的内容记入传票。

第一百零六条/(一)[70]　不得对下列人员发出证人传票:

(一)无论在何种情况下,不得对国王、王后、王储或者摄政王发出证人传票;

(二)无论在何种情况下,不得对僧侣、沙弥发出证人传票;

(三)根据法律规定享有特权或者受法律保护的人。

在上述第一款第(二)项和(三)项规定的情形中,法院、被授权的审判员或受委托的法院送达记明询问证人的时间和地点的告知书以代替送达传票。对于上述第一款第(二)项的规定,应当将告知书送达证人;对于上述第(三)项的规定,应当将告知书送交普通法院办

---

[69]　第一百零六条　修改于《民事诉讼法典修改案》〔2007〕23号文件。
[70]　第一百零六条/(一)　增加于《民事诉讼法典修改案》〔2007〕23号文件。

公室,以便依照相关法律规定或国际法律规定处理。

第一百零七条 如果法院认为基于调查案件事实真相的需要,有必要到证人愿意作证的地点去调查取证的,由法院、被授权的审判员或者受委托的法院,将记明询问证人的时间和地点的传票送达给证人,并依此对证人进行询问。

第一百零八条[71] 对于第一百零六条和第一百零七条规定的经合法传唤的证人,应当按照规定的时间和地点作证。但患有疾病或者有其他正当事由,已告知法院且经法院认可该事由的除外。

第一百零九条 当某证人已经出庭作证,无论其依照法院传票而出庭作证的,还是基于诉讼当事人请求而出庭作证的,该证人已经完成作证义务,无须再到法院出庭作证。除非法院裁定该证人应当按照法院规定的时间另行出庭作证的除外。

第一百一十条 当事人已经依法表明其将引用某证人的证言,但该证人没有在法院规定的审查证据日到庭的,法庭可以在不询问该证人的情形下继续审理案件,但应当参照适用下一条的规定。

第一百一十一条[72] 当法院认为,未到庭证人的证言对裁决案件至关重要。

(一)如果该证人是因生病而不能出庭作证的,或者有法院认可的其他正当事由的,法院可以决定延期审理案件,以便于该证人出庭作证,或者在适当的时间、地点询问该证人;

(二)如果法院认为,经合法传唤的证人故意不出庭作证或者没有按照规定的时间和地点出庭作证的,法院裁定其应当按照法院规定的时间另行出庭作证但其故意躲避的,法院可以延期审理案件,

---

[71] 第一百零八条　修改于《民事诉讼法典修改案》〔2007〕23号文件。
[72] 第一百一十一条　修改于《民事诉讼法典修改案》〔2007〕23号文件。

并对证人发出拘留令,将其拘留,直至证人根据法院规定的时间完成作证。上述拘留不能折抵《刑法典》中规定的刑罚。

第一百一十二条[73] 证人在作证前,应当依照宗教信仰、公序良俗进行宣誓或者承诺其将如实作证。但下列人员除外：

（一）国王、王后、王储或者摄政王；

（二）年龄在十五周岁以下的人员或者法院认为认知能力低下的人员；

（三）佛教僧侣、沙弥；

（四）当事人双方一致同意无须进行宣誓或者承诺的人员。

第一百一十三条 证人应当以口头方式作证,禁止证人朗读事先准备好的内容,但经法院准许的或者是专家证人的除外。

第一百一十四条 法庭询问证人时,在其后出庭作证的其他证人不得在场,法院有权要求出庭作证的其他证人先行回避。

但是,如果其他证人在作证前已听到该证人的证言,且另一方当事人主张上述证言违反规定不应采纳的,如果法庭认为上述证言是可采信的,或者认为其他证人不会因为听到该证人的证言而改变自己的证言的,或者认为不会影响法院改变裁判的,法庭可以认定上述证言并不违反规定。

第一百一十五条[74] 国王、王后、王储、摄政王、僧侣、佛教僧侣、沙弥,即使作为证人出庭,可以不提供证言或不回答法庭提问。至于根据法律规定享有特权或者受法律保护的人,可以在法律规定的条件下,不提供证言或不回答法庭提问。

第一百一十六条 证人应先回答与姓名、年龄、职务、职业、住址

---

[73] 第一百一十二条　修改于《民事诉讼法典修改案》〔2007〕23号文件。

[74] 第一百一十五条　修改于《民事诉讼法典修改案》〔2007〕23号文件。

以及与诉讼当事人的关系等相关的问题。然后由法院开展下列活动:

(一)法庭亲自询问证人,即告知证人案件审查的焦点和事实,并让证人就该内容作证。证人可以单独通过陈述证言的方式作证,也可以通过回答法院提问的方式作证;

(二)当事人根据下列条款单独询问或反询问证人。

第一百一十七条[75] 证人依照第一百一十二条和第一百一十六条的规定作出宣誓或承诺后,提供证人的一方当事人可对其进行询问;或者如果证人是由法院先行进行询问的,当事人可以在法院询问结束后,对该证人进行询问。

当提供证人的一方当事人询问证人结束后,另一方当事人可以反询问该证人。

当另一方当事人可以反询问证人结束后,提供证人的一方当事人可以再询问该证人。

当再询问证人结束后,禁止任何一方当事人再询问证人,但经法院准许的除外。如果任何一方当事人经法院准许,可以再询问上述证人的,那么另一方当事人必然也可以就与询问内容有关的问题,再次反询问证人。

当事人提供的证人未按照法院或己方提出的问题提供证言的,提供证人的一方当事人可以不询问该证人。但如果该证人已开始作证,那么可以对该证人进行反询问或再询问。

当事人提供的证人作出不利于自己的证言,该方当事人可以请求法院准许其像询问对方证人一样询问其提供的证人。

无论是询问、反询问还是再询问证人,如果当事人委托有数名律师的,由其中一名律师进行询问,但法院有其他考虑的除外。

---

[75] 第一百一十七条 修改于《民事诉讼法典修改案》[1956]5号文件。

第一百一十八条 提供证人的一方当事人无论是询问证人,还是再询问证人,都不得使用引导式提问,另一方当事人同意或经法院准许的除外。

提供证人的一方当事人再询问证人的,不得提出证人就反询问提供的证言以外的问题。

无论在何种情况下,任何一方当事人都不得对证人询问下列事项:

(一)与案件无关的问题;

(二)可能使证人、另一方当事人、案外人受到刑事处罚的问题,或者是诽谤证人的问题,除非这些问题对裁判案件具有至关重要的作用。

如果任何一方当事人询问证人违反本法条规定的,法院认为有必要,或者如果另一方当事人提出异议的,法院有权裁定是否使用这些问题。在这种情况下,如果相关当事人对法院的裁定有异议,法院在对案件进行继续审理前,应当将问题和异议记入笔录。对于相关当事人提出异议的理由,由法院斟酌后记入笔录,或者要求该方当事人向法院提交书面说明,以便归于案卷之中。

第一百一十九条 在法院作出判决前的任何时候,无论是在询问证人期间,还是在询问证人之后,如果法院认为有必要的,有权就任何问题对证人进行询问,以使证人的证言更为完整或清楚,或者便于审查证人的作证情况。

如果两名或两名以上的证人在关键的案件焦点上相互矛盾,当法院认为合适时或者任何一方当事人提出申请时,法院有权要求这些证人进行对质。

第一百二十条 一方当事人认为不应该采纳另一方当事人提供的证人的证言或者法院传唤作证的证人提供的证言,如果法院认为其理由成立,可以准许该方当事人提供证据来支持其主张。

第一百二十条/(一)[76] 当任何一方当事人向法院提出申请,并且另一方当事人没有提出异议,如果法院认为有必要,可以准许提出申请的该方当事人,将其提供的证人的全部或部分的书面证言提交给法院,并以此来代替当庭询问证人,以便于确认案件事实或向法院提交该证人的意见。

依照第一款的规定,当事人以书面证言代替当庭询问证人的,应当在确定案件焦点之日前或者审查证据日前,向法院递交申请书表明其请求和理由。在无须确定案件焦点的情况下,法院应当对对方当事人须向法院递交上述书面证言的时间予以规定,应当在询问证人日前至少七日,将该书面证言副本送达另一方当事人。当一方当事人将书面证言提交给法院,该方当事人不得要求退回。在证人提供证言认可该书面证言后,视为交叉询问证言的一部分。

为了回答当事人的补充询问、反询问或者再询问,作出书面证言的证人应当出庭作证。如果作出书面证言的证人不出庭作证,法院可以拒绝认可该书面证言为证据。但是如果法院认为有必要或者有不可抗力事由导致作出书面证言的证人无法出庭作证,并且基于案件公平审理的需要,法院也可以认可该书面证言作为案件证据的组成部分。

如果当事人双方协商一致,同意作出书面证言的证人不用出庭作证的,或者另一方当事人同意或无反询问意向的,法院可以认定该书面证言作为案件的证据。

第一百二十条/(二)[77] 如果当事人双方共同提出申请,并且法

---

[76] 第一百二十条/(一) 增加于《民事诉讼法典修改案》〔2007〕23号文件。
[77] 第一百二十条/(二) 增加于《民事诉讼法典修改案》〔2007〕23号文件。

院认为合适时,法院可以准许提供书面证言确认事实,或者准许提供居住在泰王国境外的证人作出的意见以代替证人出庭作证,但不剥夺该证人出庭补充证言的权利。

作出书面证言的证人的签名,参照适用第四十七条第三款的规定。

第一百二十条/(三)[78] 根据第一百二十条/(一)和第一百二十条/(二)的规定作出的书面证言,应当包括下列事项:

(一)法院名称和案号;

(二)作出书面证言的年、月、日和地点;

(三)当事人的姓名;

(四)作出的书面证言的证人的姓名、年龄和职业,以及该证人与当事人的关系;

(五)详细事实或者作出书面证言的证人的意见;

(六)作出书面证言的证人和提交书面证言的一方当事人的签名。

书面证言提交给法院后,不得再进行修改,但修改细微错误的除外。

第一百二十条/(四)[79] 任何一方当事人可以申请法院通过视频会议的方式对庭外的证人进行审查,相关的费用由提供证人的一方当事人负担。如果法院认为有利于案件公平审理的,可以根据该申请予以准许。法院可以依照经最高法院大会同意的最高法院院长关于审查证据方式的规定,该规定根据第一百零三条/(三)的规定而制定出来的证据审查方式对案件进行处理,包括可以依照上述

---

[78] 第一百二十条/(三) 增加于《民事诉讼法典修改案》〔2007〕23号文件。
[79] 第一百二十条/(四) 增加于《民事诉讼法典修改案》〔2007〕23号文件。

最高法院院长规定对审查证据的方式、地点和见证人进行说明。以上费用不视为案件处理费。

第一百二十一条 证人在每次开庭审理中出庭作证后,法院应当向证人宣读该证言,并要求证人按照第四十九条和第五十条的规定签名。

第一款的规定,不适用于第一百二十条/(一)与第一百二十条/(二)规定的当事人以书面证言代替当庭询问证人的情形;不适用于第一百二十条/(四)规定的以视频会议形式提供证言的情形;不适用于将书面证言刻录在能以图像或声音的方式播放的载体上的情形;不适用于当事人与证人可以查证该书面证言是否正确的其他情形。但是如果任何一方当事人或者证人请求查证证言的,法院应当安排审核。[80]

第三节 书证的审查

第一百二十二条 当一方当事人提供某个书证作为证据,而另一方当事人根据第一百二十五条的规定对该书证提出异议的,如果该书证原件为提供书证的一方当事人持有,该方当事人应当在证据审查日向法院出示书证原件。[81]

在法院判决前的任何时候,如果法院认为有必要或者另一方当事人提出申请,法院可以要求提供书证的该方当事人向法院提交书证原件的,该方当事人应当向法院提交书证原件,以便于法院或另一方当事人可以根据部门规章中的相关规定或者法院规定的要求,对该证据进行审查或检查。但是:

---

[80] 第一百二十一条第二款 增加于《民事诉讼法典修改案》〔2007〕23号文件。
[81] 第一百二十二条第一款 修改于《民事诉讼法典修改案》〔1995〕14号文件。

（一）如果该方当事人不能提供或提交上述书证原件的,该方当事人可以在规定提供或提交书证原件之日或之前,向法院提交书面申请,对其不能按照规定履行的情况和理由进行说明;如果法院认为提出申请的一方当事人不能提供或提交书证原件的,法院可以裁定准许其以后提交书证原件,或者法院基于案件公平审理的考虑可以作出其他裁定;在这种情况下,如果提出申请的当事人仅申请延期提供或提交书证原件的,该申请可单方提出。

（二）因向法院提供或提交书证原件导致该证据毁损、灭失,或者因遭受重要障碍或者重大困难而导致提供或提交书证原件受阻的,该方当事人可以在证据审查之日或之前,单方向法院提出书面申请,请求对该损失、障碍或者困难等进行说明;如果法院认为该方当事人不能提供或提交书证原件的,法院可以裁定准许该方当事人在某个地点向某个工作人员提交,或者按照法院的要求提交,或者可以裁定其提供或提交与原件核对无误的且与案情相关的全部或部分书证副本。

第一百二十三条[82] 如果一方当事人主张以书证作为证据,但该书证原件为另一方当事人持有,主张以书证原件作为证据的一方当事人可以向法院提出书面申请,请求法院裁定要求另一方当事人提交书证原件以代替其提交书证副本。如果法院认为该书证是重要证据,且其申请事由成立的,法院可以裁定另一方当事人在法院规定的适当的时间内,向法院提交书证原件。如果另一方当事人持有该书证原件,但其不按照法院的裁定履行的,可以推定另一方当事人已经认可该书证的内容。

如果书证原件为案外人员、政府机构或工作人员持有,主张以

---

[82] 第一百二十三条 修改于《民事诉讼法典修改案》〔1956〕5号文件。

书证作为证据的该方当事人不能直接请求其提供的,参考适用前款关于主张以书证作为证据的当事人提出申请的规定,并且由法院裁定要求其提交。但是主张以书证作为证据的一方当事人,应当至少提前七日将法院裁定书送达书证原件持有人。如果按照规定不能取得书证原件进行审查的,当法院认为合适时,可以按照第九十三条第(二)项的规定对证据进行审查。

第一百二十四条 如果主张以书证作为证据的一方当事人不愿意提供或者提交书证原件,或者该方当事人采用毁损、隐藏或其他行为,导致书证失去证明力,以此阻止另一方当事人引用该文件作为证据的,推定不愿意提供或者提交书证原件的该方当事人认可该书证的内容。

第一百二十五条[83] 一方当事人可以在证据审查日结束前,对另一方当事人提供的书证提出异议,认为该书证缺少书证原件或者书证原件全部或部分是伪造的,或者书证副本与原件不符。

如果提出异议的一方当事人有正当事由表明其在证据审查日结束前不知道该书证存在缺乏原件、伪造或者该书证副本与原件不符的情形的,该方当事人可以向法院提出申请,请求法院准许其对提交给法院的上述书证提出异议。如果法院认为该方当事人有正当理由不能在审查证据日结束前提出异议的,法院可以根据申请,予以准许。

如果一方当事人在审查证据日结束前不对提供的书证提出异议,或者法院不准许在事后提出异议的,该方当事人不得对该书证的存在、书证的真实性、书证副本的准确性提出异议。但不影响法院对该书证的存在、书证的真实性、书证的准确性等进行审查和作出认定的权利,也不影响当事人主张该书证中的协议或债务不完整或

---

[83] 第一百二十五条 修改于《民事诉讼法典修改案》〔1995〕14号文件。

另一方当事人错误解释书证的权利。

第一百二十六条 在下列条款的规定中,如果一方当事人不认同另一方当事人的书证的真实性或者书证副本的准确性,而援引书证的一方当事人坚持书证的真实性或准确性。如果法院认为没有必要再继续审查证据的,可以立即对该争议作出裁决;或者也可以采取下列全部方法或一种方法,对证据进行审查并作出裁决。

(一)对所有没有被提出异议的书证进行审查,然后将被提出异议的书证及书证内容予以记录;

(二)对知道被提出异议的书证及其书证内容的证人进行询问;或者对能够出庭对书证的真实性或者书证副本的准确性作证的证人进行询问;

(三)通过专家对被提出异议的书证进行审查。

在案件尚未作出裁判的情况下,法院应当将疑似伪造的或不准确的文件书证予以查封、扣押,但这个不适用于政府机构要求退回的公文。

第一百二十七条 政府机构制作、认可的或者与原件核对无误的政府公文,以及法院判决确认为真实、准确的个人文件,可以推定为真实准确的文件。当事人对上述文件的真实性、准确性持有异议的,由其承担举证责任。

第一百二十七条之二[84] 当事人或案外人向法院提交的重要的书证原件或物证,如果是提交者经常使用的或有使用必要的,或者有保管必要的,法院在当事人双方查看后,可以裁定准许提交者领回或者要求提交者提交副本或拍照代替,或者根据案件情况作出其他裁定。

---

[84] 第一百二十七条之二 增加于《民事诉讼法典修改案》〔1995〕14号文件。

第四节 法院审查与指定专家

第一百二十八条 如果法院审查的证据是可以到庭作证的人或者可以在法庭出示的动产,由获得准许举证的当事人在审查证据日或法院规定的其他时间带证人出庭,或向法庭出示动产。[85]

如果无法在法庭上对证据进行审查的,法院可以根据案件审查情况,按照其认为合适的地点、时间和条件进行审查。

第一百二十八条/(一)[86] 如果为了证明案件重要事实必须使用科学证据的,当法院认为合适时或者任何一方当事人提出申请时,法院有权裁定通过科学手段,对人员、物证或书证等进行审查。

如果科学证据足以证明事实真相,法院无需再审查其他证据即可作出裁判的,当法院认为合适时或者任何一方当事人提出申请时,有权依照第一款的规定对证据进行审查,无须等到审查证据日。

如果有必要依照第一款和第二款的规定对样品进行收集,需要对当事人或其他人员的血液、皮肤、头发、尿液、粪便、唾液、体液、遗传基因、身体的其他组成部分或者身体内部组织进行检查的,法院可以裁定要求当事人或其他人员接受医生或其他专家的检查,但是必须控制在必要与合适的范围内。以上检查视为当事人或其他人员的权利,当事人或其他人员有权决定是否同意接受检查。

如果一方当事人不愿意或者不依照第一款和第二款的规定配合检查,或者不同意或者阻挠相关人员,致使其不同意按照第三款的规定对其身体组成部分进行样本收集的,可以推定对方当事人主张的事实为案件事实。

---

[85] 第一百二十八条第一款 修改于《民事诉讼法典修改案》〔1995〕14号文件。
[86] 第一百二十八条/(一) 修改于《民事诉讼法典修改案》〔2007〕23号文件。

依照本条规定产生的检查费用,视为案件处理费的一部分,由提出申请的当事人负担。但是如果申请人没有支付能力或者是法院裁定要求检查的,法院应当根据普通法院管理委员会的规定裁定支付,而上述相关费用的负担则依照第一百五十八条或者第一百六十一条的规定予以执行。

第一百二十九条 当法院认为合适时或者任何一方当事人提出申请时,依照第九十九条规定指定专家。

(一)法院可以依据自由裁量权指定专家,法院也可以组织当事人双方协商确定专家人选。但是法院不得强制指定他人为专家,除非其已在专家名册中签名表示同意担任专家。

(二)如果法院指定的专家被提出异议,该专家应当进行宣誓或者作出承诺。同时该专家有权根据部门规章的相关规定,收取专家费用及其因完成鉴定工作而支出的相关费用。

第一百三十条 法院指定的专家可以根据法院的需要,以口头或书面的方式发表意见。如果法院不满意专家的书面意见,或者任何一方当事人提出书面申请,可以请求法院要求专家补充书面意见,或者要求专家出庭作出口头解释,或者请求法院指定其他专家。

如果法院指定的专家必须发表口头意见或者必须到庭作出口头解释的,参照适用证人的相关规定。

第六章 判决与裁定

第一节 案件裁判的一般原则

第一百三十一条 向法院提起诉讼的案件,法院应当按照下列规定执行:

(一)当事人在案件审理过程中以口头或书面的形式向法院提

出请求的,法院应当以口头或书面的形式对这些请求作出准许或驳回的裁定。如果法院以口头形式作出裁定的,应当将口头裁定详细记入笔录;

(二)法院应当以判决或裁定的方式对案件争议作出裁判,或者依法将案件从案件目录中注销。

第一百三十二条 法院可以在不对案件争议作出裁判的情形下,裁定将案件从案件目录中注销,并且可以根据案件情况,对案件处理费作出相应规定。

(一)[87]当第一百七十四条、第一百七十五条和第一百九十三条之二的规定的原告放弃诉讼、撤诉或者在开庭日未到庭的;

(二)[88]原告不按照第二百五十三条和第三百二十三条的规定提供担保的;或者第一百九十八条、第二百条和第二百零一条的规定的任何一方当事人或当事人双方缺席审理的;

(三)当任何一方当事人死亡致使案件没有再继续审理必要的;或者没有第四十二条规定下的人员代替已故当事人参与诉讼的;

(四)当法院裁定合并审理或者分开审理案件,即根据第二十八条和第二十九条的规定应当将案件移送另一个法院审理的。

第一百三十三条 当法院未按照前述规定注销案件的,应当在审理结束之日,以判决或裁定的形式对案件作出裁判,但是为了能继续分析案情,法院可以根据案件情况,决定延期审理或者作出裁判,以维护案件的公平正义。

第一百三十四条 法院在受理案件后,在任何情况下都不得以没有可适用法律或者法律规定含糊不清或者不完备为借口而拒绝

---

[87] 第一百三十二条第(一)项 修改于《民事诉讼法典修改案》〔1999〕14号文件。
[88] 第一百三十二条第(二)项 修改于《民事诉讼法典修改案》〔2017〕30号文件。

审判案件。

第一百三十五条[89] 如果案件标的是请求支付金钱债务的或者包含有支付金钱债务的请求的,在判决作出前,无论被告是否承认有过错,被告都应当根据原告主张的全部或部分数额,或者按照其认为足够支付原告的数额,向法院预交一定数额的金钱。

第一百三十六条[90] 当被告将一定数额的金钱预交到法院,并承认其有过错的,如果原告表示不再要求更多数额的金钱,同意接受被告预交给法院的金钱,并且案件没有争议焦点,法院应当依此作出判决,该判决为最终判决。但是如果原告对被告预交到法院的金钱数额不满意的,并且要求被告按其要求的数额支付的,被告有权将其预交到法院的金钱领回,视为被告没有将金钱交纳给法院,或者被告也可以同意原告接收该金钱。在后一种情况下,无论原告是否接收该金钱,被告自同意原告接收该金钱之日起,无须再支付与其预交给法院的金钱数额的相对应的利息,即使依照法律规定被告有过错应当支付利息。

如果被告将一定数额的金钱预交到法院,但其不承认有过错的,被告在法院判决其无过错前不得将该金钱领回。如果依照法律规定,被告有过错且应当支付利息,被告预交到法院的金钱不能成为其免除支付利息的理由。

第一百三十七条 如果案件标的是请求被告履行支付金钱债务以外的其他债务的,被告可以在答辩状或声明书中将其履行债务的行为告知法院。

如果原告表示愿意接受被告履行债务的行为,并对被告履行债

---

[89] 第一百三十五条 修改于《民事诉讼法典修改案》〔1956〕5号文件。
[90] 第一百三十六条 修改于《民事诉讼法典修改案》〔1956〕5号文件。

务的行为表示满意的,法院可以据此作出判决,该判决是最终判决。

如果原告对被告履行债务的行为不满意的,原告可以将案件继续进行。

第一百三十八条 如果当事人没有撤诉,并就争议焦点达成协议书或者调解书,且该协议书或调解书不违反法律规定的,法院应当将协议书或调解书的内容记入笔录,并据此对案件作出裁判。

禁止对上述裁判进行上诉,但有下列事由的除外:

(一)当认为任何一方当事人有欺诈行为的;

(二)当该裁判被认为是违反关于公共秩序的相关法律的;

(三)当认为该裁判没有依据协议书或调解书的内容作出的。

如果当事人双方协商,同意将该案件提交仲裁的,参照适用本法关于仲裁的规定。

第一百三十九条 为了便于审理案件,两个或两个以上的案件可以合并审理的,法院可以先对其中的一个案件进行审理,待其审理结束后,再审理其他的案件。

第二节 判决、裁定的内容与效力

第一百四十条[91] 法院的判决书与裁定书,应当按照下列规定:

(一)法院应当符合《法院管辖与审判权限法》的各项条件;

(二)[92]依照第十三条的规定,如果判决或裁定是由多个审判人员作出的,应当按照多数审判人员的意见作出。在初级法院或上诉法院,如果审判人员的意见有分歧的,应当由该审判人员将其分歧意见及其理由予以记明,并放入案卷中。

---

[91] 第一百四十条 修改于《民事诉讼法典修改案》〔1956〕5号文件。
[92] 第一百四十条第一款第(二)项 修改于《民事诉讼法典修改案》〔2019〕31号文件。

在上诉法院或最高法院,如果上诉法院院长或最高法院院长认为有必要的,可以将案件的某个问题或者某个案件提交审判委员会或审判大会讨论决定;如果有法律明确规定案件的某个问题或者某个案件必须由审判委员会或审判大会讨论决定的,应当提交审判委员会或审判大会讨论决定。

依照第十三条的规定,如果没有其他法律另有规定的情形下,上诉法院、最高法院的审判委员会或审判大会,由现行履行职责的所有审判人员组成,但不得少于上诉法院或最高法院审判人员人数的一半。由上诉法院院长、最高法院院长或者上诉法院或最高法院的审判长(视情况而定)或其委托的审判人员代表担任审判委员会或审判大会主席。

审判委员会或审判大会的决议,应当按照多数人的意见作出;如果票数相等,由审判委员会或审判大会主席投决定票。

案件问题经审判委员会或审判大会讨论决定后,其判决或裁定应当依照审判委员会或审判大会决议作出,同时应当对审判委员会或审判大会审查的问题予以注明。参加审判委员会或审判大会讨论,但不参与案件审理的审判人员,有权对案件作出判决或裁定。此外,在上诉法院,审判人员还可以持有不同意见。

(三)判决书或裁定书的宣读,应当依照本法典规定的时间,在当事人双方或者一方当事人到庭的情况下,对其全部内容进行公开宣读。如果只有一方当事人到庭的,法院应当将此情况记录入判决书、裁定书或者宣读报告,由到庭的当事人签名确认。

如果当事人双方不到庭的,法院可以不开庭宣读判决书或裁定书。在这种情况下,法院应当将此情况记入笔录,并且视为该判决书或裁定书已经依法宣读。

当审理案件的法院或者上级法院指定宣读判决书或裁定书的

法院依照本条规定对判决书或裁定书宣读后,该宣读之日视为法院作出判决或裁定之日。

第一百四十一条 法院的判决书或者裁定书应当制作成书面形式,并且应当记明下列事项:

(一)审理案件的法院名称;

(二)当事人各方名称或者法定代理人、代理人姓名(如果有);

(三)案件内容;

(四)裁判案件的所有事由;

(五)裁判结果和案件处理费用。

法院的判决书或者裁定书,应当由作出判决书或裁定书的审判员签名;如果有某个审判员无法签名的,由作出判决或裁定的其他审判员或者庭长(视情况而定)将该审判员无法签名的事由及其对该判决或者裁定的同意意见进行记录,并将此记录归入案卷。

在法院有权以口头方式对案件作出判决或裁定的情况下,应当制作判决或裁定报告,可以不写明案件内容或者裁判事由。但是任何一方当事人表示其将要上诉或者已经递交上诉状的,法院可以在适当的时间内对案件的重要案情、裁判事由作出书面说明,并将此情况予以记录。

第一百四十二条 法院应当依照起诉状中的各个诉求作出判决或裁定。判决或裁定不得超过或超出诉求的范围,但下列事项除外:

(一)主张不动产的案件,可以视为与起诉要求驱逐被告的案件为同一类型的案件,当法院认为有必要时,可以作出驱逐被告的裁定;上述裁定适用于居住于该不动产的被告的亲属和雇佣,如果该亲属和雇佣不能向法院证明其有特殊的抗辩事由;

(二)原告主张所有的财产归其所有的案件,但经审查后发现仅

有部分财产属于原告,当法院认为有必要时,法院可以判决原告得到该部分财产;

(三)原告主张支付金钱债务及起诉日前的利息的案件,当法院认为有必要时,法院可以判决被告支付债务清偿完毕之日前的利息;

(四)原告主张支付起诉日前的租金及损失的案件,法院可以判决被告支付债务清偿完毕之日前的租金及损失;

(五)当事人主张请求适用公共秩序法律审理的案件,当法院认为有必要时,可以在对公共秩序法律进行审查的基础上,对案件作出裁判;

(六)[93]原告主张支付金钱债务及利息的案件,但当事人双方没有对利率进行明确约定的,法院认为有必要时,在充分考虑适当事由和诚信原则的情况下,法院可以判决被告支付高于原告依法有权获得的利率利息,但自起诉之日起或起诉日之后的年利率不得超过百分之十五。

第一百四十三条 如果某个判决书或者裁定书存在细微错误和其他细微疏漏,并且没有对判决书或者裁定书提出上诉或异议,当审理案件的法院认为有必要时,或者相关当事人提出申请时,法院可以作出补充裁定,对该错误或疏漏之处予以修正。但是如果出现对该判决书或者裁定书提出上诉或向最高法院提出异议的,对该错误或疏漏进行修正的权力,属于上诉法院或最高法院。请求修正判决书或者裁定书的申请书,可以在其向上诉法院或最高法院递交的上诉状中一并提出,也可另行提出书面申请。

根据本条作出的补充裁定,必须不是对原来的判决或裁定进行

---

[93] 第一百四十二条第(六)项 增加于《民事诉讼法典修改案》〔1991〕12号文件。

驳回或修改。

当作出上述补充裁定后,不得对原来的判决或裁定进行复制,除非与补充裁定一并复制。

第一百四十四条 当法院对案件作出判决或者裁定,或者对案件某个问题作出裁判后,禁止对该案件或者该案件的某个问题进行再次审理。但符合下列规定的除外:

(一)依照第一百四十三条的规定,对细微错误或者其他细微疏漏进行修正;

(二)依照第二百零九条规定,对仅有单方当事人出庭的情况下审理和判决的案件进行重新审理;以及依照第五十三条规定,对书证丢失或毁损的案件进行重新审理;

(三)依照第二百二十九条和第二百四十七条的规定,递交上诉状或终审请求,接受或不接受上诉或终审判决的;或者依照第二百五十四条最后一款的规定,在上诉状或终审请求期间采取临时性强制措施的;

(四)依照第二百四十三条规定,最高法院或上诉法院将案件发回原审法院重新审理和裁判的;

(五)[94]依照第二百七十一条规定,依照判决或裁定执行案件的。

以上这些,并不剥夺依照第十六条和第二百四十条的规定接受其他法院移送案件的权利。

第一百四十五条 在本法典关于上诉、终审和重审的相关规定下,任何判决和裁定,自判决或裁定作出之日起,直至判决或裁定被更改、修改、驳回或者撤销之日止,推定对法院判决或裁定中的当事人有约束力。

---

[94] 第一百四十四条第(五)项 修改于《民事诉讼法典修改案》〔2017〕30号文件。

在一般情况下,法院会宣称判决对法院审理中的案外人具有约束力,但是实际上,判决或裁定并不会对案外人具有约束力。但符合第一百四十二条第一款第(一)项、第二百四十五条、第三百六十六条的规定以及下列情形除外:

(一)判决涉及个人身份或民事能力认定、撤销法人资格或者裁定破产等,案外人可以该判决为依据或使用该判决来反驳案外人;

(二)判决涉及财产所有权,该判决有益于某方当事人的,该方当事人可以据此来反驳案外人,除非案外人能证明其有更为优先的权利。[95]

第一百四十六条 如果两个不同层级的法院,对不可分割的债务履行作出了终审判决或裁定,并且这两个判决或裁定相互冲突,应当以层级较高的法院的判决或裁定为准。

如果同一初级法院、两个同一层级的初级法院或者上诉法院,对案件作出了上述的判决或裁定,该案件的当事人向更高层级的法院提出申请,请求法院裁定以某个法院的判决或裁定为准的,则该法院的裁定是最终裁定。

第一百四十七条 依法不能提出上诉、终审申请或重审的判决或裁定,该判决或裁定自宣读之日起视为最终判决或裁定。

依法可以提出上诉、终审申请或者重审的判决或裁定,如果在规定的时间内未提出上诉、终审申请或者重审的,自该规定的时间届满之日起,该判决或裁定视为最终的判决或裁定;如果有提出上诉、终审申请或者重审的,并且上诉法院、最高法院或者重新审理案件的初级法院,根据第一百三十条规定,判决或裁定将案件从案卷目录中注销的,该判决或裁定自作出之日起,视为最终判决或裁定。

---

[95] 第一百四十五条第二款 修改于《民事诉讼法典修改案》〔2017〕30号文件。

当事人可以向审理案件的初级法院提出申请,请求法院提供证明文件,证明案件的判决或裁定是最终的判决或裁定。

第一百四十八条 当案件作出最终的判决或裁定后,禁止同一当事人以相同的事由再次提起诉讼。但下列情形除外:

(一)当案件处于依照法院的判决或裁定执行阶段的;

(二)当判决或裁定规定了临时性强制措施,但根据案件情况,需要对该临时性强制措施进行变更或者撤销的;

(三)当判决或裁定要求撤诉的,但不剥夺原告可以在法律规定的诉讼期限内重新向原审法院或其他法院提起诉讼的。

第三节 诉讼费用

一、诉讼费用的规定与交纳及诉讼费用的免交[96]

第一百四十九条[97] 诉讼费用,包括案件受理费、庭外证据审查费用、证人、专家、翻译人员和法院工作人员的劳务费用、差旅费用和住宿费用、律师费用、案件审理费用以及法律规定必须交纳的其他诉讼费用或支出费用。

依照本法典或其他法律关于诉讼费用免交的规定,案件受理费是案件手续费,由提起诉讼的当事人在递交起诉状时向法院交纳。

案件受理费,应当以现金或者银行支票的方式向法院交纳或者预交,或者依照最高法院院长决定的方式交纳,由法院工作人员出具收据。

在向法院递交起诉状、上诉状、终审诉状、参与诉讼申请书、答辩

---

[96] 第一部分 诉讼费用的规定与支付及诉讼费用的免交 修改于《民事诉讼法典修改案》〔2008〕24号文件。

[97] 第一百四十九条 修改于《民事诉讼法典修改案》〔2008〕24号文件。

状与其他申请书时,一并向法院提交第一百五十六条规定的免交案件受理费申请书,包括在审查阶段对上述请求的审查,无须向法院交纳诉讼费或者预交诉讼费,但法院决定驳回其免交申请的除外。

第一百五十条[98] 当案件的诉讼请求是以财产为诉讼标的,原告应当按照其主张的资金数额或者争议财产价值,向初级法院交纳案件受理费。

上诉法院或者最高法院的案件受理费,如果其主张的资金数额或者争议财产价值与初级法院相同的,由上诉人或终审申请人按照其主张的资金数额标准或者争议财产价值的比例,交纳与初级法院相同的案件受理费。但是如果上诉人或终审申请人认可初级法院的部分判决或裁定,并且其主张的资金数额或者争议财产价值低于初级法院的,由上诉人或终审申请人按照较低的资金数额或者财产价值的比例交纳案件受理费。

案件受理费交纳后,通过递交补充起诉状或其他诉状的形式提出增加起诉、上诉或终审标的金额的,应当按照本法典附表规定,在提出增加诉讼请求时或者法院认为合适的时间内,补交案件受理费。

如果法院裁定将案件合并审理或者分开审理,某个诉状或在诉状里的某个诉求必须移送其他法院审理,或者必须重新向法院提交,或者向其他法院提交的,原告在递交、重新递交类似诉状或某个诉求时,无须交纳案件受理费。但是如果起诉的资金数额、财产价值或者诉求增加的,在这种情形下,根据前款规定,只计算和交纳增加部分的案件受理费。

承担连带责任的当事人均提交上诉或终审申请的,并根据第二

---

[98] 第一百五十条 修改于《民事诉讼法典修改案》〔2008〕24号文件。

款规定均交纳了上诉或终审的案件受理费的,如果上述案件受理费的总额高于上述当事人共同应当交纳的数额,上诉法院或最高法院应当将超出支付的部分,按照交纳比例退还给上述当事人。

第一百五十一条[99] 当法院裁定不予受理时,或者当事人提出上诉或终审申请,或提出重新审理申请,但是法院对此裁定不予受理时,或者当上诉法院或最高法院尚未对案件要点进行审理,裁定驳回上诉或终审申请时,法院应当裁定将案件受理费全部退还给当事人。

当事人撤诉时,或者当法院裁定驳回起诉但不剥夺原告重新起诉的权利时,或者当案件达成和解或达成调解审理终结时,或者当根据仲裁裁决作出判决时,法院有权根据案情,裁定将案件受理费全部或部分退还给当事人。

当事人撤回诉讼或法院裁定终止审理时,法院有权根据案情,裁定将部分案件受理费退还给当事人。

如果上诉法院或者最高法院根据第二百四十三条的规定,裁定将案件全部或部分发回下级法院重新裁判或重新审理的,上诉法院或者最高法院有权根据案件情况,决定当事人免交重新审理的诉讼费,或者免交不服下级法院的新判决而申请上诉或终审的诉讼费。

第一百五十二条[100] 案件受理费以外的其他诉讼费用,由启动案件审理程序的当事人在法律规定或法院规定的时间内交纳。如果案件的某个审理程序是由法院启动的,由法院规定应当交纳该笔费用的当事人和交纳时间。

如果一方当事人根据第一款的规定,应当交纳诉讼费用而不交

---

[99] 第一百五十一条 修改于《民事诉讼法典修改案》〔2008〕24号文件。
[100] 第一百五十二条 修改于《民事诉讼法典修改案》〔2008〕24号文件。

纳的,法院可以裁定中止诉讼或按自动撤回诉讼处理;如果其他方当事人同意的话,可以决定由其他方当事人交纳上述诉讼费用。

第一百五十三条[101] 执行案件的诉讼费用,包括案件执行处理费用、执行员的劳务费用、差旅费用和住宿费用以及根据法律规定必须交纳的其他执行费用。

执行案件的诉讼费用,由申请执行的债权人交纳。

交纳执行案件的诉讼费用,由执行员出具收据。

如果债权人根据第三百二十七条和第三百二十九条第(二)项的规定,加入执行案件的,由加入执行案件的债权人就其加入执行的财产部分交纳执行案件的诉讼费用。[102]

第一百五十三条/(一)[103] 第一百四十九条规定的诉讼费用和第一百五十三条规定的执行案件的诉讼费用,应当依照本法典规定的方式和利率交纳,或者根据其他法律规定的方式和利率交纳。

第一百五十四条[104] 执行员有权裁定申请执行的债权人预交必要的支出费用,以便于其按照某种方式执行案件或以便于保护诉讼过程中当事人的权益,或者以便于其可以凭判决书或裁定书执行案件。如果执行员认为预交的支出费用不够的,可以通知申请执行的债权人补交。

如果申请执行的债权人认为其根据第一款规定预交的支出费用是没有必要的或者是数额过多的,可以自接到通知之日起七日内向法院提出申请,请求法院作出裁定。法院的上述裁定为最终的裁定。

---

[101] 第一百五十三条 修改于《民事诉讼法典修改案》〔2008〕24号文件。
[102] 第一百五十三条第四款 修改于《民事诉讼法典修改案》〔2017〕30号文件。
[103] 第一百五十三条/(一) 增加于《民事诉讼法典修改案》〔2008〕24号文件。
[104] 第一百五十四条 修改于《民事诉讼法典修改案》〔2008〕24号文件。

如果申请执行的债权人没有按照第一款的规定执行，或者没有按照第二款的裁定执行，执行员可以中止执行案件，直至申请执行的债权人按照法院或执行员的裁定履行为止。

本法条的规定，参照适用于根据第三百二十七条和第三百二十九条／（二）规定的加入执行案件的债权人。[105]

第一百五十五条[106] 当事人没有能力交纳诉讼费，可以在起诉时或者依照第一百五十六条和第一百五十六条／（一）的规定，在初级法院、上诉法院或最高法院应诉时，向法院申请免交诉讼费。

第一百五十六条[107] 当事人在起诉或应诉时有意向申请免交诉讼费的，可以在其向法院递交起诉状、上诉状、终审诉状、参与诉讼申请书、答辩状时（视情况而定），一并向其将要递交诉状或者已经递交诉状的初级法院提出申请，如果该方当事人是在随后丧失交纳诉讼费的能力的，可以在任何时候递交申请。

申请人根据第一款的规定递交申请的，其可以在递交申请时一并提交证据。如果法院认为有必要对其证据进行补充审查的，应当尽快对该证据进行审查。对此，法院可以根据案情，裁定中止审理案件的全部或部分，直至法院对请求免交诉讼费的申请作出最终决定。

第一百五十六条／（一）[108] 当法院对请求免交诉讼费的申请进行审查后，法院应当尽快作出决定。对此，法院可以决定准许其免交全部或者部分，也可以决定驳回申请。

法院不得准许这类请求，除非申请人没有足够的财产可以交纳

---

[105] 第一百五十四条第四款 修改于《民事诉讼法典修改案》〔2017〕30号文件。

[106] 第一百五十五条 修改于《民事诉讼法典修改案》〔2008〕24号文件。

[107] 第一百五十六条 修改于《民事诉讼法典修改案》〔2008〕24号文件。

[108] 第一百五十六条／（一） 增加于《民事诉讼法典修改案》〔2008〕24号文件。

诉讼费,或者如果法院不准许申请人免交诉讼费会致使其陷入艰难境地的,并且申请人是原告、上诉人或者终审申请人,该起诉、上诉或终审申请具有充分事由的。

当事人一方在初级法院起诉或应诉中获得法院准许免交诉讼费后,其又向上诉法院或最高法院申请免交诉讼费的,在这种情况下,视为该当事人仍没有足够的财产可以交纳诉讼费,或者如果当事人没有得到法院准许会致使其陷入极其艰难的处境的,但法院另有发现的除外。

如果法院决定准许当事人免交部分诉讼费,或者决定驳回申请的,申请人可以在决定作出之日起七日内就该决定提起上诉。上诉法院的决定是最终的决定。

第一百五十七条[109]　当法院准许免交诉讼费,该当事人无须在该法院审理过程中交纳诉讼费。上述诉讼费包括在递交上诉或终审申请时预交给法院的费用。如果法院在审理过程中准许其无须交纳诉讼费,但其准许范围仅限于案件受理费或者其应当交纳给法院的费用或者裁定准许后交纳给法院的费用。对于已经交纳给法院的案件受理费、已经预交至法院的费用或者在作出决定准许前交纳给法院的费用,不必退还。

第一百五十八条[110]　如果法院认为另一方当事人应当负担全部或者部分诉讼费用的,法院应当对此事进行审查,并根据案件情况,决定另一方当事人以获得免交诉讼费用的一方当事人的名义,向法院交纳诉讼费用。

第一百五十九条[111]　如果法院发现,获得准许免交诉讼费的当

---

[109]　第一百五十七条　修改于《民事诉讼法典修改案》〔2008〕24号文件。
[110]　第一百五十八条　修改于《民事诉讼法典修改案》〔2008〕24号文件。
[111]　第一百五十九条　修改于《民事诉讼法典修改案》〔2008〕24号文件。

事人自其按照第一百五十六条的规定递交申请时,或者在作出判决前有能力交纳诉讼费的,应当决定要求该当事人在法院规定的时间内向法院交纳其获得免交部分的诉讼费。如果当事人不按照决定履行,法院可以查封、扣押或冻结被获得免交方当事人的全部或部分财产,直至法院对诉讼费用问题作出处理。

根据第一款规定,如果法院认为:

(一)当事人双方重复交纳诉讼费用的,法院可以裁定从其依照第一款的规定中所查封、扣押或冻结的财产中扣除适当部分,用于交纳获得准许免交的该方当事人应当交纳的诉讼费用;

(二)如果另一方当事人必须交纳全部或部分诉讼费用,以代替获得准许免交的一方当事人应当交纳的诉讼费用的,法院应当决定要求另一方当事人代替获得准许免交的一方当事人交纳该诉讼费用;如果另一方当事人不按照决定履行的,法院可以决定从其依照第一款规定中查封、扣押或冻结的财产中扣除适当部分;

(三)获得准许免交的一方当事人必须交纳全部或部分诉讼费用,以代替另一方当事人交纳的,法院可以决定从其依照第一款规定中查封、扣押或冻结的财产中扣除适当部分;对于该方当事人获得准许免交部分的诉讼费用,如果有剩余财产的,则由法院根据适当的数额,从该剩余财产中予以扣除。

第一百六十条[112]　如果获得准许免交诉讼费用的当事人有不端行为,例如:在审理过程中有过激行为的、有藐视法庭行为的或者故意拖延诉讼等行为的,法院可以在任何时候撤销批准。上述当事人应当自法院撤销批准后交纳诉讼费用。

---

[112]　第一百六十条　修改于《民事诉讼法典修改案》〔2008〕24号文件。

二、终审法院诉讼费用的承担[113]

第一百六十一条[114] 在下列五条的规定中,由败诉方负担终审法院的全部诉讼费用。但是无论当事人是全部胜诉还是部分胜诉,法院在考虑适当因素和诚信诉讼的情况下,有权斟酌裁定要求胜诉方负担全部诉讼费用,或者要求当事人各方负担各自的诉讼费用,或者要求当事人各方按照事先预交给法院的诉讼费用比例,承担相应的诉讼费用。

没有争议的案件,由提起诉讼的当事人负担诉讼费用。

第一百六十二条 有共同原告或共同被告的案件,不是由他们共同负担诉讼费用,而是由他们各自负担相同数额的诉讼费用,但如果他们是共同债权人或共同债务人的,或者法院另有裁定的除外。

第一百六十三条 如果案件是以和解、调解、仲裁的方式结案的,由当事人各方负担其各自的诉讼费用,但当事人协商达成其他协议的除外。

第一百六十四条 如果被告依照第一百三十五条和第一百三十六条的规定向法院预交费用的,被告无须负担在此之后产生的诉讼费用。

如果原告认可并接受被告预交给法院的费用的,诉讼费用由被告负担。

如果原告接受被告预交给法院的费用,但认为该费用只是其诉讼请求中的一部分,并且要求将案件进行下去的,诉讼费用由被告负担。但如果法院判决原告败诉,在这种情况下,由原告负担因其不

---

[113] 第二部分 终审法院的诉讼费用的承担 修改于《民事诉讼法典修改案》〔2008〕24号文件。
[114] 第一百六十一条 修改于《民事诉讼法典修改案》〔2008〕24号文件。

认可被告预交给法院的费用而产生的全部诉讼费用。

第一百六十五条 依照第一百三十七条的规定清偿债务的,如果原告认可该清偿行为的,诉讼费用由被告负担,但法院另有裁定的除外。

如果原告不认可该清偿行为,并要求将案件进行下去的,诉讼费用由法院斟酌裁定。如果法院认为该清偿行为已能满足原告的诉讼请求的,由原告负担因其不认可清偿行为而产生的诉讼费用。

第一百六十六条[115] 由于当事人不正当的诉讼行为导致产生了不必要的诉讼费用,或者当事人有拖延诉讼的迹象,或者由于严重错误或疏忽大意导致案件不能按时审结的,诉讼费用由该方当事人负担,不考虑该方当事人是否胜诉。

第一百六十七条 关于诉讼费用的裁定,不管当事人各方或当事人一方是否提出申请,法院都应当在判决书、裁定书或者在注销案件的裁定书中对诉讼费用作出裁定。但如果法院在审理过程中为了裁决某个案件而必须作出某个裁定的,法院可以选择在审理终结的判决书或者裁决书中对诉讼费用作出裁定。

如果争议与案件要点无关,法院在对该争议作出裁定时,应当在裁定中对诉讼费用予以明确规定。

如果是重新审理的案件,法院有权在判决书或裁定书中对第一审诉讼费用或重新审理的诉讼费用作出规定。

第一百六十八条 如果当事人对案件提出上诉或终审申请的,提出上诉或终审申请的当事人不得单独就法院关于诉讼费用的决定提出申请。除非提出上诉或终审申请是基于没有依法规定诉讼费用或者没有正确计算诉讼费用的事由而提起的。

---

[115] 第一百六十六条 修改于《民事诉讼法典修改案》〔2008〕24号文件。

第一百六十九条[116] 当对诉讼费用作出裁定后,初级普通法院办公室常务主任应将各方当事人交纳的诉讼费用依次列出并制作成清单,包括任何一方当事人或当事人双方依照判决书应负担的数额。当事人或有关人员可以申请复印该清单。

第一百六十九条/(一)[117] 如果应当交纳诉讼费用的当事人逾期向法院、执行员或者判决书确认的其他非债权人交纳诉讼费用的,法院、执行员或者上述其他人员可以凭判决书将该当事人视为债务人,执行该当事人的财产,用于交纳其诉讼费用。在这种情况下,初级普通法院办公室常务主任、执行员或者有权获得诉讼费用的人员被视为债权人。

根据前一款规定执行的案件,可以免交执行案件的全部诉讼费用,如果有权获取诉讼费用的人获得诉讼费用后还有剩余的,可从中扣除被免交部分的诉讼费用。

第一百六十九条/(二)[118] 在第一百六十九条第(三)项的规定下,执行案件的诉讼费用由判决书确认的债务人负担,从债务人被查封、扣押、冻结和拍卖的财产或债务人预交给法院的钱中扣除。

如果对保证人的财产进行执行的,该部分的执行费用从保证金中扣除。[119]

如果案件是凭判决书将共同所有的财产或遗产分配给共有人或继承人的,该部分的诉讼费用由获得分配的人负担,从销售或处分上述共有财产或遗产获得的金钱中予以扣除。

除第二百九十二条第(一)项和第(五)项规定以外的撤销执行

---

[116] 第一百六十九条 修改于《民事诉讼法典修改案》〔2008〕24号文件。
[117] 第一百六十九条/(一) 增加于《民事诉讼法典修改案》〔2008〕24号文件。
[118] 第一百六十九条/(二) 增加于《民事诉讼法典修改案》〔2008〕24号文件。
[119] 第一百六十九条/(二)第二款 修改于《民事诉讼法典修改案》〔2017〕30号文件。

的案件,诉讼费用由凭判决书申请查封或冻结的债权人负担。[120]

第一百六十九条/(三)[121] 由于当事人不正当的诉讼行为导致产生不必要的诉讼费用,或者当事人有拖延诉讼的迹象,或者由于严重错误或疏忽大意导致案件不能按时审结的,或者因在执行终结前不诚信执行,因此而遭受损失的人、判决书确认的债务人可以在发现上述事由后七日内向法院提出申诉,以便于法院裁定由上述有过错的人负担上述诉讼费用。

法院的上述裁定可以上诉,上诉法院的判决或裁定是最终的判决或裁定。

---

[120] 第一百六十九条/(二)第四款 修改于《民事诉讼法典修改案》〔2017〕30号文件。
[121] 第一百六十九条/(三) 增加于《民事诉讼法典修改案》〔2008〕24号文件。

第二编　初级法院的审判程序

第一章　初级法院的普通程序

第一百七十条　禁止初级法院以外的其他法院受理、审理或判决第一审诉讼案件,法律有其他明确规定的除外。

本编关于无争议案件、小额诉讼案件、缺席审理案件以及仲裁裁决的案件、初级法院受理、审理和判决的案件,除应当适用第一编的规定外,还应当适用本章规定。

第一百七十一条　本法典规定可以向初级法院起诉的案件或以书面形式请求法院对某问题进行裁判的案件,参照适用本法典有关原告与被告权利与义务的规定。对于申请人递交起诉状和对方当事人提交申请书(如果有)后的审理方式,参照适用本法典关于递交起诉状和申请书的审理方式的规定。

第一百七十二条　在第五十七条的规定下,原告可以书面形式向初级法院提出自己的诉讼请求。

起诉状必须具体明确,即必须有具体的诉讼请求和明确的事实依据。

法院在审查后,应当依照第十八条的规定作出受理、不予受理或者驳回起诉裁定。

第一百七十三条　法院在受理案件后,应当将起诉状副本送达被告,供其作出答辩,并且要求原告在其递交起诉状之日起七日内,向工作人员提出送达请求。[122]

---

[122]　第一百七十三条第一款　修改于《民事诉讼法典修改案》〔1984〕10号文件。

起诉状递交后,案件即处于审理状态和具有下列效力:

(一)原告不得再次就同一案件向同一法院或其他法院再次提起诉讼;

(二)如果起诉情况发生变化,致使案件不在受理法院的管辖范围内,如被告的住所地发生变化等。在这种情况下,不影响受理法院继续审理和判决该案件。

第一百七十四条 下列情况视为原告撤回起诉:

(一)[123]原告在递交起诉状后未向工作人员提出将起诉状副本送达被告,供其答辩的申请,并且在其递交起诉状之日起七日内未向法院说明事由的;

(二)法院已依法通知原告参与诉讼的时间,但原告未如期参与诉讼的。

第一百七十五条 在被告递交答辩状前,原告可以书面形式告知法院撤诉。

在被告递交答辩状后,原告可以书面形式向法院申请撤诉,法院根据案件情况,可以裁定准许、不准许或者附条件准许撤诉。但是下列情形除外:

(一)法院不得在未听取被告或者诉讼参与人(如果有)的意见前裁定准许撤诉;

(二)如果原告申请撤诉的,原告与被告协商达成和解或者调解协议的,法院应当依申请作出准许。

第一百七十六条 放弃诉讼或者撤诉产生否认起诉的效力,包括否认递交起诉状后的审理,且当事人的身份如同未递交过起诉状一样。但是如果放弃诉讼或者撤诉的,可以在法律规定的诉讼时效

---

[123] 第一百七十四条第(一)项 修改于《民事诉讼法典修改案》〔1984〕10号文件。

内重新提起诉讼。

第一百七十七条 当传票和起诉状送达被告后,被告应当在十五日内向法院递交书面答辩状。⑫④

被告应当在答辩状中明确表明,被告认可或不认可原告的全部或部分诉讼请求,同时写明理由。

被告可以在答辩状中提出反诉,如果反诉与原来的案件无关,法院应当裁定被告另案起诉。

法院在审查答辩状后,可以根据第十八条规定作出接收、退回或者不予接收的裁定。

本条规定适用于第五十七条第(三)项规定的被传唤要求参与诉讼的案外人。

第一百七十八条(125) 如果被告在答辩状中提出反诉,原告应当在收到答辩状之日起十五日内向法院递交反诉答辩状。

前条的规定,参照适用原告就被告反诉递交的答辩状。

第一百七十九条 原告或被告可以在递交起诉状或答辩状的初期,对诉讼请求、应诉词、理由和辩论词进行修改。这些修改主要是针对下列情形:

(一)增加或减少原诉状中争议金钱的数额或争议财产的价值;

(二)放弃部分诉讼请求,或者通过补充起诉的方式增加诉讼请求,或者为了保护自身权益,在审理过程中递交起诉状的,或者为了依据判决书或裁定书执行案件的;

(三)提出新的应诉词作为对原诉讼请求的修改,或者在事后递交、变更理由或辩论词以支持其主张或者反驳另一方当事人的主张。

---

(124) 第一百七十七条第一款 修改于《民事诉讼法典修改案》〔1992〕13号文件。

(125) 第一百七十八条 修改于《民事诉讼法典修改案》〔1992〕13号文件。

在向法院递交原起诉状后,任何一方当事人不得再次向法院递交起诉状,不管该起诉是补充起诉还是反诉,除非原起诉状和新起诉状具有牵连关系,可以合并审理和判决。

第一百八十条[126] 如果要对提交给法院的起诉状或者辩护词进行修改,应当在确定争议焦点前或者在证据审查日前不少于七日向法院递交申请。如果有正当事由不能按时提交申请,或者修改的事项涉及社会公共秩序,或者修改是针对细微错误或者细微疏漏的,可以延期递交申请。

第一百八十一条 下列情形下,可以单方提出申请:

(一)法院不得裁定接受修改,除非在申请审理前不少于三日已将申请书副本送达另一方当事人;

(二)法院不得对当事人已修改的起诉状或答辩状中的问题作出判决或裁定,除非另一方当事人已对修改后的诉讼请求、新的应诉词、新的理由或辩论词进行充分的辩论或反驳。

第一百八十二条[127] 当递交起诉书、答辩状、或者反诉答辩状(如果有)后,法院应当提前不少于十五日将确定争议焦点的时间通知当事人。但下列情形除外:

(一)被告方中有任一当事人没有递交答辩状的;

(二)被告的答辩状明确表示认可原告的全部诉讼请求的;

(三)被告的答辩状不认可原告的全部诉讼请求,但未说明不认可理由。法院认为没有必要明确争议焦点的;

(四)法院认为没必要审查证据即可对案件作出裁判的;

(五)第一百八十九条规定的小额诉讼案件,或者第一百九十六

---

[126] 第一百八十条 修改于《民事诉讼法典修改案》〔1995〕14号文件。
[127] 第一百八十二条 修改于《民事诉讼法典修改案》〔1995〕14号文件。

条规定的简易诉讼案件；

（六）法院认为争议焦点不复杂或者认为没有必要明确争议焦点的。

如果没有必要明确争议焦点的,法院应当裁定终止明确争议焦点并确定询问证人日(如果有),然后依照第二百八十四条的规定,将上述裁定告知当事人,除非某当事人已知晓或视为已知晓上述裁定。

如果当事人对争议纠纷达成协议并向法院递交联合声明的,应当根据该联合声明确定争议焦点。但如果法院认为该联合声明不正确,法院有权撤销该联合声明,并依照第一百八十三条的规定确定争议焦点。

第一百八十二条之二[128]　（废除）

第一百八十三条[129]　在确定争议焦点日,当事人应当到庭,法院应当审查当事人的诉讼文书和声明书,然后对诉讼文书和声明书中的理由和辩论词进行核查,并且就当事人递交给法院的理由、辩论词和证据等询问当事人,由当事人作出认可意见或反对意见。对于当事人双方共同认可的事实,法院应当将其认定为案件的事实。对于一方当事人主张但另一方当事人不认可的法律事实或案件事实,且该事实与诉讼文书中的争议焦点直接相关的,法院应当将其列为争议焦点,并且要求该方当事人在事前或事后提供证据,对该争议焦点进行证明。

根据第一款询问当事人的,当事人各方应当回答法院主动提出的或者法院依照当事人的主张提出的问题,即针对当事人递交给

---

[128]　第一百八十二条之二　废除于《民事诉讼法典修改案》〔1995〕14号文件。
[129]　第一百八十三条　修改于《民事诉讼法典修改案》〔1995〕14号文件。

法院的理由、辩论词和证据提出的与案件事实有关的问题。如果当事人无正当理由不回答与案件事实有关的问题,或否认某案件事实的,视为认可该案件事实,除非该问题不在应当回答的范围内,或提出否认案件事实的理由。

当事人有权对争议焦点或法院规定的举证责任提出异议。当事人可以通过口头方式表明其异议,也可以自法院规定争议焦点或者举证责任之日起七日内向法院提交书面申请,请求法院在审查证据日前对异议作出裁定。上述异议裁定适用于第二百二十六的规定。

第一百八十三条之二[130] 如果当事人双方或某方当事人在确定争议焦点日不到庭,法院在此情形下确定争议焦点的,视为未到庭的当事人在该日已知晓该审理程序。

未到庭的当事人无权对法院规定的争议焦点或举证责任提出异议,除非其不能出庭是因不可抗力事由,或者其异议是涉及公共秩序事宜。上述情况参照适用第一百八十三条第三款的规定。

第一百八十三条之三[131] (废除)

第一百八十三条之四[132] (废除)

第一百八十四条[133] 如果需要确定争议焦点的,法院应当自确定争议焦点之日起不少于十日规定审查证据的时间。

如果不需要确定争议焦点的,法院应当提前不少于十日将审查证据的时间通知当事人。

第一百八十五条 在审查证据日,当法院认为合适或者任何一

---

[130] 第一百八十三条之二 修改于《民事诉讼法典修改案》〔1995〕14号文件。
[131] 第一百八十三条之三 废除于《民事诉讼法典修改案》〔1995〕14号文件。
[132] 第一百八十三条之四 废除于《民事诉讼法典修改案》〔1995〕14号文件。
[133] 第一百八十四条 修改于《民事诉讼法典修改案》〔1992〕13号文件。

方当事人提出申请的,法院可以向当事人当面宣读起诉状、答辩状、反诉答辩状(如果有)或者确定争议焦点的详细报告以及补充申请书(已经向法院递交并且依法送达当事人的)。

依照以下三条规定,法院应当依照本法典关于证据的相关规定审查证据,并听取所有当事人的口头陈述。

第一百八十六条 审查证据完毕后,法院应当准许原告进行口头陈述,再由被告就争议焦点进行口头陈述回复、辩论和出示证据支持该争议焦点,并准许原告就被告的答辩进行再次辩驳。除此以外,当事人不得再次进行口头陈述,除非得到法院准许。

在判决前,无论任何一方当事人是否已经进行了口头陈述,该方当事人可以向法院递交书面陈述,但必须将陈述书副本送达另一方当事人。

第一百八十七条 当审查证据和当事人口头陈述结束后,可视为案件审理结束。但只要案件尚未作出判决,法院可以根据案件情况继续审理案件,以维护案件公平正义。

第一百八十八条 无争议案件,适用下列规定:

(一)应当在向法院递交起诉状后就开始审理案件。

(二)法院如果认为有必要,可以主动传唤证人出庭作证,并根据案件情况,在兼顾公平的基础上做出裁判。

(三)如果当事人对法院的判决或裁定不服的,只能通过提出上诉或终审申请的方式进行上诉,并且只有在下列两种情形下才可以提起上诉或终审申请:

(1)如果法院判决驳回原告的全部或部分诉讼请求的;

(2)违反本法典关于审理、判决、裁定的相关规定审理案件的。

(四)提出无争议诉讼的当事人以外的其他人,即与案件有直接或间接关系的人加入案件审理的,应当将这些人视为当事人,并且参照适用本法典关于无争议案件的相关规定。但是如果向法院提起诉讼，请求法院裁定准许法定代理人拒绝代理或者请求法院裁定撤销对无民事行为能力人的批准的，这类案件视为无争议案件，即使法定代理人或者无民事行为能力人到庭对准许或撤销准许表示异议。

第二章　初级法院的特别程序

第一节　小额诉讼案件的审判程序

第一百八十九条[134]　小额诉讼案件，是指：

（一）[135]诉讼标的能用金额计算且其诉讼请求数额不超过四万泰铢或者不超过皇家法令规定的数额的案件；

（二）[136]诉讼标的是请求法院将个人驱逐出出租的房屋或租住期不满一个月的房屋，且在起诉时其每月租金不超过四千泰铢或者不超过皇家法令规定的数额的案件。

第一百九十条　案件中争议财产的金额或价值的计算方法：

（一）争议财产的金额或价值应当根据原告的诉讼请求进行计算，但不得将在起诉时尚未产生的孳息或者可能包含在诉讼请求中的案件受理费计算入内；

（二）如果对争议财产的金额或价值有疑问或异议的，由法院对起诉时的财产价值进行估算；

---

[134]　第一百八十九条　修改于《民事诉讼法典修改案》〔1991〕12号文件。
[135]　2003年《小额诉讼案件数额规定条例》作扩展规定，即诉讼标的能以金额计算的且其诉讼请求不超过三十万泰铢。
[136]　2003年《小额诉讼案件数额规定条例》作扩展规定，即诉讼标的是请求法院将个人从已收租金或可以收租金的不动产中驱逐出去，且在起诉时其每月租金不超过三万泰铢。

（三）[137]如果案件中有多个金钱给付请求,且争议财产的金额或价值不超过四万泰铢或者不超过皇家法令规定的数额的,可以合并计算这些财产的金额或价值。但如果这些诉讼请求是针对多个被告提出的,即使这些被告共同承担的总金额超过小额诉讼案件规定的数额,可以其中一名被告提出的金额作为衡量标准,以此确定该案件是否属于小额诉讼案件。

第一百九十条之二[138] 小额诉讼案件,适用本章规定。

第一百九十条之三[139] 对于小额诉讼案件,当法院认为有必要时,法院有权依照本法典规定的时间、法院规定的时间,或者其他法律关于民事案件审理时间的规定,裁定延长或缩短审理案件的时间,以便于案件的公正审理。

第一百九十条之四[140] 对于小额诉讼案件,案件受理费由原告依照本法典附表1的规定交纳,但案件受理费总额不得超过一千泰铢。[141]

上诉案件或终审案件的案件受理费,由提起上诉或终审申请的当事人按照争议财产的金额或价值比例,向上诉法院或终审法院交纳。

第一百九十一条[142] 对于小额诉讼案件,原告可以书面向法院递交起诉状,或者口头向法院起诉。

原告书面向法院递交起诉状的,如果法院认为上述起诉状内容不正确或者缺少某项重要内容的,法院有权要求原告对该部分内容

---

[137] 第一百九十条第(三)项 修改于《民事诉讼法典修改案》〔1991〕12号文件。
[138] 第一百九十条之二 增加于《民事诉讼法典修改案》〔1999〕17号文件。
[139] 第一百九十条之三 增加于《民事诉讼法典修改案》〔1999〕17号文件。
[140] 第一百九十条之四 增加于《民事诉讼法典修改案》〔1999〕17号文件。
[141] 第一百九十条之四第一款 修改于《民事诉讼法典修改案》〔2008〕24号文件。
[142] 第一百九十一条 修改于《民事诉讼法典修改案》〔1999〕17号文件。

进行修改，以完善或修正该部分内容。

原告口头向法院提起上述诉讼的，法院应当记入笔录，并向原告宣读，由原告签名确认。

第一百九十二条　当法院认为案件不属于小额诉讼案件，且该法院对普通案件有管辖权的，如果该案件是口头起诉的，法院应当要求原告按照普通案件程序向法院递交书面起诉状。但是如果原告已经递交了书面起诉状的，除普通案件程序有规定之外，法院不得发出其他传票。

如果补充起诉后，案件不再属于小额诉讼案件，如果该法院对该案件有管辖权的，则由该法院按照普通案件程序审理该案件。

在上述任何一种情形下，如果法院对普通案件没有管辖权的，该法院应当裁定驳回起诉，以便于原告向有管辖权的法院起诉。

如果被告对小额诉讼案件提出反诉，并且该反诉不属于小额诉讼案件，或者法院裁定将普通案件和小额诉讼案件合并审理的，法院应当按照普通案件的审理程序，审理小额诉讼案件。但如果法院在综合考虑案件财产数额、案件性质、当事人身份，或者其他适当理由后认为，如果适用本章规定审理上述反诉或者普通案件，可以为当事人各方提供便捷、公正审理的，法院有权按照小额诉讼案件审理程序审理上述反诉或普通案件。(143)

法院根据第四款规定作出的裁定，当事人各方在法院作出判决前向法院交纳案件受理费的义务不受影响。(144)

第一百九十三条(145)　对于小额诉讼案件，法院应当尽快规定审理时间和将传票送达被告。传票应当记明争议问题、主张的财产金

(143)　第一百九十二条第四款　增加于《民事诉讼法典修改案》〔1999〕17号文件。

(144)　第一百九十二条第五款　增加于《民事诉讼法典修改案》〔1999〕17号文件。

(145)　第一百九十三条　修改于《民事诉讼法典修改案》〔1999〕17号文件。

额或价值,并要求被告在同一天出庭调解、答辩与审查证据,以及要求原告在开庭审理日出庭。

在开庭审理日,当原告和被告都到庭后,法院应当针对争议问题先行进行和解或调解。

如果当事人不能达成和解或调解协议,并且被告尚未递交答辩状的,法院应当询问被告,被告可以书面答辩,也可以口头答辩。如果是书面答辩的,参照适用第一百九十一条第二款的规定;如果是口头答辩的,法院应当将答辩状及相关情况进行记录,并向被告宣读上述记录,然后要求被告签名确认。

如果被告没有按照第三款规定答辩,法院有权斟酌裁定不同意被告延长答辩时间,视为被告未按规定递交答辩状,法院应当参照适用第一百九十八条之二的规定作出判决或裁定。但是如果法院裁定审查证据的,则适用第一百九十三条之三、第一百九十三条之四和第一百九十三条之五的规定。[146]

第一百九十三条之二[147]　对于小额诉讼案件,原告依照第一百九十三条规定已知悉出庭日期,在未获得法院准许延期审理的情况下,在开庭审理日未到庭的,视为原告无意将案件进行下去,法院应当将该案件从案件目录中注销。

被告收到第一百九十三条规定的出庭通知书后,在未获得法院准许延期审理的情况下,在开庭审理日未到庭的,如果被告没有递交答辩状,视为被告未按规定递交答辩状,法院应当参照适用第一百九十八条之二的规定作出判决或裁定。但如果被告在开庭审理之日或者之前已递交答辩状,视为被告缺席审理,应当适用第二百

---

[146]　第一百九十三条第四款　修改于《民事诉讼法典修改案》〔2008〕24号文件。
[147]　第一百九十三条之二　修改于《民事诉讼法典修改案》〔2008〕24号文件。

零四条、第二百零五条、第二百零六条和第二百零七条的规定。无论基于任何理由,如果法院裁定审查证据的,则由法院适用第一百九十三条之三、第一百九十三条之四和第一百九十三条之五的规定。

第一百九十三条之三[148] 当法院依照第一百九十三条第三款的规定接收被告的答辩状,或者当法院根据第一百九十三条第四款、第一百九十八条之二第二款规定裁定审查证据的,法院应当尽快审理案件,询问当事人将提出何种证据并予以记录。或者根据案情,要求当事人在规定的时间内制作证据目录清单并递交给法院。在这种情况下,如果不是只有一方当事人到庭参加审理的,法院可以要求某方当事人在之前或之后提供证据审查。

第一百九十三条之四[149] 对于小额诉讼案件,为了公正审理需要,法院有权根据案件情况,主动要求当事人提供证据并对证据进行审查。

在询问证人时,无论是某方当事人提供的证人还是法院亲自传唤的证人,应当先由法院进行询问,然后由当事人或律师作进一步询问。

法院有权就案件有关的事实询问证人,即使当事人没有提出要求。

在对证人的证言作笔录时,法院可以根据案情进行简要记录,然后由证人在笔录上签名确认。

第一百九十三条之五[150] 对于小额诉讼案件,法院应当连续审理而不必延期,除非有必要事由,法院方可裁定延期审理,但每次延期审理不得超过七日。

---

[148] 第一百九十三条之三 修改于《民事诉讼法典修改案》〔2008〕24号文件。
[149] 第一百九十三条之四 增加于《民事诉讼法典修改案》〔1999〕17号文件。
[150] 第一百九十三条之五 增加于《民事诉讼法典修改案》〔1999〕17号文件。

第一百九十四条 对于小额诉讼案件,法院有权依照第一百四十一条规定,作出口头判决或裁定。

第一百九十五条[151] 小额诉讼案件的审理和裁判,除了适用本章规定之外,还应当参照适用本法典的其他规定。

第一百九十六条[152] 如果原告的诉讼请求仅仅是请求支付固定数额的金钱债务,且该金钱债务有票据作为支付凭证,或者以票据作出支付依据但被拒绝的,或者有书面协议作为支付凭证,且该支付凭证经初步核实具有真实性、完整性,并且依法具有可执行性的,原告可以在递交起诉状时,一并向法院递交书面申请,请求法院按照小额诉讼程序审理案件。

如果法院依照第一款规定,初步认定案件不复杂的,不论原告是否依照第一款规定提出申请,法院都应当依照本章关于小额诉讼案件的审判程序的规定审理该案件,但不得将第一百九十条之四的规定适用于这类案件。

法院在审理过程中,发现案件不宜适用本条规定的,可以裁定撤销原裁定,将案件转为普通案件审判程序。

第二节　缺席审判程序[153]

一、未按规定递交答辩状

第一百九十七条[154] 被告已收到要求其递交答辩状的传票,但其未在法律规定或者法院规定的时间内递交答辩状的,应当视为被

---

[151] 第一百九十五条　修改于《民事诉讼法典修改案》〔2008〕24号文件。
[152] 第一百九十六条　修改于《民事诉讼法典修改案》〔2008〕24号文件。
[153] 第二节　缺席审判程序　第一百九十七条至第二百零九条　修改于《民事诉讼法典修改案》〔2010〕19号文件。
[154] 第一百九十七条　修改于《民事诉讼法典修改案》〔2010〕19号文件。

告未按规定递交答辩状。

第一百九十八条[155]　如果被告未按规定递交答辩状,原告应当在被告答辩期届满之日十五日之内向法院提出申请,请求法院在被告未按规定递交答辩状的情况下,判决或裁定其胜诉。

如果原告没有在上述规定的时间内提出申请,法院应当将案件从案卷目录中注销。

如果原告在上述规定的时间内提交了申请,法院应当根据第一百九十八条之二的规定,对被告未按规定递交答辩状的情形作出判决或裁定。但是如果有合理怀疑被告对要求其递交答辩状的传票是不知情的,法院裁定重新送达传票,通过普通送达或其他代替方式送达,并且根据案件情况规定相应的条件,以便让被告知晓该传票的存在。

第一百九十八条之二[156]　法院不得在被告未按规定递交答辩状的情形下判决或裁定原告胜诉,除非法院认为原告的起诉理由充分且不违反法律规定。在这种情况下,法院也可以引用公共秩序的相关法律作为依据。

为了能依照第一款的规定审理或裁判案件,法院根据案件需要,可以在当事人单方在场的情形下,审查与原告诉讼请求有关的证人或其他证据。但是如果案件涉及个人身份权利、家庭的权利或者不动产纠纷的,法院可以在当事人单方在场的情形下审查原告的证据。如果法院认为有必要的,可以要求其提交其他证据供其审查,以便于案件的公正审理。

在法院依照原告执行申请对金钱债务数额作出裁定的情形下,

---

[155]　第一百九十八条　修改于《民事诉讼法典修改案》〔2010〕19号文件。
[156]　第一百九十八条之二　增加于《民事诉讼法典修改案》〔2010〕19号文件。

法院按照下列规定执行：

（一）如果原告的诉讼请求是要求被告支付确定数额的金钱，法院可以根据需要要求原告递交书证以代替询问证人；

（二）如果原告的诉讼请求是要求被告支付不确定数额的金钱，法院可以在当事人单方在场的情形下审查原告的证据。如果法院认为有必要的，可以要求其提交其他证据供其审查。

如果没有递交答辩状的被告未按照本条规定在证据审查日出庭的，不视为被告缺席审理。

如果原告未按照本条规定在法院规定的时间内向法院提交证据的，应当视为原告的起诉没有理由，法院应当裁定驳回起诉。

第一百九十八条之三[157]　如果某个被告没有递交答辩状，法院应当先对原告与未递交答辩状的被告之间的争议作出裁判，然后再对原告与递交答辩状的被告之间的争议进行审理。但是如果案件是涉及连带债务的，法院应当暂时先不对原告与未递交答辩状的被告之间的争议进行审理或作出裁判，在法院对递交答辩状的被告与原告之间的争议审理结束后，由法院对案件的每个被告作出判决或裁定。

如果没有递交答辩状的被告在审查其他当事人的证据时未出庭的，不视为被告缺席审理。

第一百九十九条[158]　如果没有递交答辩状的被告在法院判决前，第一时间告知法院其有意应诉的，当法院认为被告没有递交答辩状不是故意的或者有正当理由的，法院应当裁定准许被告在法院认为合适的时间内递交答辩状，自被告没有递交答辩状之日起重新

---

[157]　第一百九十八条之三　增加于《民事诉讼法典修改案》〔2010〕19号文件。
[158]　第一百九十九条　修改于《民事诉讼法典修改案》〔2010〕19号文件。

审理该案件。

在第一款规定的情形下,如果没有递交答辩状的被告没有告知法院,或者法院认为被告没有递交答辩状是故意的或者没有正当理由的,法院应当继续审理案件。在这种情况下,被告可对正在接受询问的原告证人表示反驳,但被告不得提出其自己的证据。

如果被告在第一款规定的时间内没有递交答辩状的,或者法院依照第二款规定,没有准许被告递交答辩状的,或者法院依照第一百九十八条之三的规定,依照没有递交答辩状的被告的申请,对案件作出了重新审理裁定的,被告不得依照本条规定,申请再次递交答辩状或者不得申请重新审理案件。

第一百九十九条之二[159] 当法院判决没有递交答辩状的被告败诉,法院可以根据案情作出某个决定,并通过普通送达或其他代替方式送达给被告,以便于被告按照判决书或裁定书执行案件,或者法院也可以按照其认为合适的时间,将判决书或裁定书延期送达给被告。

没有递交答辩状的被告依照法院判决书或裁定书执行案件,适用第二百七十三条、第二百八十九条和第三百三十八条的规定。[160]

第一百九十九条之三[161] 当法院判决没有递交答辩状的被告败诉的,如果被告没有对判决或裁定提出上诉,被告可以申请重新审理案件,除非:

(一)法院已经重新对案件进行再次审理的;

(二)法律规定不得重新审理的。

---

[159] 第一百九十九条之二 增加于《民事诉讼法典修改案》〔2010〕19号文件。
[160] 第一百九十九条之二第二款 修改于《民事诉讼法典修改案》〔2017〕30号文件。
[161] 第一百九十九条之三 增加于《民事诉讼法典修改案》〔2010〕19号文件。

第一百九十九条之四(162) 申请重新审理的,应当自将凭判决书或裁定书作出的执行书送达没有递交答辩状的被告之日起十五日内,向法院递交申请书。但是法院已经作出了某个决定,并通过普通送达或其他代替方式送达给被告,要求被告依照判决书或裁定书执行案件的,在这种情况下,没有递交答辩状的被告因不可抗力的事由,不能在规定的时间内递交申请的,被告可以在因不可抗力的事由消除后,递交重新审理的申请。但是不管在何种情形下,自凭判决书或裁定书查封财产之日或者以其他方式执行判决之日起超过六个月的,不得提起此类申请。

依照第一款规定提出的申请,被告应当明确陈述不递交答辩状的理由和其对法院裁判的异议,并证明如果法院重新审理案件,其可能是胜诉方。如果迟延递交申请的,应当说明迟延递交申请的理由。

第一百九十九条之五(163) 当法院收到重新审理的申请后,如果法院认为有必要,可以先裁定中止执行。在这种情况下,法院应当通知执行员。

在对重新审理的申请进行审查时,有理由认为被告没有递交答辩状不是出于故意的或者是有正当事由,并且法院认为申请人提出的理由可以让其胜诉的,包括迟延递交者在规定的时间内递交了申请书的,法院应当依照申请裁定予以准许。在这种情形下,如果没有递交答辩状的被告败诉,并对判决或裁定不服提出上诉的,法院应当将上述裁定通知上诉法院或终审法院。

当法院依照第二款的规定接受申请,裁定准许重新审理时,法

(162) 第一百九十九条之四 增加于《民事诉讼法典修改案》〔2010〕19号文件。

(163) 第一百九十九条之五 增加于《民事诉讼法典修改案》〔2010〕19号文件。

院对未递交答辩状的被告的案件作出的判决或裁定,或者上诉法院或终审法院对同一个案件作出的判决或裁定,或者对判决已进行的执行,均视为自行撤销,法院应当将此情况通知执行员。但是如果不能恢复到执行前的状态,或者法院为了当事人或者案外人的利益,认为没必要再进行相关执行的,法院应当根据案情作出裁定,然后由法院自被告没有递交答辩状之日起重新审理案件,并且要求被告在法院规定的合适的时间内递交答辩状。

法院准许重新审理的裁定为最终裁定。但是如果法院裁定不准许的,申请人可以上诉。上诉法院的判决或裁定为最终的判决或裁定。

如果被告出于故意或无正当事由不递交答辩状,导致另一方当事人实际交纳的诉讼费用高于其应交纳的诉讼费用的,高出部分的诉讼费用应当视为第一百六十六条规定的不必要的诉讼费用。

第一百九十九条之六[164] 如果原告没有在规定的时间内递交反诉答辩状的,参照适用第一部分关于反诉的相关规定。

二、缺席审理

第二百条[165] 在第一百九十八条之二和第一百九十八条之三的规定下,如果一方当事人未获得法院准许延期审理,在证据审查日未到庭的,视为该方当事人缺席审理。

如果某方当事人在证据审查日以外的其他约定的开庭审理日未到庭的,视为该方当事人放弃在该约定的开庭审理日进行的审理程序中的权利,并且视为对该审理程序已知情。

---

[164] 第一百九十九条之六 增加于《民事诉讼法典修改案》〔2010〕19号文件。
[165] 第二百条 修改于《民事诉讼法典修改案》〔2010〕19号文件。

第二百零一条⁽¹⁶⁶⁾　如果当事人双方都不到庭的,法院可以裁定将案件从案卷目录中注销。

第二百零二条⁽¹⁶⁷⁾　如果原告不到庭的,法院可以裁定将案件从案卷目录中注销。除非被告在审查证据日向法院请求将继续审理案件,法院可对案件进行缺席审理和裁判。

第二百零三条⁽¹⁶⁸⁾　原告不得对依照第二百零一条和第二百零二条规定裁定注销案件的裁定提起上诉。但该类裁定不影响原告在法律规定的诉讼时效期限内重新提起诉讼的权利。

第二百零四条⁽¹⁶⁹⁾　如果被告不到庭的,法院可以对案件进行缺席审理和裁判。

第二百零五条⁽¹⁷⁰⁾　在上述第二百零二条和第二百零四条规定下,如果法院认为将证据审查日的传票送达未到庭的当事人尚未足以令其知晓该事项的,法院应当裁定将证据审查日延期,并且根据案情作出某种规定,通过普通送达或其他代替方式,将证据审查日的传票重新送达未到庭的当事人。如果法院已经重新送达,该方当事人仍未在传票规定的证据审查日前出庭的,法院应当根据案情适用第二百零二条或第二百零四条的规定审判案件。

第二百零六条⁽¹⁷¹⁾　任何一方当事人不得以另一方当事人未到庭为由,请求法院判决其胜诉,只有在法院认为该方当事人的理由充分并且不违反法律的情况下,方可裁判其胜诉。在这种情况下,法院也可以引用公共秩序的相关法律作为依据。

⁽¹⁶⁶⁾　第二百零一条　修改于《民事诉讼法典修改案》〔2010〕19号文件。
⁽¹⁶⁷⁾　第二百零二条　修改于《民事诉讼法典修改案》〔2010〕19号文件。
⁽¹⁶⁸⁾　第二百零三条　修改于《民事诉讼法典修改案》〔2010〕19号文件。
⁽¹⁶⁹⁾　第二百零四条　修改于《民事诉讼法典修改案》〔2010〕19号文件。
⁽¹⁷⁰⁾　第二百零五条　修改于《民事诉讼法典修改案》〔2010〕19号文件。
⁽¹⁷¹⁾　第二百零六条　修改于《民事诉讼法典修改案》〔2010〕19号文件。

为了便于根据第一款的规定审理案件,对出庭方当事人的审理参照适用第一百九十八条之一第二款和第三款的规定。

在只有一方当事人出庭参与诉讼的审理过程中,如果未到庭的该方当事人在开始证据审查日后到庭,并在第一时间告知法院其有意应诉的,当法院认为该当事人非故意或有正当理由不到庭的,且法院并未根据第一百九十九条之三的规定,曾依照该方当事人的申请裁定重新审理,并且也没有对未到庭的该方当事人适用第二百零七条的规定的,法院应当裁定重新审理。在这种情况下,如果该方当事人再次不到庭的,不得根据本条规定再次申请重新审理。

在第三款规定下,如果未到庭的当事人没有告知法院,或者法院认为当事人故意或无正当理由不到庭,或者法律明确禁止申请重新审理的,法院应当继续审理案件。但下列情形除外:

(一)法院不得准许未到庭的当事人逾期提供己方的证据;

(二)如果未到庭的当事人在另一方当事人审查证据完毕后到庭的,法院不得准许未到庭的当事人通过反询问证人、对书证提异议以及对另一方当事人请求法院审查或指派专家的申请提出异议,但是如果另一方当事人提供的证据尚不完备,法院可以准许未到庭的当事人对其出庭后审查的证据提出反驳;

(三)在这种情况下,未到庭的当事人无权要求重新审理。

第二百零七条[172] 当法院判决未到庭的当事人一方败诉的,参照适用第一百九十九条之二的规定,该方当事人可以请求重新审理案件。以上这些,参照适用第一百九十九条之三、第一百九十九条之四和第一百九十九条之五的规定。

---

[172] 第二百零七条 修改于《民事诉讼法典修改案》〔2010〕19号文件。

第二百零八条[173]　（废除）

第二百零九条[174]　（废除）

第三节　仲裁

第二百一十条　对于初级法院正在审理的所有案件,当事人达成仲裁协议,可以共同向法院递交申请,请求法院准许将案件的所有争议或某项争议提交由一名仲裁员或者多名仲裁员裁决。

如果法院认为该仲裁协议没有违反法律规定的,法院可以依照申请裁定准许。

第二百一十一条　如果在仲裁协议中没有作其他规定的,仲裁员的选定适用下列规定：

（一）当事人可以各自选定一名仲裁员,但如果案件是有多个共同原告或共同被告的,则应当由所有的原告选定一名仲裁员,由所有的被告选定一名仲裁员；

（二）如果当事人一致同意选定一名或多名仲裁员的,这种选定应当以书面形式作出,载明年、月、日,由当事人签名；

（三）如果仲裁协议约定由某方当事人或案外人选定仲裁员的,这种选定应当以书面形式作出,载明年、月、日,由该方当事人或案外人签名,然后将选定书送交其他当事人；

（四）如果法院不同意当事人指定的个人或者选定的仲裁员,法院应当裁定要求当事人指定其他的个人或者选定其他的仲裁员；如果当事人没有指定其他的个人或者选定其他的仲裁员,法院有权根据案情指定仲裁员,然后由法院工作人员将该裁定送达其指定的仲

---

[173]　第二百零八条　废除于《民事诉讼法典修改案》〔2010〕19号文件。
[174]　第二百零九条　废除于《民事诉讼法典修改案》〔2010〕19号文件。

裁员和有关当事人。

第二百一十二条 本节没有赋予法院在没有征得当事人同意的情况下指定仲裁员的权利。

第二百一十三条 当有选定权的个人或当事人选定仲裁员后，该个人或当事人不得撤销该选定，除非另一方当事人同意。

依法选定仲裁员后，如果是由法院或案外人指定或选定的，任何一方当事人均可以提出异议；如果是当事人一方选定的，另一方当事人可以提出异议。当事人可以第十一条规定为依据，或者以该仲裁员无行为能力或不能履行仲裁职责为由提出异议。对仲裁员的指定或选定有异议的，参照适用对审判人员提出异议的相关规定。

如果上述异议理由成立，应当重新选定仲裁员。

第二百一十四条 如果仲裁协议没有对仲裁费用进行规定的，仲裁员可就仲裁费用事项向法院递交书面申请，法院有权裁定要求当事人支付合理的仲裁费用。

第二百一十五条 仲裁员选定后，如果协议或法院裁定没有对争议要点进行规定，仲裁员应当将这些争议要点记入笔录，并将其放入仲裁案卷中。

第二百一十六条 在作出裁决前，仲裁员应当听取当事人的陈述，并且可以根据案情就提出的争议焦点进行审查。

仲裁员可以对提交的所有书证进行调查，并且可以听取自愿配合的证人的证言或专家的意见。如果仲裁员向法院提出请求查看案卷中的诉讼文书和其他文件，法院应当予以提供。

如果仲裁员认为应当通过法院来进行某个程序的（比如传唤证人、证人作宣誓、送达文件等），仲裁员可以向法院递交书面申请，请求法院进行上述程序。如果法院认为在其权限范围内可实施的，应当依照申请予以实施，并且按照规定的比例从仲裁员处收取案件处理费。

在第二百一十五条和本法条的规定下,仲裁员有权以其认为合适的方式审理案件,但仲裁协议有其他规定的除外。

第二百一十七条 如果仲裁协议没有作其他规定,仲裁员的裁决适用下列规定:

(一)如果有多名仲裁员的,裁决应当按照票数多的仲裁员的意见作出;

(二)如果票数相同,由仲裁员指定一名案外人担任首席仲裁员,以便形成多数意见。如果仲裁员对首席仲裁员的指定没有达成一致意见的,应当向法院递交书面申请书,请求法院指定首席仲裁员。

第二百一十八条 仲裁员的裁决,参照适用第一百四十条、第一百四十一条和第一百四十二条关于法院判决或裁定的规定。

仲裁员向法院提交裁决,由法院依照裁决作出判决。

但是如果法院认为仲裁员的裁决违反某条法律规定的,法院有权拒绝依照该仲裁裁决作出相应判决。但如果该裁决是可以补正的,法院可以准许仲裁员或有关当事人在法院规定的适当的时间内进行补正。

第二百一十九条 如果仲裁协议没有作其他规定,在因被授权选定仲裁员的案外人未选定仲裁员,导致争议纠纷无法按照仲裁协议交由仲裁员裁决的情形下,或者选定的一名或多名仲裁员拒绝履行职责的,或者在作出裁决前死亡或丧失行为能力,或因其他事由不能履行职责的,或者在规定时间内拒绝或怠于履行职责的,如果当事人无法达成其他一致协议的,该仲裁协议应当视为终止。

第二百二十条 如果因依照仲裁协议向仲裁员提交争议纠纷而发生争议,或者有争议认为仲裁协议依照前条规定已经终止的,应当将该争议提交法院裁定。

第二百二十一条⑮　法院以外的仲裁员对争议作出裁决,应当适用《仲裁法》的规定。

第二百二十二条　禁止对法院不依照仲裁裁决作出的判决或者法院依照仲裁裁决作出的判决提起上诉,下列事由除外:

(一)有证据证明仲裁员或首席仲裁员有不诚信行为的,或者任何一方当事人有欺诈行为的;

(二)法院的判决或裁定违反与社会公共秩序相关的法律的;

(三)法院的判决与仲裁裁决不一致的。

第四节　集体诉讼⑯

一、一般规定

第二百二十二条/(一)⑰　在本节:

"集体",是指成员彼此间具有共同利益,虽然他们遭受的损失大小不同,但是他们均是因同一案件事实和法律依据而具有相同的集体性质。

"集体成员",是指在该集体里面的任何一个人。

"集体诉讼",是指法院为了使其判决效力及于原告与集体成员的权利,而准许他们共同向法院提起的诉讼。

"集体诉讼主管人员",是指由普通法院办公室秘书长任命的,协助法院进行集体诉讼的人员。

第二百二十二条/(二)⑱　为了便于审理某类案件,或者为了便

---

⑮　第二百二十一条　修改于《民事诉讼法典修改案》〔1987〕11号文件。
⑯　第二编第二章第四节　集体诉讼　第二百二十二条/(一)至第二百二十二条/(四十九)　增加于《民事诉讼法典修改案》〔2015〕26号文件。
⑰　第二百二十二条/(一)　增加于《民事诉讼法典修改案》〔2015〕26号文件。
⑱　第二百二十二条/(二)　增加于《民事诉讼法典修改案》〔2015〕26号文件。

捷、快速、公平地审理或执行案件,最高法院院长有权作出与本节规定不冲突的规定。具体如下:

(一)规定集体的属性、利害关系,包括规定集体成员有权以原告的身份,以集体诉讼的方式向法院提起诉讼;

(二)补充规定关于准许以集体诉讼方式进行案件审理的标准、方式和条件;

(三)补充规定关于将集体诉讼有关事宜通知集体成员的方式;

(四)补充规定关于集体诉讼中的开庭通知、起诉状与答辩状的修改以及审理程序与证据采信;

(五)补充规定关于案件执行和原告方律师的劳务报酬;

(六)其他与集体诉讼有关的必要规定。

最高法院院长的上述规定,经最高法院大会同意,并于《政府公报》公布后生效。

第二百二十二条/(三)[179] 除社区法院外,审理民事案件的普通法院,均有权对集体诉讼案件进行审理。

第二百二十二条/(四)[180] 本节没有规定的相关程序事项,适用第一编总则的相关规定,以及适用普通案件审理程序中与本节规定不冲突的相关规定。

当事人以集体诉讼的方式提起诉讼,且法律对该案件审理程序有特别规定的,法院有权依照集体诉讼案件审理程序对该案件进行审理,并且适用本节的相关规定。

第二百二十二条/(五)[181] 集体诉讼主管人员必须根据法院的授权,协助法院审理集体诉讼案件,具体事项如下:

---

[179] 第二百二十二条/(三) 增加于《民事诉讼法典修改案》〔2015〕26号文件。
[180] 第二百二十二条/(四) 增加于《民事诉讼法典修改案》〔2015〕26号文件。
[181] 第二百二十二条/(五) 增加于《民事诉讼法典修改案》〔2015〕26号文件。

（一）调解集体诉讼案件；

（二）审查和收集证据；

（三）记录证人证言；

（四）保护当事人双方和集体成员在审理前或者审理期间的权利；

（五）依照本节规定或者最高法院院长关于履行协助职责的规定，履行其他职责。

集体诉讼主管人员在依照本节规定履行职责的过程中，基于开展诉讼程序的需要，有权依照《刑法典》相关规定，对相关涉案人员发出传票，要求其到法院提供相关资料或者处理相关诉讼文件。

集体诉讼主管人员必须根据《最高法院院长规定》规定的原则和方式履行职责。

如果某部诉讼法对集体诉讼主管人员协助法院履行职责有特别规定的，该集体诉讼主管人员不仅应当依照该法规定履行职责，还应当依照本节规定履行职责。

第二百二十二条/（六）⑱ 担任集体诉讼主管人员应具备下列条件之一：

（一）法学专业硕士毕业或者法学专业博士毕业；

（二）法学专业本科毕业，且是律师协会成员，以及依照《普通法院管理条例》关于普通法院公务员委员会规定，从事法律工作不少于一年；

（三）法学专业本科毕业，同时是《普通法院管理条例》关于普通法院公务员委员会规定的其他非法学专业本科毕业，且依照《普通法院管理条例》关于普通法院公务员委员会规定，从事法律工作不

---

⑱ 第二百二十二条/（六）增加于《民事诉讼法典修改案》〔2015〕26号文件。

少于四年。

普通法院办公室秘书长有权任命具有第一款任职条件的人员担任集体诉讼主管人员。这些任命均应遵循《普通法院管理条例》关于普通法院公务员委员会的相关规定。

第二百二十二条/(七)[183]　如果依照本节规定提起的集体诉讼案件是刑事附带民事诉讼的,即使当事人提起刑事诉讼,审理集体诉讼案件的法院在刑事部分作出判决前,可以继续对案件进行审理。但是如果法院已经对刑事部分作出判决,则根据下列情形进行处理:

(一)如果刑事部分判决认定被告触犯刑法的,审理集体诉讼案件的法院必须根据刑事部分判决中认定的案件事实,对民事部分进行审理;

(二)如果刑事部分判决作出其他判决的,审理集体诉讼案件的法院无须根据刑事判决中认定的案件事实对民事部分进行审理。

二、集体诉讼的申请

第二百二十二条/(八)[184]　当事人人数众多的下列案件,当事人可以原告身份提起集体诉讼,具体如下:

(一)侵权案件;

(二)合同违约案件;

(三)依据其他法律提出权益保障请求的案件,例如环境法、消费者和劳动者权益法、金融证券市场法和商业竞争法等其他法律。

第二百二十二条/(九)[185]　当事人提起集体诉讼的,应当向法院

---

[183]　第二百二十二条/(七)　增加于《民事诉讼法典修改案》〔2015〕26号文件。
[184]　第二百二十二条/(八)　增加于《民事诉讼法典修改案》〔2015〕26号文件。
[185]　第二百二十二条/(九)　增加于《民事诉讼法典修改案》〔2015〕26号文件。

递交民事起诉状,并依照本节规定向法院递交集体诉讼申请,以请求法院按照集体诉讼审理案件。

依照第一款请求法院按照集体诉讼审理案件,原告应当提供合理的理由,以便让法院同意其按照集体诉讼审理案件。

第二百二十二条/(十)[⑯] 原告应当以书面形式递交起诉状,并且应当详细清楚地陈述案件情况、诉讼请求以及原告与其他当事人的诉讼标的属于同一种类的主要案件事由。在要求被告以现金的形式清偿债务的情况下,集体成员向法院提交的对被告强制执行的请求必须尽可能注明清偿原则和金额的计算方法,但无须提供对每一集体债权人的还款明细。

在集体诉讼案件中,诉讼费用由提起诉讼的原告承担其执行请求中的相应部分。

第二百二十二条/(十一)[⑰] 在原告提出集体诉讼请求时,如果法院认为原告的起诉状符合本法典第十八条的规定,或者虽不符合规定,但在法院作出受理决定前已修改正确的,法院依据本法典第二百二十二条/(十二)的规定对该起诉状进行审查,并应当及时对集体诉讼请求作出予以批准或不予批准的处理决定。

第二百二十二条/(十二)[⑱] 法院在审查集体诉讼申请时,应当将集体诉讼申请书和起诉状副本送达被告。在法院听取各方意见并进行适当调查后,如果法院认为理由充分的,法院可以批准符合下列情况的案件按照集体诉讼进行审理:

(一)案件情况、诉讼请求以及原告与其他当事人的诉讼标的属于同一种类的主要案件事由,符合第二百二十二条/(十)规定的;

[⑯] 第二百二十二条/(十) 增加于《民事诉讼法典修改案》〔2015〕26号文件。
[⑰] 第二百二十二条/(十一) 增加于《民事诉讼法典修改案》〔2015〕26号文件。
[⑱] 第二百二十二条/(十二) 增加于《民事诉讼法典修改案》〔2015〕26号文件。

(二)原告证明其他集体成员均主张同一种类的诉讼标的;

(三)涉案当事人人数众多,如果按照普通案件来审理,会导致案件程序繁琐和不便于审理的;

(四)如果按照集体诉讼审理案件比按照普通诉讼审理案件更有利于实现公平和更能提高效率的;

(五)原告应当根据最高法院院长规定(如果有),证明自己是适格的集体成员,或者是利害关系人,或者具有集体成员的权利。此外,原告及原告向集体推荐的集体律师可以尽其所能地公正地维护集体的利益。

法院准许按照集体诉讼审理案件的,法院可以对集体成员范围进行明确限制,以确定集体成员的人员组成。

当事人对法院作出的准许或不准许按照集体诉讼审理案件的决定有异议的,可以自法院作出决定之日起七日内向上诉法院提出上诉。同时,法院应当暂停对该案件的审理,直至上诉法院作出裁定。对此,上诉法院对该异议应当尽快作出裁定。上诉法院的裁定为最终裁定。

如果法院批准集体诉讼申请的,法院应当对起诉状进行审查。在法院向被告送达传票后,被告应当在一个月内以书面的形式向法院递交答辩状,同时将原告的律师视为集体律师。

如果法院不批准集体诉讼申请的,法院应当按照普通程序审理案件。

第二百二十二条/(十三)[189] 如果主张同一种类诉讼标的的多个当事人分别向同一个法院或向不同的法院提出诉讼的,法院应当将这些诉讼合并审理,同时应当指定其中一位起诉人为集体诉讼的原

---

[189] 第二百二十二条/(十三) 增加于《民事诉讼法典修改案》〔2015〕26号文件。

告。对此,法院应当根据最高法院院长依照第二百二十二条/(二)的规定制定出来的原则、方法和条件审理案件。法院依照该条规定作出的裁定为最终裁定。但是,第二百二十二条/(十二)第三款有其他规定的除外。

三、集体诉讼案件的审理

第二百二十二条/(十四)[190] 当法院作出准予集体诉讼申请的最终裁定后,法院应当通知原告交纳一定数额的诉讼费用。原告应当自法院作出通知之日起七日内向法院交纳相应数额的诉讼费用。如果原告没有按照法院的上述要求交纳诉讼费用,也未告知法院其未交纳诉讼费用的正当事由的,法院有权作出撤销准许集体诉讼申请的裁定,按照普通诉讼程序审理案件。

如果在审理过程中发现原告交纳的诉讼费用尚不足的,法院可以根据案件情况,要求原告补交相应数额的诉讼费用。如果原告没有按照法院要求履行义务,也未告知法院其不履行义务的理由的,法院将视为原告撤诉。

第二百二十二条/(十五)[191] 法院应当尽可能地将准许集体诉讼申请的裁定通知给集体成员,在日报连续登报公告三日,并视情况通过媒体或其他方式进行公布。

法院的公告至少应当包括下列内容:

(一)法院名称和案件号;

(二)当事人双方与原告律师的姓名、住址;

(三)起诉状的简要内容和明确的集体特征;

---

[190] 第二百二十二条/(十四) 增加于《民事诉讼法典修改案》〔2015〕26号文件。
[191] 第二百二十二条/(十五) 增加于《民事诉讼法典修改案》〔2015〕26号文件。

（四）法院准许集体诉讼申请的裁定和法院作出裁定的年、月、日；

（五）集体成员根据第二百二十二条/（十六）和第二百二十二条/（十七）规定所享有的权利；

（六）根据法院认为合理的期限,规定集体成员申请退出集体诉讼的期限,但至少不得少于四十五天；

（七）退出集体诉讼的后果；

（八）判决结果对集体成员的约束力；

（九）审判人员和公告发布者的姓名和职务。

第二百二十二条/（十六）[192]　集体成员有权在第二百二十二条/（十五）第（六）项规定的期限内向法院提出书面申请,请求退出集体诉讼。集体成员自向法院提出申请之日起,视为退出集体诉讼。

集体成员未在第一款规定的期限内提出集体诉讼申请的,则不能退出集体诉讼,除非经过法院的批准,法院的裁定为最终裁定。

已经退出集体诉讼的集体成员,不能再次请求加入集体诉讼。

已经退出集体诉讼的集体成员或者个人,不能根据第五十七条的规定请求成为集体诉讼的共同原告。

第二百二十二条/（十七）[193]　集体成员未依照第二百二十二条/（十六）的规定请求退出集体诉讼的,依法享有下列权利：

（一）旁听案件审理；

（二）依照第二百二十二条/（十二）第（五）项规定,请求法院裁定原告不具有集体诉讼资格、不是利害关系人或者不享有集体诉讼权利；

---

[192]　第二百二十二条/（十六）　增加于《民事诉讼法典修改案》〔2015〕26号文件。
[193]　第二百二十二条/（十七）　增加于《民事诉讼法典修改案》〔2015〕26号文件。

（三）请求查阅、复印部分或全部案件卷宗；

（四）聘请新律师代替第二百二十二条/（十九）第二款规定的律师代理案件；

（五）依照本节法律规定的权利请求代替原告；

（六）有权对下列事项提出异议或抗辩，包括依照第二百二十二条/（二十五）规定提出更换原告的请求，依照第二百二十二条/（二十八）规定的撤诉请求，依照第二百二十二条/（二十九）的规定达成和解或者调解，以及依照第二百二十二条/（三十）的规定当事人双方协商将争议事项交由仲裁机构的裁决；

（七）审查并对依照第二百二十二条/（四十）规定提出还款请求异议。

依照本条第一款的规定，集体成员可以聘请律师。

第二百二十二条/（十八）[194]　集体成员未依照第二百二十二条/（十六）规定退出集体诉讼的，不得就原告已经提起诉讼的同一事项向被告提起诉讼。

如果未退出集体诉讼的集体成员在集体诉讼退出申请期限届满前已经提起诉讼的，受理案件的法院应当将该案件从案件目录中注销。

第二百二十二条/（十九）[195]　如果法院在审理过程中发现，或者任何一方当事人提出声明认为按照集体诉讼来审理案件不能保障或不足以保障集体成员权益的，或者认为没有必要再按照集体诉讼来审理案件的，法院有权裁定终结集体诉讼程序，按普通诉讼程序继续审理，其已经进行的诉讼程序对其后在普通诉讼程序中的原告

---

[194]　第二百二十二条/（十八）增加于《民事诉讼法典修改案》〔2015〕26号文件。
[195]　第二百二十二条/（十九）增加于《民事诉讼法典修改案》〔2015〕26号文件。

和被告具有约束力。

如果法院在审理过程中发现,原告律师不能公正、充分地维护集体成员权益,或者原告律师请求退出集体诉讼代理的,法院可以要求原告和集体成员在规定的时间内聘请新的律师。如果原告和集体成员未按上述规定执行的,法院应当参照第一款的规定作出相应处理。

法院依照本条规定作出的裁定为最终裁定。

第二百二十二条/(二十)[196] 在法院批准集体诉讼申请和被告提交答辩状后,法院应当确定开庭审理时间,同时要求各方当事人按时出庭,以便进行下列审理程序:

(一)运用调解或仲裁方式,审结全部或部分争议。

(二)要求诉讼当事人双方向法院提交己方持有且拟供援用的所有书证原件或物证,以便法院和对方当事人查验。

如果上述证据为其他方当事人或案外第三人持有,拟援用该证据的当事人方应当在开庭审理前向法院提出调查取证申请,并附加拟申请调查取证的证据清单。

当事人因客观原因不能向法院提供自己持有的证据的,或者尚未收到法院要求对方当事人或案外人提交的证据的,或者因法院认可的其他必要事由的,法院可以视案件情况裁定延期开庭审理。

如果当事人任何一方故意不在法院规定的开庭审理日或延期开庭的时间执行上述规定的,该方当事人不得在事后再向法院提交证据。但是,如果法院认为为实现案件审理的公平公正,如证据与案件有重大关系但违反本条款的规定,法院也可批准提交上述证据。

---

[196] 第二百二十二条/(二十) 增加于《民事诉讼法典修改案》〔2015〕26号文件。

(三)法院应当审查当事人双方的诉讼文书和声明,并将其中的依据、争议焦点进行比较,并就当事人双方向法院提交的依据、争议焦点以及证据,询问当事人双方的意见。对于当事人一致认可的案件事实,可以结束审查并作出相应认定;对于一方当事人提出的法律依据和案件事实,如果另一方当事人不予认可的,法院可以将其归纳为案件争议焦点。法院可规定任何一方当事人先行或者事后提交证据证明自己的主张。

在进行上述询问时,任何一方当事人均应回答法院提问的问题或者其他方当事人委托法院提问的问题,即涉及一方当事人主张的事实、争议以及证据等问题;如果某方拒绝回答上述问题的,或者没有充分理由不认可上述事实,视为认可该事实,除非法院认为当事人在当时无法回应或者提出理由明确不予认可的,并且法院认为上述事实应当作为必要的争议点的,法院可以作出延期开庭审理的决定,并要求上述当事人在法院规定的时间内,对上述事实作出说明解释。

(四)规定集体诉讼案件审理的全部期限。

(五)规定必要的集体诉讼案件审理的日期、时间、方式和程序,例如证人出庭的人数和详细情况;证人、专家证人的询问笔录与书证;需要法院从其他方当事人或案外第三人调取的证据,以及技术侦查证据、庭外侦查证据与其他法院协助侦查证据的记录。

如果任何一方当事人未在法院规定的开庭审理日或延期审理的日期到庭的,法院应当依照本条规定继续对案件进行审理,并视为未到庭的当事人已经知晓法院进行的案件审理程序。未到庭的当事人无权请求法院推迟开庭审理的时间,也无权对争议焦点和举证责任提出异议。但是,因无法预见的事由导致当事人在法院规定的开庭审理日或延期审理的日期无法出庭的,或者提出异议的争议焦点涉及人民公共秩序的除外。

本条款所规定的程序执行完毕后,法院应当确定证据审查的日期,即从规定的开庭审理期限届满之日起不少于十日。

按照本条款规定的开庭审理日,视为法院明确争议焦点日。

第二百二十二条／（二十一）[197] 在根据第二百二十二条／（二十）规定的开庭日期前不少于十五日,当事人双方须向法院提供证据清单及足够数量的副本,以便法院提供给另一方。如果任何一方当事人需要补充证据的,应当在法院开庭审理前向法院补充。

如果当事人超过第一款规定的时间未补交证据的,只有在当事人提供正当的理由,证明无法获悉该证据的存在的,或者是为了实现案件公平公正的,或者是为了给当事人足够的应诉机会的,并且经法院同意的情况下,方可以补交。

第二百二十二条／（二十二）[198] 如果被告未向法庭提交答辩状或未出庭的,法院不得基于被告没有向法庭提交答辩状或未出庭而判决原告胜诉。法院应当对原告单方提供的证据进行审查。在必要时,法院可以要求提交其他的证据,以确保案件的公平正义。

如果原告未按照第一款中法院规定的时间将收集的证据提交给法院审查,或者如果当事人双方均不出庭的或原告不出庭的,则参照适用本法典第二百二十二条／（二十五）的规定。

除第一款和第二款规定之外,参照适用其他关于缺席审判的规定。

第二百二十二条／（二十三）[199] 为确保案件的公平正义,法院在案件审理的过程中有权收集相关补充材料。法院可采纳除当事人

---

[197] 第二百二十二条／（二十一） 增加于《民事诉讼法典修改案》〔2015〕26号文件。
[198] 第二百二十二条／（二十二） 增加于《民事诉讼法典修改案》〔2015〕26号文件。
[199] 第二百二十二条／（二十三） 增加于《民事诉讼法典修改案》〔2015〕26号文件。

以外的人提供的人证、书证以及其他证据材料。但是,法院应当将上述证据告知各方当事人,并且允许其对上述证据提出反驳观点。

法院可以邀请资深人士或专家对案件审理提出庭审意见。但是,应当告知各方当事人,并允许各方当事人邀请己方的资深人士或专家就上述资深人士或专家的意见提出补充意见或者反驳观点。

法院根据第一款和第二款规定邀请的资深人士或专家,有权依照普通法院管理委员会同意的《最高法院院长规定》,获得误工费、交通费、住宿费及其他必要费用的补偿。上述费用不作为集体诉讼的当事人应当交纳的诉讼费用。

第二百二十二条/(二十四)[200] 无论案件处于任何审理阶段,如果法院发现集体诉讼中的集体成员所受的损失为不同性质的损失,法院有权将集体诉讼中的集体成员分成若干不同的组别,并对不同组别成员的损失进行详细审查。法院的审查决定为最终决定。

第二百二十二条/(二十五)[201] 有下列情况之一的,法院应当根据案件情况,规定合理的期限,但不得少于四十五日,以便集体成员提出代替原告的申请,包括规定对集体成员提出代替原告的申请提出异议的时间,规定对集体成员提出代替原告的申请进行审查的时间,并通过适当的方式,将上述事项尽可能地通知集体成员。

(一)当原告不具备本法典第二百二十二条/(十二)第(五)项规定的资格的;

(二)当原告死亡或者丧失民事行为能力的;

(三)当法院宣告财产接管的;

(四)当原告撤诉的;

---

[200] 第二百二十二条/(二十四) 增加于《民事诉讼法典修改案》〔2015〕26号文件。
[201] 第二百二十二条/(二十五) 增加于《民事诉讼法典修改案》〔2015〕26号文件。

（五）当当事人双方或者原告缺席庭审的；

（六）当原告未按照第二百二十二条/（二十二）的规定向法院提交证据的；

（七）当原告向法院提出不愿再作为集体诉讼原告的。

除本条第(二)项规定的集体成员外,本法典第四十二条和第四十五条规定的人员可以提出代替原告的申请,参照适用第二百二十二条/（二十六）和第二百二十二条/（二十七）的相关规定。

第二百二十二条/（二十六）[202] 集体成员提出代替原告的申请,应当经法院认定其是否具备本法典第二百二十二条/（十二）第(五)项规定的资格。

如果法院准许某一集体成员代替原告,原告仍然具备集体成员的身份,原告的律师仍然是集体诉讼的律师。如果是由于第二百二十二条/（二十五）第(五)项和第(六)项的原因需要代替原告的,法院应当及时重新规定证据审查日。如果法院不批准集体成员提出代替原告的申请,或者没有集体成员提出代替原告申请的,法院应当裁定终结集体诉讼程序,并以普通诉讼程序继续对案件进行审理,已经进行的集体诉讼对后续的普通诉讼程序仍然具有法律效力。

法院根据本条款作出的裁定为最终裁定。

第二百二十二条/（二十七）[203] 集体成员依照第二百二十二条/（二十五）规定代替原告的,该集体成员除了行使原原告享有的权利外,不得行使其他权利,并且其在行使权利时不得损害原原告的权益,除非能向法院证明原原告在已经进行的诉讼中有故意或

---

[202] 第二百二十二条/（二十六） 增加于《民事诉讼法典修改案》〔2015〕26号文件。
[203] 第二百二十二条/（二十七） 增加于《民事诉讼法典修改案》〔2015〕26号文件。

重大过失致使集体成员遭受严重损失。在此种情况下,法院可视情况作出决定。

第二百二十二条/(二十八)[204]　在法院准许以集体诉讼审理案件后,原告不得撤诉,法院裁定准许撤诉的除外。

如果被告已递交答辩状,法院在未听取被告的意见前不得准许撤诉。

对于已依照第二百二十二条/(十五)的规定进行公告,并且已通知集体成员的集体诉讼案件,如果法院准许撤诉的,法院应当根据案件情况规定适当的时间,但不得少于四十五日,以便集体成员以书面形式向法院提出异议。同时要求原告向法院交纳案件处理费,并依照第二百二十二条/(十五)第(一)项规定的方式,将撤诉事宜告知集体成员。

如果原告未依照本条第三款的规定向法院交纳所需费用,并且未向法院说明其不交纳费用的理由的,法院应当裁定不予撤诉。

第二百二十二条/(二十九)[205]　法院准许以集体诉讼程序审理案件,并且超过第二百二十二条/(十五)第(六)项所规定的期限后,在法院准许就案件中的某一部分达成和解或者调解协议前,法院应当根据案件情况规定适当的期限,但不得少于四十五日,以便集体成员以书面的形式向法院提出异议,或者向法院申请退出集体诉讼。同时要求原告交纳相关案件处理费,以便法院依照第二百二十二条/(十五)第一款规定的方式,将就案件中的某一部分达成和解或者调解协议的情况通知集体成员。当法院就案件中的某一部分准许达成和解或者调解协议时,集体成员已经申请退出集体诉讼,

---

[204]　第二百二十二条/(二十八)　增加于《民事诉讼法典修改案》〔2015〕26号文件。
[205]　第二百二十二条/(二十九)　增加于《民事诉讼法典修改案》〔2015〕26号文件。

并且其在法院作出准许裁定前没有撤回申请的,视为该集体成员自法院作出准许裁定之日起丧失集体成员资格。

如果原告未按照本条第一款的规定向法院交纳案件处理费,并且未向法院说明其不交纳费用的理由的,法院应当作出裁定不准许就案件中的某一部分达成和解或者调解协议。

第二百二十二条/(三十)[206] 法院准许以集体诉讼程序审理案件,并且超过第二百二十二条/(十五)第(六)项所规定的期限后,在法院依照本法典中的仲裁条款规定,将案件移交仲裁员裁决前,参照适用第二百二十二条/(二十九)的相关规定。

第二百二十二条/(三十一)[207] 按照第二百二十二条/(二十八)、第二百二十二条/(二十九)和第二百二十二条/(三十)所规定的告知书,至少包含下列内容:

(一)法院名称与案件编号;

(二)当事人双方的姓名与地址;

(三)起诉状的简要内容和明确的集体成员特性;

(四)简述案件已进行的审理程序和需要公告的事由;

(五)集体成员的权利和法院依照第二百二十二条/(二十八)、第二百二十二条/(二十九)和第二百二十二条/(三十)的规定作出裁定的法律后果;

(六)依照第二百二十二条/(二十九)和第二百二十二条/(三十)退出集体诉讼的法律后果;

(七)审判人员和公告发布者的姓名和职务。

第二百二十二条/(三十二)[208] 法院在依照本法典第二百二十

---

[206] 第二百二十二条/(三十) 增加于《民事诉讼法典修改案》〔2015〕26号文件。
[207] 第二百二十二条/(三十一) 增加于《民事诉讼法典修改案》〔2015〕26号文件。
[208] 第二百二十二条/(三十二) 增加于《民事诉讼法典修改案》〔2015〕26号文件。

二条/(二十八)、第二百二十二条/(二十九)和第二百二十二条/(三十)作出裁定时,应当考虑下列因素:

(一)继续以集体诉讼程序审理案件的必要性;

(二)集体成员的利益和保障;

(三)继续以集体诉讼程序审理案件的复杂性或者便捷性;

(四)继续以集体诉讼程序审理案件的公正性和效率性;

(五)集体成员中提出异议的人员数量;

(六)当事人双方就案件某一部分达成和解或调解协议的,应当考虑被告的偿还能力;

(七)当事人双方就案件某一部分达成和解或调解协议的,应当是公平公正,且符合集体成员利益。

第二百二十二条/(三十三)[209] 当法院作出准许以集体诉讼审理案件的最终裁定时,集体成员的诉讼时效自原告向法院提出集体诉讼申请之日起中止。

当法院作出不予准许以集体诉讼审理案件的最终裁定时,如果发现集体成员的诉讼时效在法院审查集体诉讼申请的过程中已经届满,或者自法院作出最终裁定之日起未满六十日的,集体成员有权自法院作出最终裁定之日起六十日内起诉,以便提交证据或请求清偿债务。

第二百二十二条/(三十四)[210] 如果诉讼时效出现第二百二十二条/(三十三)规定的中止事由的,当有下列情形时,则视为诉讼时效尚不中止:

(一)法院作出驳回起诉的最终裁定的;

---

[209] 第二百二十二条/(三十三) 增加于《民事诉讼法典修改案》〔2015〕26号文件。
[210] 第二百二十二条/(三十四) 增加于《民事诉讼法典修改案》〔2015〕26号文件。

（二）法院作出终结集体诉讼案件的裁定的；

（三）法院因撤诉而注销案件；

（四）法院因无权受理而作出驳回诉讼裁定的,或者集体成员有重新起诉的权利的；

（五）集体成员依照第二百二十二条／（十六）、第二百二十二条／（二十九）或第二百二十二条／（三十）的规定退出集体诉讼的。

在(二)(三)(四)和(五)的情形下,如果发现集体成员的诉讼时效在法院审理过程中届满的,或者自法院作出最终裁判之日起未满六十日的,集体成员有权自法院作出最终判决、裁定或者自集体成员退出集体诉讼之日起六十日内起诉,以便提交证据请求保护其权益或请求清偿债务。

由于法院的判决书对集体性质作出的认定,与依照第二百二十二条／（十二）第二款作出的准许以集体诉讼程序审理案件中的集体性质认定不同。对于集体成员提出清偿债务的请求,法院以其不属于判决书中的集体成员为由拒绝的,适用本条第二款的规定。该集体成员有权自法院作出拒绝的最终裁定之日起提起诉讼。

四、判决与执行

第二百二十二条／（三十五）[211] 法院的判决书对当事人双方和集体成员都具有法律约束力。如果法院判决原告胜诉的,原告或者原告方律师有权代替原告和集体成员执行判决结果。

集体成员有权提出请求清偿债务申请,但无权自行执行判决结果。

如果法院认为原告方律师无法高效、公正地执行判决结果,为

---

[211] 第二百二十二条／（三十五）增加于《民事诉讼法典修改案》〔2015〕26号文件。

了保障集体成员的权益,法院可以要求原告和集体成员聘请新的律师,继续执行法院的判决结果。

第二百二十二条/(三十六)[212] 法院的判决书应当写明下列内容:

(一)第一百四十一条所规定的内容;

(二)写明判决书所约束的集体成员和分组成员的特点;

(三)如果法院判决被告应当支付金钱债务的,应当写明被告须向原告支付的金钱债务的数额,包括向集体成员支付金钱债务的原则和方法;

(四)依照第二百二十二条/(三十七)的规定向原告方律师支付律师费的数额。

第二百二十二条/(三十七)[213] 如果法院判决被告应当为或不为某一行为或者返还财产的,法院应综合考虑案件的难易程度、原告方律师的工作量和工作时长,包括不属于律师支付的集体诉讼费用等因素。原告方律师在案件审理结束时,应当向法院提交上述费用清单,并将费用清单副本送达被告。

如果法院判决被告应当支付金钱的,法院除考虑本条文第一款所规定的因素外,还应当考虑原告与集体成员获得的金钱数额,并将其换算成总金额的百分比形式,但原告方律师的酬金不能超过总金额的百分之三十。

法院判决被告应当为或不为某一行为或者返还财产的,如果有包含要求支付金钱的,参照适用本条文第一款与第二款的规定。

依照本条规定,需要向原告方律师支付酬金且原告方律师发

---

[212] 第二百二十二条/(三十六) 增加于《民事诉讼法典修改案》〔2015〕26号文件。
[213] 第二百二十二条/(三十七) 增加于《民事诉讼法典修改案》〔2015〕26号文件。

生变更的情况下,法院应当根据各个律师的工作量及费用开支等情况,规定各个律师的酬金金额比例。

法院判决应当支付律师酬金的,应当将原告方律师视为债权人,将被告视为债务人,原告方律师获得的酬金不作为案件处理费。

第二百二十二条/(三十八)[214] 如果法院判决原告胜诉的,法院可以在判决书中或者之后出具的裁定书中规定判决执行的原则、方法和条件。在案件执行过程中,法院可以作出补充执行的相关规定,以便案件可以依据判决书得到更好执行。

初级法院有权审查请求暂缓执行的申请。初级法院的裁定视为最终裁定。

第二百二十二条/(三十九)[215] 法院应当按照第二百二十二条/(十五)第一款规定的方式,将判决书告知集体成员,同时应当告知执行局局长。

如果法院判决被告应当支付金钱债务,或者判决书中包含有金钱偿还义务的,法院应当指定执行员,以便案件的顺利执行。同时法院应当依照第一款的规定,在告知书和公告中对申请执行的期限进行规定,以便集体成员向执行员提交执行申请。但是,如果基于案件执行的需要,法院判决被告应当履行其他债务的,并且应当作出某一行为时,原告可以向法院提出申请请求指定执行员。

如果集体成员超过第二款规定的期限未提出执行申请的,则其丧失依照本节规定请求平均分配财产或金钱的权利。但集体成员如果由于不可抗拒的事由,致使其在规定的时间内无法提出执行申请的,可自超出规定时间之日起三十日内向执行员提出执行申请。

---

[214] 第二百二十二条/(三十八) 增加于《民事诉讼法典修改案》〔2015〕26号文件。
[215] 第二百二十二条/(三十九) 增加于《民事诉讼法典修改案》〔2015〕26号文件。

第二百二十二条/(四十)㊶ 当事人双方和其他集体成员可自规定申请执行期限届满之日起三十日内,对集体成员的债务执行申请提出审查申请和提出异议。但是,因不可抗拒的事由,可以申请顺延时间但不得超过三十日。

第二百二十二条/(四十一)㊷ 执行员有权就集体成员的债务执行申请事项对执行案件中的当事人双方、集体成员、利害关系人或者其他相关人员进行询问,以便开展下一步的工作。

第二百二十二条/(四十二)㊸ 对于集体成员的债务执行申请,如果当事人双方和其他集体成员没有异议的,执行员有权作出准许其申请的决定。如有其他必要事由的,执行员还应当向法院报告案件的执行情况。

对于集体成员的债务执行申请,如果有人提出异议,执行员可以作出下列决定:

(一)驳回债务执行申请;

(二)准许全部的债务申请;

(三)准许部分的债务申请。

依照第一款规定提出债务执行申请且没有集体成员提出异议的,依照第二款规定提出债务执行申请但有集体成员提出异议的,或者持有异议的人员,可自知道执行决定之日起十五日内向法院提出执行异议。

法院依照第三款作出的裁定,可以依照本法典第三编上诉与终审的相关规定,申请上诉或终审。

第二百二十二条/(四十三) 如果本案判决书中规定的债务

㊶ 第二百二十二条/(四十) 增加于《民事诉讼法典修改案》〔2015〕26号文件。
㊷ 第二百二十二条/(四十一) 增加于《民事诉讼法典修改案》〔2015〕26号文件。
㊸ 第二百二十二条/(四十二) 增加于《民事诉讼法典修改案》〔2015〕26号文件。

人的财产在其他案件的判决书中已被查封、扣押或冻结,集体诉讼原告方律师有权向查封、扣押或冻结法院提出申请,请求其按照第三百二十六条的规定将应得金额分配给原告方律师、原告和集体成员。[219]

如果第二百二十二条/(四十二)规定的集体成员申请执行的数额尚未最终确定的,本条文第一款规定的收到财产执行申请的法院应当暂停执行,待上述申请执行的数额最终确定后,原告方律师应当告知该法院。

在法院作出财产分配裁定后,其他相关案件的执行员应将财产金额交付给集体诉讼案件执行员,由其向第二百二十二条/(四十四)规定的债权人支付。

第二百二十二条/(四十四)[220] 在被告将其金钱或财产交予执行员,或者将被告的财产通过拍卖或其他方式变卖,或者执行员将被告财产收缴完毕,扣除必要的执行费用后,执行员应当按照下列顺序依次支付给债权人:

(一)[221]第三百二十二条和第三百二十四条规定的债权人;

(二)第二百二十二条/(三十七)规定的原告方律师的酬金;

(三)原告垫付的案件处理费;

(四)[222]原告、集体成员和依照第三百二十六条规定的有权分配财产的其他债权人。

---

[219] 第二百二十二条/(四十三)第一款　修改于《民事诉讼法典修改案》〔2017〕30号文件。

[220] 第二百二十二条/(四十四)　增加于《民事诉讼法典修改案》〔2015〕26号文件。

[221] 第二百二十二条/(四十四)第(一)项　修改于《民事诉讼法典修改案》〔2017〕30号文件。

[222] 第二百二十二条/(四十四)第(四)项　修改于《民事诉讼法典修改案》〔2017〕30号文件。

五、上诉与终审

第二百二十二条/（四十五）[223] 法院作出的判决与裁定，当事人双方可以申请上诉与终审，上诉与终审的申请不受案件标的金额的影响。

第二百二十二条/（四十六）[224] 集体成员无权就法院作出的判决和裁定申请上诉与终审，第二百二十二条/（四十二）规定的情形除外。

第二百二十二条/（四十七）[225] 被告对法院就上诉或终审申请作出的不予受理裁定不服提出申诉的，被告应当向法院交纳所有的案件处理费，并依判决书中规定的其应当向原告支付的部分进行支付，或者提供相应担保，但无需对原告方律师的酬金进行支付或提供担保。

第二百二十二条/（四十八）[226] 初级法院裁定受理上诉与终审的案件，并将案件移交上诉法院或者最高法院。上诉法院或者最高法院审查后认为，该案件属于禁止申请上诉或终审的案件，则无需对上诉或终审案件的争议焦点进行审核，并裁定驳回申请。但如果法院出于维护案件公平正义的需要，必须对原判决的错误进行纠正的，法院也可以受理上述被禁止上诉或终审的案件。

六、诉讼费用

第二百二十二条/（四十九）[227] 关于案件的诉讼费用，按照下列

---

[223] 第二百二十二条/（四十五）增加于《民事诉讼法典修改案》〔2015〕26号文件。
[224] 第二百二十二条/（四十六）增加于《民事诉讼法典修改案》〔2015〕26号文件。
[225] 第二百二十二条/（四十七）增加于《民事诉讼法典修改案》〔2015〕26号文件。
[226] 第二百二十二条/（四十八）增加于《民事诉讼法典修改案》〔2015〕26号文件。
[227] 第二百二十二条/（四十九）增加于《民事诉讼法典修改案》〔2015〕26号文件。

比例交纳：

（一）申请执行债务的手续费为二百泰铢,如果申请执行债务的金额不超过两万泰铢则无需交纳手续费；

（二）因对执行员对债务执行事宜作出的决定不服向法院提出异议的,按事项收费,每项二百泰铢；

（三）如果上诉案件涉及申请执行债务,或者上诉案件涉及律师酬金的,按事项收费,案件受理费每项二百泰铢；

（四）除本条第(一)(二)和第(三)项规定的其他诉讼费用,参照适用本法典附条中的相关规定。

第三编　上诉和终审

第一章　上诉

第二百二十三条　初级法院依照第一百三十八条、第一百六十八条、第一百八十八条、第二百二十二条以及本章的规定作出的判决与裁定,可以向上诉法院提起上诉,本法典或其他法律规定为最终判决的除外。

第二百二十三条之二[28]（废除）

第二百二十四条[29]　对于争议标的额不超过五万泰铢或者不超过皇家法令规定数额的财产性上诉案件,当事人双方不得就事实问题进行上诉。初级法院的审理法官持有相反意见,或者审理法官认为理由充分,同意其上诉的除外,或者如果审理法官没有相反的意见或如果审理法官不同意上诉的,必须取得初级法院院长或有权的区法院院长书面批准后,方可以提起上诉。

前款规定不适用于涉及人格权、家庭权益或者无法以金钱衡量的救济性案件,除非案件涉及请求将承租人驱逐出房屋,或者当事人在提交起诉状时其可能收取的租金不超过每月四千泰铢或者不超过皇家法令规定的租金数额的。

如果当事人想通过初级法院审理法官同意其上诉的,应当向该审理法官提交申请书,并将上诉状一并提交至初级法院。初级法院

---

[28]　第二百二十三条之二　废止于《民事诉讼法典修改案》〔2015〕27号文件。
[29]　第二百二十四条　修改于《民事诉讼法典修改案》〔1991〕12号文件。

收到申请书后,应当将申请书和卷宗移交给审理法官,由审理法官审查决定是否同意其上诉。

第二百二十五条[20] 当事人应当在上诉状中载明其主张的事实和法律依据,包括应当将初级法院已经认定的事实和法律依据予以载明。上述事实和法律依据应当对判断案件是否符合上诉条件起决定性作用。

如果因超过法律允许的范围,或因不符合上诉案件审理程序规定,任何一方当事人没有就社会公共安全问题向初级法院提出上诉或者任何一方当事人无法就法律问题向初级法院提出上诉的,其他相关的当事人有权在上诉时提出上述问题。

第二百二十六条 初级法院在作出判决或裁定前,法院如作出除第二百二十七条和二百二十八条规定之外的任何裁定,则:

(一)禁止在案件审理过程中对此裁定进行上诉;

(二)如果当事人对某一裁定不服的,法庭应当记录在案。当事人可以自法庭作出判决或裁定之日起一个月内提起上诉。

为了本条款能够有效执行,无论法院是否已经作出受理的裁定,该裁定自向第二百二十七条和二百二十八条规定以外的法院提起诉讼之日起视为法院在案件审理过程中的一个裁定。[21]

第二百二十七条 初级法院依照本法典第十八条或者第二十四条的规定作出的不予受理或者驳回起诉的裁定,如果该裁定会致使案件就此终结,则该裁定不视为案件审理过程中的裁定,应当将其列入可上诉的判决或裁定。

第二百二十八条[22] 法院在作出裁判之前作出的下列任何一项

---

[20] 第二百二十五条 修改于《民事诉讼法典修改案》〔1991〕12号文件。
[21] 第二百二十六条 第二款 修改于《民事诉讼法典修改案》〔1991〕12号文件。
[22] 第二百二十八条 修改于《民事诉讼法典修改案》〔1956〕5号文件。

裁定：

（一）依照本法典的规定对某人作出拘留、罚款和监禁的；

（二）在案件审理过程中作出涉及当事人双方权益保障的裁定，或者作出涉及依判决申请继续执行案件的裁定；

（三）依照本法典第十八条作出的不予受理或者驳回起诉的裁定，或者第二十四条规定作出的裁定，该裁定没有致使案件就此终结，但如果致使某一事项因此而终结的。

法院作出的上述裁定，当事人双方有权在法院作出裁定之日起一个月内提起上诉。

尽管当事人在案件审理过程中提起上诉的，法院仍然可以继续审理案件，并可以对案件作出判决或裁定。但在案件审理过程中，如果当事人对第（三）项规定的裁定不服提起上诉的，如果上诉法院认为，重新作出裁定或者修改当事人上诉的原裁定是对案件作出的裁判，或者是原审法院应作出但未作出的裁定的，上诉法院有权责令原审法院在上诉期间内暂停审理案件，或者责令暂停审理案件，直至上诉法院对上诉作出处理决定。

如果当事人在案件审理过程中没有依据本条的规定对法院的裁定提起上诉的，可在法院作出判决后，依照第二百二十三条的规定提起上诉。

第二百二十九条 上诉应当以书面形式在法庭宣读判决书或裁定书之日起一个月内向初级法院提出。上诉人应当将依判决书或裁定书规定的应向对方当事人支付的费用和上诉状一并递交到法院。同时上诉人应当依照第二百三十五条、第二百三十条的规定向法院递交上诉状副本，以便送达给被上诉人（即原审中没有提起上诉的原告或被告）。

第二百三十条[20] 对于第二百二十四条规定的案件,如果当事人双方就事实部分提起上诉,初级法院应当对该上诉进行审查,裁定是否予以受理。

如果案件审理法官持有不同意见或者已经达成一致意见,或者在审查时认为事实问题有正当理由上诉的,法院可以就案件事实部分作出予以受理的裁定。

如果没有上述的不同意见或者没有达成一致意见,法院应当就案件事实部分作出不予受理的裁定。在这种情形下,如果初级法院院长或地区法院院长不是审判庭成员的,上诉人可在七日内向法院提出申诉。法院接到申诉后,将申诉书和卷宗材料一并交至初级法院院长或地区法院院长。初级法院院长或地区法院院长作出的裁定为最终裁定。

本条规定不影响初级法院依照第二百三十二条的规定作出裁定拒绝向上诉法院上交上诉状,或者作出裁定将部分法律问题的上诉报请上诉法院的。

第二百三十一条 上诉不影响初级法院判决或裁定的执行,但在审理前的任何时间,当事人可以以书面形式向上诉法院申请暂缓执行,同时应当附有必要的申请理由。

上诉人可以在初级法院作出准许上诉的裁定前,向初级法院提出上述申请。但如果上诉人在初级法院作出准许上诉的裁定后提出上述申请的,则直接向上诉法院递交申请。如果已经将申请交至初级法院的,初级法院应当及时报送上诉法院。在紧急情况下,已经收到申请书的初级法院有权先行作出暂缓执行的决定,直到上诉法院对其申请作出的决定。

---

[20] 第二百三十条 修改于《民事诉讼法典修改案》〔1956〕5号文件。

如果上诉人根据判决书的规定向初级法院交纳其应当支付的费用,包括诉讼费用和执行费用,或者已为上述费用提供担保的,法院可根据第二百九十二条第(一)项的规定,决定暂缓执行。㉔

上诉法院在接受暂缓执行申请后,情况紧急下,可在不听取另一方意见的情况下,作出暂缓执行决定。但该暂缓执行决定是临时性的,直至听取另一方意见后,方可作出最终决定。如果法院根据申请作出暂缓执行决定,这个决定可以附带条件或不附带条件。法院可以作出裁定,要求上诉人承诺在上诉期间不变卖转移财产,或者要求上诉人提供与判决书规定的其应支付金额相当的担保。如果上诉人不按照法院的裁定履行的,法院可查封、扣押或冻结上诉人的财产。如果上诉人的财产为动产,且此类财产容易损坏或者难以储存或储存需要大量的费用,法院认为有必要时,可发布命令进行拍卖。

第二百三十二条 初级法院接受上诉申请后,应当对上诉申请进行审查,并依照本法典规定决定将上诉申请提交至上诉法院,或者决定拒绝将其上诉申请提交至上诉法院。如果初级法院决定拒绝将其上诉申请提交至上诉法院的,初级法院应当将其拒绝提交的事由在裁定书中予以注明。如果当事人双方都提起上诉的,法院可以在对这两份上诉材料进行审查的基础上作出一个裁定。

第二百三十三条 法院在受理上诉后认为,一审判决胜诉方应当增加诉讼费用,法院有权要求上诉人在上诉期限届满前或在法院认为适当的时间内,或者自上诉期限届满前且在上诉人提交上诉状后不超过三十日内,按规定的比例向法院交纳增加的费用。如果上诉人不按规定时间交纳上述费用,法院则裁定驳回上诉。

㉔ 第二百三十一条第三款 修改于《民事诉讼法典修改案》〔2017〕30号文件。

第二百三十四条[236]　如果初级法院作出不予受理的裁定,上诉人可以对初级法院不予受理的裁定向上诉法院提起上诉。同时在初级法院作出裁定之日起十五日内向法院预交诉讼费用和判决书规定的其应当支付的费用。

第二百三十五条　初级法院收到上诉状后,应当自被上诉人提交答辩状之日起七日内,或者被上诉人未提交答辩状的,应当在第二百三十七条规定的期限届满之日起七日内,将上诉状副本送达被上诉人。在提交答辩状的期限届满后,法院应当将上诉状、答辩状(如有)、全部卷宗和证据移送上诉法院。上诉法院收到上诉状与卷宗后,应及时登记。

第二百三十六条　当事人双方对初级法院不予受理的裁定提起上诉的,初级法院应当及时将上诉状、判决书或裁定书一并提交上诉法院。如果上诉法院认为有必要审查卷宗,则责令初级法院将卷宗送至上诉法院。上诉法院审查后可作出驳回上诉或受理上诉的裁定。该裁定为最终裁定。上诉法院应当将此裁定送达初级法院。

初级法院收到受理上诉的裁定后,应当在被上诉人提交答辩状之日起,或者在第二百三十七条规定的时间届满之日起七日内,将上诉状副本送达被上诉人。在提交答辩状的期限届满后,初级法院应当将答辩状移交上诉法院或者告知上诉法院其没有收到答辩状。当上诉法院收到答辩状或者被告知没有收到答辩状的,应当及时进行备案登记。

第二百三十七条　被上诉人可以在收到上诉状之日起十五日内向初级法院提交答辩状。

---

[236]　第二百三十四条　修改于《民事诉讼法典修改案》〔1991〕12号文件。

无论在什么情况下,法院不得以被上诉人未递交答辩状为由,拒绝被上诉人参与庭审。

第二百三十八条[236] 对于第二百四十三条第(三)项规定的只能对法律问题提起上诉的案件,法院在审理该类案件时,应当以卷宗中初级法院依照证据所认定的事实为依据。

第二百三十九条[237] 尽管对判决的上诉进行备案登记先于对裁定的上诉进行的登记备案,但是对于裁定的上诉也应尽可能地在对判决上诉审结前完成。

第二百四十条[238] 上诉法院有权就初级法院移交的上诉状、答辩状以及所有文件和证据进行审查,但下列情况除外:

(一)上诉法院依照本法典第二百四十一条的规定约见当事人双方并听取陈述意见。如果当事人一方或者双方没有在规定的时间到庭的,不影响法院审理。上诉法院的判决或者裁定不视为缺席判决。

(二)如果上诉法院依照第二百三十八条的规定对卷宗中的上诉状、答辩状和证据进行审查,认为尚不足以对上诉问题作出判定的,法院有权决定对某些已经审查过的问题作出认定,或者决定对证据展开调查,决定对案件进行全面审理。上述情形参考适用本法典关于初级法院审理的相关规定。

(三)对于当事人双方就法律问题提起上诉的案件,如果上诉法院认为初级法院对于某些关键的事实问题尚未进行审理或者尚未作出裁判的,上诉法院有权责令初级法院查清上述事实问题,作出相应判决。

---

[236] 第二百三十八条 修改于《民事诉讼法典修改案》〔1956〕5号文件。
[237] 第二百三十九条 修改于《民事诉讼法典修改案》〔1956〕5号文件。
[238] 第二百四十条 修改于《民事诉讼法典修改案》〔1956〕5号文件。

第二百四十一条㊉　如果当事人一方向上诉法院申请开庭审理,应当将申请书附在上诉状或者答辩状后。上诉法院应当对开庭审理的时间进行规定。但是,如果上诉法院审查后,认为不需要开庭审理的,可以裁定不予开庭审理。如果法院裁定开庭审理的,对方当事人即便未表明要进行开庭审理的意愿,也可以参与开庭审理。

在开庭审理时,申请开庭审理的当事人一方先发言,对方当事人答辩,然后由申请开庭审理的当事人一方再次发言;如果当事人双方都申请进行开庭审理的,则由上诉人先发言;如果当事人双方均提起上诉并分别申请开庭审理的,法院则视情况作出裁定。

第二百四十二条㊉　上诉法院经过阅卷,听取当事人双方的陈述,或者根据第二百四十条的规定审查证据结束后,按照下列情形分别处理:

(一)如果上诉法院认为上诉事项是法律禁止上诉的事项,裁定驳回上诉,并且不对上诉问题进行审查;

(二)如果上诉法院认为初级法院的裁判是正确无误的,裁定维持原判;

(三)如果上诉法院认为初级法院的裁判有误,则裁定撤销原裁定,查清事实后改判;

(四)如果上诉法院认为初级法院的判决或裁定部分正确、部分错误的,对于裁判正确的部分,裁定维持原判;对于裁判错误的部分,裁定撤销原判,并依法改判。

第二百四十三条㊉　上诉法院有下列权力:

(一)如果原判决或原裁定有违反本法典的规定,上诉法院认为

㉙　第二百四十一条　修改于《民事诉讼法典修改案》〔1956〕5号文件。
㉚　第二百四十二条　修改于《民事诉讼法典修改案》〔1975〕6号文件。
㉛　第二百四十三条　修改于《民事诉讼法典修改案》〔1956〕5号文件。

必要时,可以裁定撤销原判决或原裁定,并将案件发回初级法院重审,责令其重新作出判决。在上述情况下,初级法院可由原审法官之外的其他法官审理此案件,并可以作出与原判决或裁定不同的判决或裁定。

(二)如果原判决或原裁定有违反本法典的规定,或者法院拒绝按照申请人的请求对证据进行审查的,上诉法院认为必要时,可以裁定撤销原判决或原裁定,并责令初级法院由原审法官或由其他法官,或者责令其他初级法院,对案件的部分或者全部进行重新审理,并作出新的判决或裁定。

(三)上诉法院应当依据初级法院认定的事实进行裁判,但如果发现:

(1)如果初级法院认定的事实违反法律规定的,上诉法院可以采信新的事实,并据此作出判决或裁定;

(2)如果初级法院认定的事实不足以对案件作出裁判的,上诉法院可以裁定撤销初级法院的判决或裁定,并责令原审初级法院的原法官或者其他法官或者其他初级法院对案件全部或部分进行重新审理,并依据此作出判决或裁定。

初级法院依据本条文规定作出的新判决或裁定,当事人双方可以根据本章规定向上诉法院提起上诉。

第二百四十四条 上诉法院可决定自行宣告判决,也可交至初级法院由其宣告判决;宣读判决的法院应当将宣告判决的时间告知上诉人和被上诉人。

第二百四十四条/(一)[24] 上诉法院依照第二百四十七条规定作出的判决和裁定为最终的判决和裁定。

---

[24] 第二百四十四条/(一)增加于《民事诉讼法典修改案》〔2015〕27号文件。

第二百四十五条 上诉法院的判决和裁定仅对参与上诉的当事人具有效力,但下列情形除外:

(一)如果上诉法院的判决和裁定涉及不可分割的财产,同时上诉当事人中的某一方当事人为上诉人,从而使得该判决和裁定对其他当事人也具有最终的法律效力;如果上诉法院认为需要重新对被上诉事项作出判决和裁定的,上诉法院有权决定其判决和裁定对初级法院的所有当事人均具有法律效力;

(二)如果有人申请代替某方当事人参加诉讼并得到批准的,上诉法院的判决同样对该当事人发生法律效力。

第二百四十六条 上诉案件的审理,除了适用上述规定之外,还参照适用本法典关于初级法院审理程序的相关规定。

第二章 终审

第二百四十七条[23] 当事人只有在获得终审法院批准的情况下,才可以对上诉法院的判决、裁定提起终审上诉。

当事人在提起终审上诉时,应当自上诉法院宣告判决、裁定之日起一个月内,将申请书和终审上诉状一并递交至原审初级法院。原审初级法院应当及时将上述申请书和终审上诉状移送至终审法院。终审法院应当及时审结案件。

第二百四十八条[24] 依照第二百四十七条规定提出的终审上诉,应当由终审法院院长指定的法官组成合议庭进行审理和裁判,合议庭成员由终审法院副院长与其他至少三名职务不低于终审法

---

[23] 第二百四十七条 修改于《民事诉讼法典修改案》〔2015〕27号文件。
[24] 第二百四十八条 修改于《民事诉讼法典修改案》〔2015〕27号文件。

院法官的成员组成。

判决按照多数人的意见作出。如果两种意见人数相同的,则视案件情况,根据一方意见作出判决。

第二百四十九条[25] 当终审法院认为上诉的问题为终审法院应裁判的重要问题,终审法院可以依照第二百四十七条的规定,准许该上诉请求。

本法条第一款所提及的重要问题,包括下列情形:

(一)涉及公共利益或者公众安全的问题;

(二)上诉法院的判决、裁定中对重要法律问题的审理相互矛盾的,或者与终审法院的判决、裁定标准相违背的;

(三)上诉法院对重要法律问题的判决、裁定,在终审法院以往的判决和裁决中尚无先例的;

(四)上诉法院的判决、裁定与其他法院的终审判决、裁定相矛盾的;

(五)基于解释法律需要的;

(六)终审法院院长规定的其他重要大问题。

本条第二款第(六)项中终审法院院长的规定,在经终审法院审判委员会会议同意,并于《政府公报》公布后生效。

如果终审法院作出不予受理终审上诉裁定的,上诉法院的判决、裁定自该判决、裁定宣读之日起是最终的判决、裁定。

第二百五十条[26] 依照第二百四十七条规定提交的终审申请,其申请提交的原则和方式、审理程序、审理期限、终审上诉的受理、终审上诉的修改、案件的审理和判决以及诉讼费用的退还,均应当依

---

[25] 第二百四十九条 修改于《民事诉讼法典修改案》〔2015〕27号文件。
[26] 第二百五十条 修改于《民事诉讼法典修改案》〔2015〕27号文件。

据终审法院院长的规定执行。

第一款规定终审法院院长的规定,经终审法院会议同意,并在政府公布后生效。

第二百五十一条[247] 如果受理的终审案件只涉及法律适用问题,同时终审法院认为上诉法院的全部或部分判决、裁定不正确的,终审法院可以就该法律适用问题作出裁判,并撤销上诉法院或初级法院的判决、裁定;或者根据案件情况,责令上诉法院或初级法院按照终审法院的裁判意见重新作出判决、裁定。

第二百五十二条[248] 依照第二百五十条规定,终审法院院长规定中没有涉及的其他事项,参照适用第一章关于上诉的相关规定。

---

[247] 第二百五十一条 修改于《民事诉讼法典修改案》〔2015〕27号文件。
[248] 第二百五十二条 修改于《民事诉讼法典修改案》〔2015〕27号文件。

第四编　审理前的临时措施及判决、裁定的执行

第一章　审理前的临时措施

第一节　一般原则

第二百五十三条[248]　如果原告在泰王国境内没有住所或者工作场所,且在泰王国境内无可执行财产的;或者原告在败诉后有不缴纳手续费及其他费用的可能的,被告可以在法院审理前的任何时候,向法院提出申请让原告向法院预先交纳案件处理费或者担保费用,以确保上述费用的支付。

法院在调查后认为有必要或者理由充分的(视情况而定),应当责令原告按照法院规定的要求,在规定的时间内向法院预先交纳一定数额的案件处理费或者其他担保费用,以确保上述费用的支付。

如果原告没有按照第二款的规定履行,法院可以裁定将该案件从案卷目录中注销,但是被告请求继续审理案件或者依照第二款规定提起上诉的除外。

第二百五十三条之二[250]　如果原告对第二百五十三条第一款规定中的任一事项有异议并提出上诉或者终审上诉的,被告可以在法院审理前的任何时候向法院提出申请,要求原告向法院预先交纳案件处理费或者担保费用,以确保上述费用的支付。

---

[248]　第二百五十三条　修改于《民事诉讼法典修改案》〔1995〕15号文件。
[250]　第二百五十三条之二　修改于《民事诉讼法典修改案》〔1995〕15号文件。

在初级法院尚未向上诉法院或者终审法院移交卷宗期间,当事人依照第一款规定提出的申请书,应当向初级法院提出。初级法院在审查后,应当将申请书与卷宗材料一并移交上诉法院或者终审法院。

上诉与终审上诉阶段的案件审理,参照适用第二百五十三条第二款和第三款的规定。

第二百五十四条[251] 对于小额诉讼案件以外的其他案件,原告可以在审理前向法院提起诉讼,并可以单方请求法院根据一定条件,采取相应的保护性措施:

(一)在审理前申请查封或者冻结有争议的财产或者被告的全部或部分财产,包括案外人用于支付被告到期债务的金钱或者财产;

(二)法院应当作出裁定,临时性禁止被告反复或继续进行某种侵权或违反协议的行为或者已经被起诉的行为;裁定临时性禁止被告继续作出会让原告遭受痛苦或者损失的行为;裁定临时性禁止被告转移、转卖、变卖有争议的财产或者被告的财产;裁定停止或者预防上述财产遭受浪费或者损耗的行为,以上裁定,直至案件审理终结或者法院作出其他裁定为止;

(三)法院应当责令登记人员、工作人员或者法律授权的其他人员,对有争议的财产、被告的财产或者起诉涉及的财产暂停进行登记、变更登记或者撤销登记,直至案件审结或者法院作出其他裁定,以上这些不能与相关法律相违背或者相冲突;

(四)决定临时逮捕或羁押被告。

自初级法院或上诉法院宣读判决书、裁定书或者上诉裁定书

---

[251] 第二百五十四条 修改于《民事诉讼法典修改案》〔1995〕15号文件。

之日起,直至初级法院将卷宗副本移交上诉法院或者终审法院为止(视情况而定),依照本条规定提出的请求,应当提交至初级法院,初级法院可以裁定准许或者裁定驳回申请。

第二百五十五条[52] 当事人依照第二百五十四条的规定提出的申请,应当向法院证明其依据准则申请法院采取保护性措施是有充足的依据和理由的。具体包括下列事项:

(一)申请法院对第二百五十四条第一款第(一)项规定中的事项作出裁定的,应当向法院提供下列证明:

(1)被告为逃避法院的执行,故意转移有争议的财产,或者全部、部分个人财产;或者转让、变卖、转移或分配上述财产,以便拖延、阻碍可能会对被告采取的某种强制措施的执行,致使原告有可能遭受损失的;

(2)有其他正当事由,使法院在审查后认为符合公平和合理需要的;

(二)申请法院对第二百五十四条第一款第(二)项规定中的事项作出裁定的,应当向法院提供下列证明:

(1)被告故意反复或继续进行某种侵权行为、某种违反协议的行为或者已经被起诉的行为;

(2)被告将继续进行某种使原告遭受痛苦或者损失的行为的;

(3)有迹象表明被告的行为可能会使有争议的财产或被告的财产遭受浪费、损耗或者转移给其他人的;或者

(4)出现本条第一款第(一)项第(1)或(2)目中规定情形的;

(三)申请法院对第二百五十四条第一款第(三)项规定中的事项作出裁定的,应当向法院提供下列证明:

---

[52] 第二百五十五条 修改于《民事诉讼法典修改案》〔1995〕15号文件。

(1)担心被告对有争议的财产、被告的财产或者起诉被涉及的财产进行登记、变更登记或者撤销登记会使原告遭受损失的;

(2)出现本条第一款第(一)项(2)中规定情形的;

(四)申请法院对第二百五十四条第一款第(四)项规定中的事项作出裁定的,应当向法院证明被告的行为会拖延、阻碍案件的审理,或者会拖延、阻碍对被告采取的某种强制措施的执行,或者会使原告有可能遭受损失的:

(1)被告故意躲避法院的传唤或者裁定;

(2)被告为逃避法院制裁或者隐藏用以证明案件审理过程中被告行为的文件的,或者证明全部或部分有争议的财产或者被告财产的证据;或者是为了预防被告变卖财产,销毁文件的;

(3)被告的行为或者被告在工作中、商业活动中的行为有迹象表明,被告会或者极有可能会逃避法院制裁的。

第二百五十六条[23]　申请法院对第二百五十四条第一款第(二)项或第(三)项规定中的事项作出裁定的,如果法院认为,由被告先提出异议不会使原告遭受损失的,可以通过其工作人员将开庭审理的时间告知被告,并将申请书副本送达给被告。被告可以将自己的异议书向受理申请的法院提交。

第二百五十七条[24]　法院有权根据案件情况,在其职权范围内或者在规定某种条件的情形下,对依据第二百五十四条规定提出的申请作出准许裁定。

法院对依据第二百五十四条第一款第(二)项规定提出的申请作出准许裁定的,应当将该裁定告知被告。

---

[23]　第二百五十六条　修改于《民事诉讼法典修改案》〔1995〕15号文件。
[24]　第二百五十七条　修改于《民事诉讼法典修改案》〔1995〕15号文件。

法院可以作出裁定,临时性禁止被告转让、变卖、转移或分配有争议财产或被告的财产,法院也可以采取适当的方式予以公布,以防止欺诈行为的发生。

法院作出裁定临时性禁止被告转让、变卖、转移或分配有争议的财产或被告依法登记的财产,或者裁定要求登记人员、工作人员或者法律授权的其他人员暂停对上述财产或者起诉涉及的财产进行登记、变更登记或者撤销登记。法院应当将该裁定告知登记人员、工作人员或者法律授权的其他人员。上述人员也应当将法院的裁定登记备案。

在法院作出查封、扣押、临时性禁止措施、拘捕令或者其他裁定前,法院可以要求申请人预交一定数额的保证金,以便支付被告依照第二百六十三条的规定应当得到的赔偿。

第二百五十八条㉕　法院对当事人依照第二百五十四条第一款第(一)项规定提出的申请作出准许裁定的,该裁定对被告立即产生约束力。法院应当将该裁定及时告知被告,但是在法院告知被告之前,如果案外人有证据证明其已善意取得该裁定书中的财产,且已支付对价的,该裁定对案外人不产生法律效力。

法院对当事人依照第二百五十四条第一款第(二)项规定提出的申请作出准许裁定的,该裁定对被告立即产生约束力,即使被告尚未收到该裁定,但法院根据案件情况,认为应当在被告收到裁定后该裁定方可对被告生效的除外。

法院对当事人依照第二百五十四条第一款第(三)项规定提出的申请,即对有争议的财产或者被告的财产作出准许裁定的,该裁定立即生效,即使登记人员、工作人员或者法律授权的其他人员尚

㉕　第二百五十八条　修改于《民事诉讼法典修改案》〔1995〕15号文件。

未收到该裁定。但法院根据案件情况,认为应当在上述人员收到裁定后该裁定方可对其生效的除外。

法院对当事人依照第二百五十四条第一款第(三)项规定提出的申请作出准许裁定的,登记人员、工作人员或者法律授权的其他人员在收到裁定后继续有效。

法院对当事人依照第二百五十四条第一款第(四)项规定提出的申请作出准予逮捕决定的,该逮捕决定在泰王国境内均有效,但羁押期限自逮捕之日起不得超过六个月。

第二百五十八条之二[256] 法院在对当事人根据第二百五十四条第一款第(二)项规定提出的申请作出裁定禁止被告作出转让、变卖、转移或分配有争议财产或被告的财产后,被告仍然有转移、变更该有争议财产或被告的财产的,即使上述财产的价值超过债务与手续费之和,或者被告处置的财产是超过债务部分的财产,被告也不能以此为借口实施上述行为。

法院在对当事人依照第二百五十四条第一款第(三)项规定提出的申请作出的裁定生效后,登记人员、工作人员或者法律授权的其他人员不得就有争议的财产或者被告的财产进行登记、变更登记或者撤销登记,但是受让人能够证明该受让是在登记人员、工作人员或者法律授权的其他人员收到裁定前其已善意取得,且已支付对价的除外。

登记人员、工作人员或者法律授权的其他人员,在收到法院依照第二百五十四条第一款第(三)项规定作出的裁定通知后作出登记、变更登记或者撤销被起诉行为的登记的,该行为在审理前采取临时性措施期间不具有法律效力。

---

[256] 第二百五十八条之二 修改于《民事诉讼法典修改案》〔1995〕15号文件。

第二百五十九条[257]　审理前的临时性措施可以参照适用本编第二章关于判决、裁定的执行的相关规定。

第二百六十条[258]　如果审理过程中的判决、裁定的内容没有涉及诉前临时性措施的,可以根据案情作出如下处理:

(一)如果法院判决被告全部胜诉或者部分胜诉,自法院作出判决、裁定之日起七日后,对被告胜诉部分采取的诉前临时性措施视为自动撤销,但原告在上述规定的时间内单方向法院表明其将对该判决或裁定提起上诉或者终审上诉,且向法院提供证据证明其请求法院继续采取临时性措施有正当理由的除外;如果初级法院作出驳回原告申请的裁定的,该裁定为最终裁定;如果初级法院裁定临时性措施继续有效的,该裁定的有效期限直至上诉或者终审上诉期届满为止,或者直至法院作出不予受理上诉或终审上诉的最终裁定为止(视情况而定);如果案件已经提起上诉或者终审上诉,初级法院的裁定继续有效,直至上诉法院或者终审法院作出其他裁定;

(二)如果法院判决原告胜诉,法院作出的临时性措施裁定继续有效,以便于法院判决、裁定的执行。

第二百六十一条[259]　被告或案外人在收到查封、扣押裁定后,或者依据第二百五十四条第一款第(一)项、第(二)项或第(三)项规定作出的裁定后,或者可能会因查封、扣押裁定或上述裁定等遭受损失的,可以请求法院撤销或者变更查封、扣押裁定或其他裁定。但是,如果上述案外人请求解除查封或者对查封、扣押提出异议的,参照适用第三百二十三条或三百二十五条的相关规定。

法院依照第二百五十四条第一款第(四)项的规定对某被告进

---

[257]　第二百五十九条　修改于《民事诉讼法典修改案》〔1995〕15号文件。
[258]　第二百六十条　修改于《民事诉讼法典修改案》〔1995〕15号文件。
[259]　第二百六十一条第一款　修改于《民事诉讼法典修改案》〔2017〕30号文件。

行逮捕的,该被告有权向法院请求撤销逮捕决定,或请求无条件释放或者按照法院规定交纳了一定数额保证金后暂时释放。

如果发现依据第二百五十四条规定采取的措施没有充分的理由或者没有其他正当事由的,法院基于维护案件公平正义的需要,可以根据案情作出准许申请裁定或者其他裁定。法院可以让申请人根据其规定的金额、时间及其他条件向法院缴纳保证金或者提供担保,但是如果案件涉及金钱诉讼的,法院要求缴纳保证金的数额不得高于诉讼请求的数额和诉讼费用的总和。

第二百六十二条[260] 法院依申请作出裁定准许采取临时性措施,如果作出该裁定所依据的主要事实或客观情况发生变化,当法院认为有必要时,或者当被告或案外人依照第二百六十一条的规定在审理过程中提出申请时,法院可以作出变更或者撤销采取临时措施裁定。

自初级法院或上诉法院宣读判决书、裁定书之日起,直至初级法院将卷宗材料移交上诉法院或者终审法院为止(视情况而定),依照本法条规定提交的申请,应当向初级法院递交,且初级法院有权对上述这些申请作出裁定。

第二百六十三条[261] 法院根据本章规定,依照申请作出裁定准许采取临时性措施的,受该临时性措施约束的被告,可以自法院裁定准许采取临时性措施之日起三十日内向初级法院提出申请,请求原告在下列情形下向其赔偿损失:

(一)如果法院判决原告败诉,同时发现因原告的过错或疏忽导致法院误认为其诉求有依据而作出裁定的;

---

[260] 第二百六十二条 修改于《民事诉讼法典修改案》〔1995〕15号文件。
[261] 第二百六十条 修改于《民事诉讼法典修改案》〔1995〕15号文件。

（二）无论法院判决原告胜诉还是败诉，如果发现因原告的过错或疏忽，导致法院误认为其采取的临时性保护措施有正当理由而作出裁定的；

法院在收到第一款规定的申请后，有权将该案件作另案处理。法院审查后认为申请理由成立的，可以责令原告对被告进行适当的赔偿。如果作出临时措施的法院为上诉法院或终审法院，初级法院在审查后，应当将卷宗材料移送至上诉法院或终审法院，并由上诉法院或终审法院作出相应裁定（视情况而定）；如果原告拒不执行法院的裁定，法院有权将其视为被执行人，对原告采取强制执行措施。但法院如果依照本条第一款第（一）项规定判决原告赔偿损失的，法院应当裁定中止执行，直至法院判决原告败诉。

当事人对初级法院或者上诉法院依据本条文第二款作出的裁定不服的，可以参照本法关于上诉或终审上诉的相关规定，提出上诉或者终审上诉。

第二百六十四条[262] 除第二百五十三条和第二百五十四条规定的情况外，当事人可以向法院提交申请，请求法院采取临时性措施，以保障其在诉讼过程中的权益，确保案件判决的顺利执行，如责令将有争议财产交至法院或者案外人，为商店中有争议的财产设立管理人或保管人，指定案外人为无民事能力人的监护人等。

第二百六十五条[263] 如果法院依照本法典规定，同意某人作为担保人的，如果该人的行为足以表明其将会使原告遭受损失，或者将会逃避、阻碍、或拖延其自己应履行的职责的，参照适用本节的相关规定。

---

[262] 第二百六十四条 修改于《民事诉讼法典修改案》〔1995〕15号文件。
[263] 第二百六十五条 修改于《民事诉讼法典修改案》〔1995〕15号文件。

第二节　紧急情况下的申请

第二百六十六条㉔　在紧急情况下，原告可以依照第二百五十四条的规定提交申请书，请求法院尽快依申请作出裁定或签发传票。

法院在收到上述申请后，应当依照第二百六十七条、第二百六十八条和第二百六十九条的规定对该申请进行审理与裁判。

第二百六十七条㉕　法院应当尽快审查申请书，如果法院认为原告的陈述词或原告提供的证据、或法院主动调查获取的证据理由充分且为紧急情况下的案件的，法院应依申请，在其权限范围内和适当的条件下，尽快作出裁定或签发传票。如果法院作出撤销申请的裁定，则该裁定为最终裁定。

被告可尽快提交申请书，请求法院撤销其签发的裁定或传票，并参照适用第一款的规定。上述申请书可作为单方面向法庭提交的申请。如果法院按照其申请撤销原裁定的，该新裁定为最终裁定。

法院裁定撤销紧急申请或撤销关于紧急申请的裁定，不影响原告依照第二百五十四条的规定提出新的申请。

第二百六十八条㉖　当就紧急情况进行申请时，法院应当审查该申请是否为紧急情况下的申请。至于法院对处理紧急情况作出的裁定，如果有必要剥夺当事人的权利的，则视情况予以剥夺其部分或全部诉讼权利。

第二百六十九条㉗　法院对紧急情况下提交的申请作出准许裁

㉔　第二百六十六条　修改于《民事诉讼法典修改案》〔1995〕15号文件。
㉕　第二百六十七条　修改于《民事诉讼法典修改案》〔1995〕15号文件。
㉖　第二百六十八条　修改于《民事诉讼法典修改案》〔1995〕15号文件。
㉗　第二百六十九条　修改于《民事诉讼法典修改案》〔1995〕15号文件。

定的,依照第二百五十八条、第二百五十八条之二的规定产生法律效力。此外,法院可以裁定暂缓执行,直至法院在审查申请后,作出撤销裁定的决定或原告提供保证金为止。

第二百七十条[268] 当本法典或其他法律有明确规定时,除第二百五十四条规定的申请适用本节规定之外,其他的申请也可参照适用本节的规定。

第二章 判决、裁定的执行[269]

第一节 一般原则

一、执行法院

第二百七十一条[270] 有执行权的法院有权依照第二百七十六条规定的执行方式对案件进行执行;有权依照初级法院作出的判决书或裁定书,或者依照法律的规定对有关执行事宜作出各种决定或裁定。

如果上诉法院或终审法院依照第二百四十三条第一款第(二)项和第(三)项的规定将案件移交其他未对案件作出判决或裁定的初级法院进行重新审理的,作出新判决或裁定的法院有权对该案件进行执行。但是上诉法院或终审法院(视情况而定)另有规定的,按照其规定。

案件需要由管辖权范围以外的其他法院代为执行的,有执行权的法院可以委托其他法院代为执行,或者由申请执行人提交陈述词,或者由执行员向受委托法院提交报告,并提交执行副本与载明

---

[268] 第二百七十条 修改于《民事诉讼法典修改案》〔1995〕15号文件。
[269] 第二章 判决或裁定的执行 修改于《民事诉讼法典修改案》〔2017〕30号文件。
[270] 第二百七十一条 修改于《民事诉讼法典修改案》〔2017〕30号文件。

执行方法的裁定文书副本。上述法院应当将上述情况尽快通知委托法院。受委托的法院应当指定执行员,或者作出与执行案件有关的其他决定。

如果案件执行涉及查封、扣押财产或者冻结债权的,受委托的法院应当将查封、扣押或者变卖的财产(视情况而定)移交给有执行权的法院,以便依照法律规定的程序进行处理。

如果在管辖权范围以外的法院,在代为执行案件中出现瑕疵、纰漏或违反法律规定的情形,受委托的法院有权裁定撤销或者变更全部或者部分执行方式,或者就某一执行方式向案件执行员作出指令,要求其对存在瑕疵、纰漏或违反法律规定的地方进行修改,包括须审查的其他相关步骤。当案件已经执行完毕或者已经将执行结果告知有执行权的法院,执行结果的效力归有权执行的法院。

二、执行书

第二百七十二条[21] 如果法院的判决书或裁定书规定,被执行人应当自判决书或裁定书宣读后立即履行判决所确定的义务,法院应当自宣读判决书或裁定书后,立即出具执行书,并视为被执行人自判决宣读之日起已知晓该执行书。

如果被执行人未按时递交答辩状或者缺席审理的,被执行人、律师或其代理人应当出庭听取法院宣读判决或裁定,但是在法院出具执行书时未出庭的,参照适用本法典第一百九十九条之二或第二百零七条的规定。

第二百七十三条[22] 如果执行书要求给付金钱、交付财产或者

---

[21] 第二百七十二条 修改于《民事诉讼法典修改案》〔2017〕30 号文件。
[22] 第二百七十三条 修改于《民事诉讼法典修改案》〔2017〕30 号文件。

要求作为或不作的,法院应当在执行书中明确指明执行期限或者执行条件。但是,如果是小额诉讼案件,法院给予被执行人的履行期限不应该超过十五日。

如果案件出现第二百七十二条第二款规定的情形,法院给予被执行人履行期限不得少于七日。

第一款与第二款所规定的履行期限自被执行人知道执行书之日起计算。但是,法院在出具执行书之时或之后对履行期限进行明确规定,或者法院为了维护案件公正需要,根据案件情况作出其他规定的除外。

在案件执行书规定的期限内或者依照执行书规定的方式或者程序执行尚未结束时,申请执行人可以单方向法院递交申请书,请求法院裁定采用某种执行方式,以便保障其权益。

法院依照本条第四款的规定作出某项裁定,该裁定对法院判决书或裁定书的执行继续具有效力。但是,如果申请执行人未在执行书规定的执行期限届满后十五日内申请执行的,上述裁定自期限届满后自动失效。

三、执行申请

第二百七十四条[23]　如果当事人或者败诉方或者判决书或裁定书规定须进行赔偿的人没有根据法院依判决、裁定作出的执行书执行全部或部分判决结果的,当事人或者胜诉方可以自判决、裁定生效之日起十年内,向法院请求以查封财产、冻结债权或以本编规定的其他执行方式执行判决结果。如果申请执行人已请求执行员在规定的时间内以查封财产、冻结债权或部分其他方式执行判决结

---

[23]　第二百七十四条　修改于《民事诉讼法典修改案》〔2017〕30号文件。

果,可以将剩余未执行的部分执行完成。

如果判决、裁定规定按批次、按月或按年或以其他的形式清偿债务,可依照本条第一款的规定自判决、裁定生效之日起十年内清偿债务。

如果判决书规定的请求权为履行债务请求权、返还原物请求权或交付特定物请求权,接受上述请求权转让的人有权依照第二节关于金钱债务的执行或者第三节关于特定财产的返还与支付的规定(视情况而定),向法院申请变更为申请执行人。

第二百七十五条[24] 如果申请执行人请求执行判决结果,应当向法院递交申请书,并应当记明下列事项:

(一)被执行人尚未按照执行书确定的金额履行义务;

(二)请求法院执行判决结果的方式。

在法院尚未规定执行判决结果的方式期间,在必要的情况下申请执行人可以先向法院递交申请书,请求法院规定执行方式以保障其自身权益;如果法院认为有必要的,可在不经询问的情况下批准申请执行人的请求;被执行人也可以向法院递交申请书,请求法院撤销上述准许裁定;上述申请可在法院同意后提出,如果法院认为在不经询问的情况下应撤销准许裁定的,则依照本款规定作出的裁定为最终裁定。

四、执行申请的审查

第二百七十六条[25] 当申请执行人请求执行判决结果时,如果法院认为被执行人知道或者应当知道执行书,包括知道法院规定的

---

[24] 第二百七十五条 修改于《民事诉讼法典修改案》〔2017〕30号文件。
[25] 第二百七十六条 修改于《民事诉讼法典修改案》〔2017〕30号文件。

执行期限,并在请求中已注明所有的内容,法院应当依照本法典或《民商法》第二百一十三条规定的执行方式执行,具体如下:

(一)如果判决结果需由执行员执行,法院须发布执行决定安排执行员,并告知其所需执行事项以便其根据所出具的决定继续执行;

(二)如果执行判决结果无须安排执行员的,法院应当根据实际情况规定适当可行的执行方式;

(三)如果法院依判决逮捕或关押被执行人的,应当按照相关的法律继续审理。

对于小额诉讼案件,如果法院在发布执行决定前,认为有必要的,可以传唤被执行人或其他人,对判决结果的执行情况进行询问,以便决定是否需要发布执行决定。

申请执行人请求执行有关判决结果的事项时,如果出现因执行可能使案外人受到损失,不宜执行与财产有关的事项的情形的,在法院作出批准请求决定之前,法院有权要求申请人向法院提供一定数额的担保,具体担保金额和担保时间由法院决定,以赔偿法院执行可能造成的损失。如果申请人未按法院规定提供上述担保,法院应当撤销该准许决定。当法院认为无须再继续提供担保时,应当将保证金归还给申请人或取消担保。本款中法院的决定为最终决定。

第三款规定的情形,如果因申请执行人的错误或过失导致在执行时造成损失的,遭受损失的个人可以自执行之日起三十日内向法院提出赔偿请求;对于上述情况,法院可以进行分案处理;如果法院在审查后认为其赔偿请求合情合理合法,可以裁定申请执行人按合理的金额进行赔偿;如果申请执行人未按法院的规定履行义务的,遭受损失的个人可以请求法院将其视为被执行人,对其进行执行。

五、法院依申请审查被执行人的资产

第二百七十七条[276]　在执行过程中,如果申请执行人有理由认为被执行人可供执行的财产多于自己知晓的数额,或者对有财产应予以执行,但不知道财产存放地点的,或者对被执行人是否拥有某一财产持有合理怀疑的,申请执行人可单方面向法院提交申请,请求法院继续进行调查。

对于依照第一款的规定递交的申请或者法院认为在小额诉讼案件中应维护执行利益时,法院有权传唤被执行人或与案件执行相关的人员亲自到庭接受调查,并有权要求上述人员提交有关文件和与被执行人财产相关的物证。

六、执行员的一般权限

第二百七十八条[277]　当法院出具执行决定并安排执行员时,执行员应当依照本法典本编第二章作出的规定以法院工作人员的身份对案件进行执行。执行员可以向申请执行人寻求帮助。执行员在执行时作出的决定,须注明执行理由。

执行员有权代替申请执行人接受被执行人或相关案外人员偿还债务,并有权出具收据。

被执行人或相关案外人员可以将其尚未被查封、扣押或冻结的款项,用于清偿申请执行人的债务。但是,依照第三百二十六条的规定,如果申请执行人在提交担保金时已经申请分配财产的,且该款项依照本编第二章的规定已经被查封、扣押或冻结的,可以免交执

---

[276]　第二百七十七条　修改于《民事诉讼法典修改案》〔2017〕30号文件。
[277]　第二百七十八条　修改于《民事诉讼法典修改案》〔2017〕30号文件。

行费。

执行员应当将其在执行过程中所采用的执行方式进行记录,并妥善保管,同时向法院定期汇报。

执行员在履行职责的过程中,可以委托其他人代为执行。被委托人的资格、标准以及执行方式等均应符合部门规章规定的条件。

根据本法典附表5扣除执行费用,以便由执法局依照第五款规定,审核支付被委托人的劳务费用,此部分费用不作为国家收入。上述规定由司法部部长规定并经财政部审批。

第二百七十九条[28] 执行员应当依职权保障现金、财产和文件的安全;此外,执行员有权阻止任何人非法处分上述现金、财产或文件,并有权向不符合法律规定的持有人追索上述现金、财产与文件。

执行员在依照第一款的规定进行执行时,在必要的情况下,执行员有权请求行政管理部门的工作人员或警察的帮助。行政管理部门的工作人员或警察有权视情况逮捕或控制第一款规定中的相关人员或者无权处分的人员。

第二百八十条[29] 执行员有权依照本编第二章的规定,送达执行的相关文件,并将送达文件的报告放置于案件卷宗中。上述事项参照适用本法典第六十八条、第七十三条、第七十四条、第七十六条、第七十七条、第七十八条和第八十条的规定。

除依照第一款的规定送达文件之外,执行员还可以通过挂号信或国内快递的形式送达文件,由发件人支付邮资。通过邮寄方式送达文件与执行员亲自送达文件的效力等同。上述情况参照适用本法第七十四条、第七十六条和第七十七条的规定。

---

[28] 第二百七十九条 修改于《民事诉讼法典修改案》〔2017〕30号文件。
[29] 第二百八十条 修改于《民事诉讼法典修改案》〔2017〕30号文件。

如果无法依照第一款和第二款规定的方式送达文件,执行员有权通过其他方式送达文件,如将文件张贴于文件相关接收人员的籍贯地或工作单位的公共区域,或者将文件交予行政管理部门的工作人员或警察,或者采取张贴公告或者发布公告或其他形式。在张贴公告、发布公告或以其他形式公告之日起十五日后(执行员可视情况延长时间),送达视为生效。

当采取将文件送达给泰国境外的当事人或案外人的籍贯地或工作单位时,如果该国与泰国之间已经达成双边协议并且没有其他附加规定的,执行员有权通过国际快递的方式送达文件,或者通过国际物流公司或者通过司法部和外交部来送达文件。如果因找不到上述当事人的籍贯地和工作单位,或其他原因导致不能将文件送达当事人,或者已经将文件送达给当事人或案外人,但无法知晓签收结果的,在上述情形下,如果执行工作人员认为有必要的,可以决定通过其他的方式送达,如在执行员办公的公共区域张贴公告、发布公告或采取其他适当的方式送达。

第二百八十一条[280] 执行员应当在工作日的工作时间内进行执行工作,但如果执行任务尚未完成且有必要,可以在非工作时间继续进行执行工作。

如有必要,法院可批准在非工作日或非工作时间进行执行工作。

执行员在对被执行人进行执行时,应当向被执行人、财产占有人出示执行书。如果上述人员不在现场,或因各种原因导致无法向上述人员出示执行书的,执行员需将执行书复印件张贴于执行地点的公共区域,视为已向上述人员出示执行书。

---

[280] 第二百八十一条 修改于《民事诉讼法典修改案》〔2017〕30号文件。

第二百八十二条[21]　执行员如果有充分的理由认为被执行人将财产存放在某场所,或者认为被执行人将其个人占有的或者被执行人与其他人共同占有的与财产、经营业务有关的账户、文件和信件等存放在某场所的,执行员有权对上述物品存放地进行搜查,并有权对其进行查封、扣押和检查,同时可以采取打开保险柜、储物箱等必要措施进行检查。

第二百八十三条[22]　如果申请执行人有充分的理由认为被执行人将某财产存放在某场所,或者认为被执行人将其个人占有的或者被执行人与其他人共同占有的与财产、经营业务有关的账户、文件和信件等存放在某场所的,申请执行人有权单方以书面的形式向法院提出申请,请求出具搜查令。法院在收到申请后,应当立即进行调查。法院在对申请执行人提供的证据进行审查后认为情况属实,或者法院在对自行收集的证据进行审查后认为情况属实的,法院有权发布搜查令,责令执行员根据法院规定的范围和权限进行搜查并查封、扣押相关财产;如果法院裁定驳回申请执行人申请,则该裁定为最终裁定。

第二百八十四条[23]　执行员有权视情况在执行过程中采取相应的措施直到执行完毕。如果在执行过程中出现妨碍执行的行为,或有确切理由认为某行为将会妨碍执行的,执行员有权告知行政管理部门的工作人员或警察以寻求帮助。对此,行政管理部门的工作人员或警察有权逮捕或控制上述人员,以确保执行员能正常履行职责。

---

[21]　第二百八十二条　修改于《民事诉讼法典修改案》〔2017〕30号文件。
[22]　第二百八十三条　修改于《民事诉讼法典修改案》〔2017〕30号文件。
[23]　第二百八十四条　修改于《民事诉讼法典修改案》〔2017〕30号文件。

第二百八十五条[24] 执行员依照《民商法典》关于侵权责任法的规定对被执行人或案外人进行执行,如果因不当或过度采用查封、扣押、冻结或变卖被执行人财产的行为,致使被执行人遭受损失的,执行员不承担责任,由申请执行人承担,除非执行员违反本法典的规定。

如果出现第一款规定的执行员应当承担责任的情形,且该情形属于执行员在履行职责过程中的侵权行为的,普通法院有权依照《公务员侵权责任法》或者其他相关法律,对该执行员提起诉讼。

如果执行员对应查封、扣押的财产或应冻结的债权未进行查封、扣押或冻结,或者执行员因故意、过失或与被执行人合谋等原因,造成执行无法在规定的时间内完成,从而导致申请执行人遭受损失的,参照适用第二款的规定。

第二百八十六条[25] 如果有法律规定应当参照适用《民事诉讼法典》的规定对非普通法院审理的案件进行执行的,这里的"普通法院"是指第二百八十五条第二款规定的法院。

七、案件执行中的利害关系人

第二百八十七条[26] 案件执行中的利害关系人,包括:

(一)判决书中认定的申请执行人、被执行人,如果出现债权冻结的情形,还包括具有债务请求权的被执行人、债权请求权人或者债权请求权的受让人;

(二)财产所有人或者已对被执行财产进行登记的人员;

(三)依照第三百二十三条、第三百二十四条、第三百二十六条

---

[24] 第二百八十五条 修改于《民事诉讼法典修改案》〔2017〕30号文件。
[25] 第二百八十六条 修改于《民事诉讼法典修改案》〔2017〕30号文件。
[26] 第二百八十七条 修改于《民事诉讼法典修改案》〔2017〕30号文件。

和第三百二十九条的规定,对被执行的财产或者债权提出异议的人员;

（四）依照第三百二十二条的规定,对被执行的财产或债权具有利害关系的财产共有人、留置权人、优先申请执行人或者其他权利人;

（五）因执行案件而遭受损失的其他人员。

第二百八十八条[27] 除本法典规定的其他权利外,利害关系人还享有以下权利:

（一）利害关系人在执行案件过程中可以在场,也可以在拍卖时出价或雇佣他人代替出价,但不得妨碍案件执行;

（二）请求准许其查阅或复制部分或全部与执行案件有关的文书,请求执行员复印执行文书、证明复印件的真实性,手续费参见本法附表2。

八、执行中止

第二百八十九条[28] 有下列情形之一,执行员可以中止执行案件:

（一）由于当事人对案件提出重新审理的申请,法院作出中止案件执行的裁定,并依照第一百九十九条之五第一款或者第二百零七条的规定告知执行员的;

在上述情况中,如果申请执行人提出申诉表示第一款规定的申请会使其遭受损失,并有初步的证据证明该申请没有事实根据,被执行人提交该申请旨在拖延执行的,法院有权要求被执行人在法院

---

[27] 第二百八十八条　修改于《民事诉讼法典修改案》〔2017〕30号文件。
[28] 第二百八十九条　修改于《民事诉讼法典修改案》〔2017〕30号文件。

规定的时间内缴纳一定数额的保证金,以此作为因被执行人申请暂缓执行而可能给申请执行人遭受损失的保证金,或者根据案情采取临时保障措施。如果被执行人未按照法院的规定履行,法院应当作出撤销中止执行的裁定。

(二)当法院裁定中止执行案件并告知执行员的,执行员应当根据法院规定的时间和条件暂停对案件执行。

(三)当申请执行人以书面形式告知执行员,其已与被执行人或其他利害关系人就在一定的时间或条件下中止执行案件达成一致意见的。

(四)当申请执行人未按照第一百五十四条的规定履行义务时,执行员应当尽快将中止执行通知书送达申请执行人和其他利害关系人,但申请人申请中止执行的除外。

第二百九十条[280] 被执行人在同一法院内对申请执行人提起诉讼,并且法院尚未作出裁判的,被执行人可以申请法院裁定中止执行。如果被执行人在该案件中胜诉,并且存在能够实现债务抵销的财产,则无须查封、扣押、冻结、拍卖或变卖被执行人的财产。

如果法院认为被执行人的理由充分,有权裁定中止执行。法院可以在该裁定中对中止执行的条件或时间作出限制或者不作出限制。法院可以要求被执行人在规定的时间内向法院缴纳一定数额的保证金,以此作为因被执行人申请暂缓执行而可能给申请执行人遭受损失的保证金。

法院依照本法条的规定作出的裁定为最终裁定。

第二百九十一条[281] 执行员依照法院中止执行的裁定暂停执行

---

[280] 第二百九十条 修改于《民事诉讼法典修改案》〔2017〕30号文件。
[281] 第二百九十一条 修改于《民事诉讼法典修改案》〔2017〕30号文件。

案件。执行员只有在收到法院的执行裁定后,方可继续执行案件,即由于法院裁定中止执行的期限已届满,或执行不符合法院规定的条件,或上诉法院或最高法院经裁判后维持原判,或认为不需要继续中止执行,法院依职权作出执行裁定或者依当事人申请作出执行裁定,执行员可以继续对案件进行执行。

执行员依照第二百八十九条第(三)项或第(四)项的规定暂停执行案件的,在中止执行期限届满后或者申请执行人未按照判决书规定的条件履行的,或者申请执行人已经按照第一百五十四条的规定履行义务的,执行员可以继续对案件进行执行。

九、执行撤回

第二百九十二条[291]　当下列情形出现时,执行员应当撤回执行:

(一)由于被执行人提起上诉或终审上诉,并向法院缴纳与债务、诉讼费和执行费相当数额的保证金的,法院裁定撤回执行;

(二)由于在执行过程中据以执行的判决书被驳回、被撤销或被撤回,法院裁定撤回执行,但是如果据以执行的判决书被部分驳回,据以执行的判决书将被继续执行,直到被执行人能够依判决将足够多的金额支付给申请执行人;

(三)当法院告知执行员其将依照第一百九十九条之五第三款或者第二百零七条的规定裁定重新审理案件的;

(四)当法院依照第二百九十三条的规定裁定撤回执行的;

(五)当被执行人向执行员缴纳足额的债务清偿费、诉讼费和执行费的;

(六)当申请执行人主动以书面的形式向执行员提出申请表示

---

[291]　第二百九十二条　修改于《民事诉讼法典修改案》〔2017〕30号文件。

其放弃执行权利的,上述情形下申请执行人不能就该债务对被执行人再次申请执行;

(七)当申请执行人以书面的形式向执行员提出撤回执行申请的。

第二百九十三条[292]　如果申请执行人未在执行员规定的时间内执行判决结果的,执行员应向法院报告,并请求法院裁定撤回执行。

第二百九十四条[293]　由于执行员自行作出撤回决定,或依据法院的裁定作出撤回执行的决定,导致被查封、扣押的非金钱财产、被冻结的资金或者被查封的财产没有拍卖或变卖的,并且申请执行人未缴纳执行费的,执行员可以向法院报告,并请求执行上述财产以缴纳执行费。在上述情况下,则视执行员为申请执行人,申请执行人为被执行人。执行员可自行执行,无需缴纳任何手续费。

十、执行撤销与更正

第二百九十五条[294]　如果执行书、执行通知书或法院的执行裁定出现瑕疵、错误或违反法律的情形,应当对上述执行书、执行通知书或法院的执行裁定进行撤销或更正,以便维护案件的公平正义。在执行完毕前,当法院认为有必要,或执行员向法院报告,或申请执行人、被执行人及其他利害关系人因上述原因遭受损失而向法院提出请求时,法院有权全部或部分撤销或变更上述执行书、执行通知书或执行裁定,或者采取法院认为合理的其他方式。

依照第三百三十一条第三款的规定,如果执行员在执行过程中出现瑕疵、错误或违反法律的行为,在执行完毕前,当法院认为有必

---

[292]　第二百九十三条　修改于《民事诉讼法典修改案》〔2017〕30号文件。
[293]　第二百九十四条　修改于《民事诉讼法典修改案》〔2017〕30号文件。
[294]　第二百九十五条　修改于《民事诉讼法典修改案》〔2017〕30号文件。

要,或执行员向法院报告,或申请执行人、被执行人及其他利害关系人因上述原因遭受损失而向法院提出请求时,法院有权全部或部分撤销或更正执行程序和方式,或者根据案情,对执行员的执行方式进行规定。

依照本条第一款或第二款规定,申请人可以在执行完毕前提出撤销或更正申请,但不得迟于知道事实依据起十五日。申请人自发现执行存在瑕疵、错误或违反法律的情况后,不能作出新的行为。但是在上述情况下,申请人可以在裁判过程中向法院提出申请,请求法院裁定中止执行。

为了维护本法条的效力,当采取下列措施时,视为执行完毕:

(一)如果执行书规定应交付财产、作为或不作为的,应当依执行书进行交付财产、作为或不作为;但如果上述执行可以分批执行,当已执行其中的某一部分时,视为该部分已执行完毕;

(二)如果执行书规定应使用金钱偿还债务的,执行员应当依照第三百三十九条、三百四十条、三百四十二条、三百四十三条或三百四十四条的规定进行执行,但如果被执行的财产有多项,当执行员将某一项财产进行拍卖,视为此项财产已执行完成。

依照第一款或第二款的规定向法院提出的申请,如果有证据初步证明该申请无事实根据,并旨在拖延执行的,法院有权责令被执行人在规定的时间内向法院缴纳一定数额的保证金,以此作为因被执行人申请暂缓执行而可能给申请执行人遭受损失的保证金。如果申请人未按法院规定履行,法院有权裁定驳回申请;如果法院认为没有必要再继续提供保证金,将退回保证金或撤销担保。法院依照本款作出的裁定为最终裁定。

当法院依照第一款或第二款的规定作出裁定驳回申请时,如果有人认为该申请无事实根据,并旨在拖延执行,从而使其遭受损失的,上述人员可在法院裁定驳回申请之日起十五日内向法院提出申请,请求给予赔偿。在上述情况下,法院有权进行分案审理。如果法院审查后,认为上述人员的请求合理,法院有权要求申请人对遭受损失的人员进行适当金额的赔偿。如果申请人拒绝履行的,上述人员可请求法院将上述申请人视为被执行人,并对其进行执行。

第二节 金钱债务的执行

一、执行员的权限

第二百九十六条[26] 如果法院的判决或裁定规定应偿还债务的,执行员有权以下列方式进行执行:

(一)查封、扣押被执行人的财产;

(二)冻结被执行人要求案外人支付金钱、赠送或转让财产的债权;

(三)冻结被执行人除第(二)项规定以外的其他债权;

(四)拍卖或变卖已查封、扣押的财产或已冻结的财产。

由于某些客观原因导致不能立即查封、扣押被执行人财产,或冻结其债权的,当执行员发现或申请执行人提出申请时,执行员有权决定禁止被执行人暂停转让、变卖、转移或分配财产或债权。如果上述财产和债权与案外人相关,执行员应将上述禁止事项告知与上述财产有关的人员。如果上述财产或债权须进行登记或已依法进行登记,执行员应当将禁止决定告知登记人员和依法拥有登记权力的人员。如果已经进行登记,登记人员或依法拥有登记权力的人员应当将执行员的决定进行备案,并参照适用本法典第三百一十五条第(一)项、第三百二十条第(一)项和第(二)项的规定;如果出现特殊

---

[26] 第二百九十六条 修改于《民事诉讼法典修改案》〔2017〕30号文件。

情况,执行员可视情况作出撤销、修改或更正决定。上述情形可参照适用本法典第二百六十一条、第二百六十二条的规定。

当客观原因消失或没有继续执行必要时,或者申请执行人不按执行员的要求履行时,执行员应当撤销上述禁止决定并告知相关人员。

第二百九十七条[26] 执行员依照第二百九十六条的规定,对下列财产拥有同样权力:

(一)被执行人夫妻共同共有的财产,仅限于依照《民商法典》第一千四百九十条规定的被执行人或被执行人夫妻共同共有的财产,或者依法可作为执行财产的被执行人夫妻共同共有的财产;

(二)依法可作为执行财产的他人财产,参照适用本编第二章关于执行被执行人财产的相关规定。

第二百九十八条[27] 如果申请执行人声称被执行人的财产或债权登记在他人的名下,或者有其他证据证明该财产为他人所有的,如果执行员怀疑该财产或债权不为被执行人所有,可以不予查封、扣押或冻结。但是,如果申请执行人坚持要查封、扣押或冻结,执行员可视情况作出查封、扣押财产或冻结债权,或暂停予以查封、扣押或冻结。在暂停予以查封、扣押或冻结的情形下,执行员有权作出决定,禁止转让、变卖、转移、分配、损坏该财产或债权,或者禁止作出任何有可能导致该财产或债权贬值的行为。

执行员依照第一款的规定作出的禁止决定,该决定自作出后立即生效。执行员应当尽快告知被执行人、登记名册上的所有权人以及有其他证据证明为财产所有权的人员。如果上述财产是应当登

---

[26] 第二百九十七条　修改于《民事诉讼法典修改案》〔2017〕30号文件。
[27] 第二百九十八条　修改于《民事诉讼法典修改案》〔2017〕30号文件。

记或已依法登记,执行员应当将禁止决定告知登记人员和依法享有登记职权的人员。如果已进行登记,登记人员或依法享有登记职权的人员应当对执行员的决定进行备案。上述情形参照适用第三百一十五条第(一)项与第三百六十条第(一)项的规定。

申请执行人可以自执行员依照第一款的规定作出暂停查封、扣押或冻结决定之日起十五日内向法院提出申请,请求法院责令执行员进行查封、扣押或冻结。在此情形下,法院应当将申请书副本送至执行员、登记名册上的所有权人以及有其他证据证明为财产所有权的人员。上述人员可以自收到申请书副本之日起十五日内向法院提出异议,并提供证据证明上述财产或债权不属于被执行人所有。上述情形参照适用本法典第三百二十三条或第三百二十五条的规定;如果法院作出查封、扣押财产或冻结债权的裁定,依照本款的规定提出异议的人员,可以依照第三百二十三条或第三百二十五条的规定行使权利。

如果申请执行人没有在第三款规定的时间内提出申请,或者法院作出驳回申请裁定,或者法院对第三款规定的申请作出准许裁定,但是申请执行人自法院对第一款规定的禁止决定作出撤销裁定之日起十五日内没有对上述财产或债权申请执行的,执行员应当将撤销裁定告知本法条第二款规定的相关人员。

第二百九十九条[298]　如果执行员依照第二百九十八条第一款的规定作出禁止决定,登记名册上的所有权人以及有其他证据证明为财产所有权的人员,或者上述财产或债权的利害关系人,可以向执行员提出申请,请求撤销上述禁止决定,并提供相应的保证金。如果执行员准许申请的,可以撤销上述禁止决定,并收取相应保证金。

---

[298]　第二百九十九条　修改于《民事诉讼法典修改案》〔2017〕30号文件。

执行员没有依照第一款的规定作出撤销禁止决定,上述申请人可以自知道执行员的决定之日起十五日内向法院提出申请,请求撤销禁止决定,并向法院提供相应的保证金。法院应当将申请书副本送达执行员和申请执行人,以便进行紧急调查。法院的裁定为最终裁定。

在法院依照第二百九十八条第三款的规定作出查封、扣押财产或冻结债权裁定时,如果无法对上述财产或债权进行查封、扣押或冻结,但是已经向法院提供足额担保的,申请执行人可以向法院提出申请,请求执行上述担保,无须另行起诉。

在申请执行人提出申请或法院依照第二百九十八条第三款的规定作出驳回申请裁定的,执行员应当退回保证金或担保或撤销担保。

第三百条[28] 除法律另有规定或法院另有裁定之外,执行员不得查封、扣押、冻结、拍卖或以其他方式变卖被执行人超出其债务数额、诉讼费、执行费部分的财产或债权。

在必要情况下,如果需要查封、扣押某项财产或冻结某项债权,该财产或债权的价值高于债务数额时,如果上述财产或债权可进行分割且分割不会造成损害的,执行员有权查封、扣押或冻结部分财产或债权,以用于清偿债务、诉讼费或执行费。

利害关系人在执行过程中可以对执行员依照第一款或第二款的规定作出的执行决定或执行行为提出异议。利害关系人应当自知道财产被拍卖、变卖前或以其他方式执行之日起十五日内提出执行异议。法院对申请作出的裁定为最终裁定。

---

[28] 第三百条 修改于《民事诉讼法典修改案》〔2017〕30号文件。

二、执行范围以外的财产

第三百零一条[300] 被执行人的下列财产不在执行范围内：

（一）属于被执行人的且金额不超过两万泰铢的卧具、生活用品或个人用品。但是执行员也可以根据情况，规定金额超过两万泰铢的上述财产不列为被执行财产。上述情况应考虑被执行人的自身需求。

（二）被执行人因生存所需的用于从事生产生活且金额不超过十万泰铢的动物、工具及用具。如果上述财产超过上述价值，但被执行人因生产生活需要，向执行员提出申请，请求将上述财产不列为执行财产的，执行员有权根据情况作出批准或不批准的决定。

（三）代替或协助被执行人的人体器官工作的动物、物品、用具或设备。

（四）被执行人的专属私人用品，例如：家谱、信件及账本等。

（五）依法不能转让的财产或者依法不被列入执行财产的财产。

对于执行员依照第一款的规定作出的执行决定，被执行人或申请执行人可以向执行员提出申请，请求重新作出决定。对于执行员的上述决定，被执行人或申请执行人可自知道执行员作出决定之日起十五日内向法院提出异议，由法院根据情况作出相应裁定。

如果情况发生了变化，被执行人或申请执行人可以请求法院对之前规定的财产金额作出变更裁定。

本法条规定的不在执行范围内财产的例外情形包括第一款规定的被执行人夫妻共同的财产或其他人的财产，上述财产依据法律规定可以列入被执行财产的范围，以便用于清偿债务。

---

[300] 第三百零一条　修改于《民事诉讼法典修改案》〔2017〕30号文件。

第三百零二条[301] 依据其他法律规定,被执行人的下列现金或以现金等价物形式存在的债权不在被执行财产的范围之内:

(一)法律规定的每月不超过两万泰铢的基本生活费、他人定期资助的生活费,或执行员根据情况规定的金额;

(二)公务员、政府机关的工作人员和聘用人员的工资、劳务费、养老金、退休金、军人退休金或其他相同性质的收入,或者政府机关支付给其配偶或亲属的救济款、养老金或退休金;

(三)雇主或他人每月支付给第(二)项规定以外的职员、雇员、工人本人或其配偶、亲属的总金额不超过两万泰铢的工资、劳务费、养老金、补偿金、救济金或其他相同性质的收入,或执行员根据情况规定的金额;

(四)第(三)项规定的不超过三十万泰铢的退休金、补偿金或其他相同性质的收入,或执行员根据情况规定的金额;

(五)被执行人因其他人死亡,依判决获得的丧葬补助金,具体金额由执行员根据死者的身份来确定。

执行员依据第(一)项、第(三)项和第(四)项的规定对具体金额进行规定时,应当考虑被执行人的家庭状况、父母以及所抚养子女的情况。对于第(一)项和第(三)项规定的情形,执行员规定的金额不得低于文职人员每月最低工资,也不得高于文职人员每月最高工资。

如果申请执行人、被执行人或其他利害关系人对执行员规定的金额有异议的,应当自知道执行员规定的金额之日起十五日内向法院提出申请,请求法院重新对金额作出规定。

被执行人的生活状况发生改变时,第三款规定的人员可以依照

---

[301] 第三百零二条 修改于《民事诉讼法典修改案》〔2017〕30号文件。

第(一)项和第(三)项的规定,向法院或执行员提出申请,请求重新对金额作出规定。

三、查封、扣押财产

第三百零三条[302] 执行员依判决查封、扣押被执行人的有形动产,应当遵守下列规定:

(一)应当妥善保管查封、扣押财产或将查封、扣押财产存放于合适的地点或交给合适的人员予以保管,或者在经申请执行人同意后,交由被执行人代为保管。

(二)应当将查封、扣押财产的项目清单告知被执行人、占有人或财产管理人。如果无法告知的,则应当在查封、扣押地张贴布告公示,或者由执行员根据情况以其他方法进行告知。

(三)应当以盖章的方式或执行员认为合适的其他方式表明上述财产已被查封、扣押。

第三百零四条[303] 执行员依判决查封、扣押被执行人依法已登记或依判决应当进行登记的船、浮筏、作为交通工具的动物,或者其他查封、扣押的有形动产,应当按照下列方式执行:

(一)依照第三百零三条规定的方式执行;

(二)应当将被查封、扣押事项告知登记人员或依法享有登记职权的人员。如果已经登记所有权,由登记人员或依法享有登记职权的人员进行查封、扣押登记。

第三百零五条[304] 如果执行员依判决查封、扣押被执行人依法享有且与资本市场相关的财产,应当按照下列方式执行:

---

[302] 第三百零三条 修改于《民事诉讼法典修改案》〔2017〕30号文件。
[303] 第三百零四条 修改于《民事诉讼法典修改案》〔2017〕30号文件。
[304] 第三百零五条 修改于《民事诉讼法典修改案》〔2017〕30号文件。

（一）如果尚未出具凭证，执行员应当将查封、扣押的证券清单和数额告知被执行人、证券发行人和证券管理人，在执行完毕时，由证券发行人为执行员出具凭证；

（二）如果已经出具凭证的，执行员应当将查封、扣押的证券清单和数额告知被执行人、证券发行人、证券管理人以及其他兑付证券的相关人员，在执行完毕时，如果执行员能够保存凭证的，则交由执行员妥善保存；

（三）如果证券托管于《证券和证券市场法》规定的证券托管中心的，执行员应当将查封、扣押的证券清单和数额告知被执行人、证券发行人、托管人，以便其按照执行员的通知执行；

（四）如果是无纸化证券，执行员应当将证券清单和数额告知被执行人、证券发行人，以便其按照执行员的通知执行。

如果无法告知第一款规定的相关人员，由上述人员的住所地或工作单位张贴公告公布查封、扣押的证券清单和数额，或者由执行员以其认为适当的方式进行通知。通知自执行员张贴公告或以其他方式公告之日起生效。

第三百零六条[305] 如果执行员依判决查封、扣押被执行人的票据或可转让债券，参照适用第三百零五条第一款第（二）项或第二款的规定，并冻结其使用上述票据或可转让债券的权利。

执行员可以根据情况向法院提出申请，请求法院准许其按照票据或证券的票面价值，或低于票面价值的价格变卖票据或债券。如果法院裁定驳回申请的，则将上述票据或证券进行拍卖。

第三百零七条[306] 如果执行员依判决查封、扣押被执行人的股

---

[305] 第三百零六条 修改于《民事诉讼法典修改案》〔2017〕30号文件。
[306] 第三百零七条 修改于《民事诉讼法典修改案》〔2017〕30号文件。

份,被执行人为有限合伙企业的股东或有限公司的持股人时,执行员应当按照下列方式执行:

(一)执行员应当告知被执行人和被执行人作为股东或持股人的有限合伙企业或有限公司;

(二)通知上述有限合伙企业或有限公司的登记员将查封、扣押事项在登记簿上予以记录。

第三百零八条[307] 如果执行员依判决查封、扣押被执行人依法已办理登记的专利权、商标权或其他具有相似特点或相关的权利,应当按照下列方式执行:

(一)应当将查封、扣押的权利清单告知被执行人,如果无法直接告知被执行人,则按照第三百零五条第二款中规定的方法执行;

(二)应当通知登记人员或依法享有登记职权的人员对查封、扣押事项进行备案登记。

第三百零九条[308] 如果执行员依判决查封、扣押被执行人未登记的商标权、专利申请权、商品名称权或商号权或与上述权利相近或相关的其他权利,应当将查封、扣押的权利清单告知被执行人。如果无法告知,则适用第三百零五条第二款的规定执行。

第三百一十条[309] 如果执行员依判决查封、扣押被执行人享有的具有财产价值且具有可支配性的租赁权、使用权,如电话服务、电信服务或者可能从他人的财产或服务中获得的其他服务,应当按照下列规定执行:

(一)应当将查封、扣押事项告知被执行人、出租人或服务提供者,如果无法告知,则适用第三百零五条第二款的规定执行。

---

[307] 第三百零八条 修改于《民事诉讼法典修改案》〔2017〕30号文件。
[308] 第三百零九条 修改于《民事诉讼法典修改案》〔2017〕30号文件。
[309] 第三百一十条 修改于《民事诉讼法典修改案》〔2017〕30号文件。

（二）如果上述财产或服务已办理登记的，应当通知登记人员或依法享有登记职权的人员，由其对查封、扣押事项进行备案登记。

第三百一十一条[310] 执行员查封、扣押采矿证、探矿证和政府特许经营证上的权利以及其他性质相似或相关的权利，应当遵守以下规定：

（一）应当将查封、扣押事项告知被执行人，如果无法告知，则适用第三百零五条第二款的规定执行。

（二）应当通知登记人员或依法享有登记职权的人员，由其对查封、扣押事项进行备案登记。

第三百一十二条[311] 如果执行员依判决查封、扣押被执行人的不动产，应当按照下列规定执行：

（一）保存该不动产的权属证书，如果该不动产没有权属证书或无法将权属证书上交的，则由合适的相关人员保管；

（二）确保已在该不动产贴上封条；

（三）应当将查封、扣押清单告知下列人员：

（1）法律文书确定的被执行人；

（2）在登记簿上登记的财产所有人；

（3）国土局工作人员或依法对该财产享有登记职权的人员；如果该财产已经办理登记，则由国土局工作人员，或依法对该财产享有登记职权的人员对查封、扣押事项进行备案。

如果无法按照第一款第（三）项第（1）目或第（2）目的规定告知，则在上述人员的住所地或工作单位的显眼处张贴公告，或以执行员认为适当的其他方式告知。公告自张贴之日起生效。如果以执行员

---

[310] 第三百一十一条 修改于《民事诉讼法典修改案》〔2017〕30号文件。
[311] 第三百一十二条 修改于《民事诉讼法典修改案》〔2017〕30号文件。

认为适合的方式进行告知的,则自告知之日起生效。

在将查封、扣押行为告知被执行人、国土局工作人员或依法对该财产享有登记职权的人员后,查封、扣押行为视为合法有效。

第三百一十三条[312]　关于不动产的查封、扣押,执行员可参照适用第三百一十二条的规定。

第三百一十四条[313]　查封、扣押被执行人的财产应及于天然孳息和法定孳息。

查封、扣押被执行人的财产应载明下列内容:

(一)该财产的材料设备和法定孳息;

(二)当执行员将从被查封、扣押的财产中获得天然孳息的事项告知或已张贴公告告知被执行人、财产所有人或财产保管人的,被执行人有权获取该财产的天然孳息。

第三百一十五条[314]　查封、扣押被执行人财产产生下列法律效力:

(一)被执行人不得转移或变更已被查封、扣押的财产,即便该财产的标的额超过判决书规定所应履行的债务费用、案件受理费和执行费的总和,如果债务人擅自处分上述财产的,该处分行为不对申请执行人或执行员发生效力;

(二)如果被执行人被指定作为被查封、扣押财产的保管人,被执行人可以对该财产行使相应权利。如果执行员认为被执行人会造成或可能会造成该财产遭受损失的,或申请执行人、财产利害关系人对此提出申请的,执行员可以决定自行保管该财产或交予相关人员进行保管。

---

[312] 第三百一十三条　修改于《民事诉讼法典修改案》〔2017〕30号文件。
[313] 第三百一十四条　修改于《民事诉讼法典修改案》〔2017〕30号文件。
[314] 第三百一十五条　修改于《民事诉讼法典修改案》〔2017〕30号文件。

四、冻结债权

第三百一十六条[315] 被冻结债权的被执行人可以请求案外人代为清偿债务、交付财产，或请求案外人代为清偿非金钱债务或转让财产，法院和执行员应当依照冻结裁定执行，并将冻结裁定告知被执行人和案外人。

第一款规定的冻结裁定，应当作出禁止被执行人转让债权的规定，禁止案外人向被执行人支付应偿还的债务。案外人应向法院、执行员或其他相关人员支付应清偿的债务、交付或转移财产，或者按照法院或执行员规定的时间，在合理的期限和一定条件下以其他方式偿还。

对于冻结债权的裁定可以在任何地点执行。

第三百一十七条[316] 依照第三百一十六条的规定对债权进行冻结，可以在债务有争议、受限制或有条件的情形下冻结，也可以在债务数额不清的情形下冻结。

第三百一十八条[317] 冻结被执行人可以分期履行的债权，在冻结后即发生效力。

第三百一十九条[318] 如果被执行人被冻结的债权已设有抵押或作为担保的债权，那么冻结债权的范围及于已抵押或已作为担保的财产。如果被抵押的财产已经办理了登记，执行员应当冻结裁定告知依法享有登记权的人员，由其将冻结情况登记备案。

如果出质人或抵押人不是被执行人，应当在冻结债权后，将冻

---

[315] 第三百一十六条　修改于《民事诉讼法典修改案》〔2017〕30号文件。
[316] 第三百一十七条　修改于《民事诉讼法典修改案》〔2017〕30号文件。
[317] 第三百一十八条　修改于《民事诉讼法典修改案》〔2017〕30号文件。
[318] 第三百一十九条　修改于《民事诉讼法典修改案》〔2017〕30号文件。

结事宜告知出质人或抵押人。

第三百二十条[319] 冻结债权具有下列效力：

被执行人不得转移或变更已被冻结的财产，即便该财产冻结债权的标的额超过判决书规定所应履行的债务费用、案件受理费和执行费的总和，如果债务人擅自处分上述财产的，该处分行为对申请执行人或执行员不发生效力。

如果出质人或抵押人不是第三百一十九条规定的被执行人，出质人或抵押人能够证明其在收到冻结通知前已经有效设定出质或抵押，且已经支付相应价金的，第一款的规定不适用于该出质人或抵押人。

（一）如果被冻结债权的价值因申请执行人的过失而导致遭受损失，申请执行人应当支付赔偿金；

（二）如果冻结裁定指定案外人为清偿债务人的，案外人清偿债务的行为视为合法有效。

五、法院依申请执行案外人的财产

第三百二十一条[320] 案外人不按照第三百一十六条的规定向法院或执行员履行义务，执行员应当告知申请执行人。申请执行人可以向法院提出申请，请求法院责令案外人偿还债务，或向执行员支付补偿金。法院在审查后认为被执行人的债权确实存在的，可以责令案外人偿还债务，或向执行员支付补偿金。如果案外人不按照法院的规定履行义务，申请执行人可以向法院提出申请，请求将该案外人列为被执行人并对其进行执行。

---

[319] 第三百二十条 修改于《民事诉讼法典修改案》〔2017〕30号文件。
[320] 第三百二十一条 修改于《民事诉讼法典修改案》〔2017〕30号文件。

六、案外人的权利与利害关系人被执行的财产

第三百二十二条[21]　依照本法典第三百二十三条和第三百二十四条的规定,在对被执行人的财产进行执行时,不得影响案外人依法享有的物权、优先权、留置权或者案外人享有优先于物权的其他权利或可依申请优先受偿的权利。

第三百二十三条[22]　依照第五十五条的规定,如果有人主张执行员查封、扣押的财产不是被告或被执行人享有的财产,或者声称其为该可以按比例分割的不动产的所有权人或者共有人,或者声称其为该可以按比例分割的动产的共有人,或者声称其对该财产享有优先登记权的人。如果上述人员请求返还全部财产或请求返还属于自己的部分财产,可以自该财产被查封、扣押之日起六十日内,向作出执行裁定的法院提出申请。如果无法在上述期限内提交申请的,上述人员只有在特殊情况下方可在期限届满后提交申请,但是应当在执行员首次提出公开拍卖或以其他方式进行首次变卖前的七日内提出。如果因不可抗力导致延期提交申请,应当在该财产被拍卖或以其他方式进行变卖之前提交申请。

如果属于第三百三十二条规定的财产,上述人员可在自被查封、扣押之日起六十日内向法院提出。如果无法在上述期限内提交申请的,上述人员只有在特殊情况下方可在期限届满后提交申请,即可以在执行员依照第三百三十九条的规定向申请执行人支付拍卖所得款之前,或者依照第三百四十条的规定,在分配账户中显示最终的售卖所得款金额前提交申请。拍卖财产所得价款的净额相

---

[21]　第三百二十二条　修改于《民事诉讼法典修改案》〔2017〕30号文件。
[22]　第三百二十三条　修改于《民事诉讼法典修改案》〔2017〕30号文件。

当于申请归还的财产。

法院在受理申请后,应当将申请书副本送至原告或申请执行人、被告或被执行人以及执行员。执行员在收到上述申请书后,如果被查封、扣押的财产并非第三百三十二条规定的财产,执行员在法院作出裁判前,应当中止拍卖或变卖该财产,并由法院按照普通案件程序对该案件进行审理和裁判。

如果原告或申请执行人认为上述申请书没有依据,并提供初步证据证明申请人提交申请书是为了拖延案件执行的,如果法院认为理由成立的,法院有权责令申请人在规定的时间内向法院缴纳一定数额的担保金或担保物,以此作为因申请人提出异议而可能给原告或申请执行人遭受损失的担保。如果申请人不按照法院的规定履行义务,法院可以裁定驳回申请。如果法院认为没有必要继续提供担保金或担保物,有权裁定退回担保金或者撤销担保。本款中法院的裁定为最终决裁定。

法院依照第一款或第二款的规定作出驳回申请裁定,如果原告或申请执行人认为申请人提出的申请为故意拖延案件执行,并致使其遭受损失的,原告或申请执行人可以自法院裁定驳回申请之日起三十日内向法院提交申请,请求法院责令申请人赔偿其遭受的损失。在这种情况下,法院应当将该案件与原来的案件分开审理。如果法院在审查后认为,原告或申请执行人的理由充分,可以责令申请人对其进行赔偿。赔偿数额以法院认为适当的数额为准。如果申请人不按照法院的规定履行义务,原告或申请执行人可以向法院提出申请,请求法院将该申请人视为被执行人,并对该案件进行执行。

第三百二十四条[223] 对于被执行人已被查封、扣押的财产或者执行员依法以其他方式变卖的财产,有权获得债务清偿的人或者有权基于其依法享有的物权、优先权、留置权或者享有优先于物权的其他权利或可依申请优先受偿的权利而能够参与分配的人,可以要求执行员按照下列方式执行:

(一)财产的抵押权人或办理登记的财产优先权人可以在财产被拍卖或变卖前,向作出执行裁定的法院提出申请,具体情况如下:

(1)在财产抵押未生效的情况下,可以申请将该抵押财产剥离,如果法院允许,可以撤销查封、扣押该财产;

(2)如果是其他情况,可以依照《民商法典》或其他法律的规定,向执行员提出申请,请求就拍卖或变卖财产所得价款优先受偿。

(二)如果执行员发现拍卖或变卖的被执行财产登记在多个人名下,执行员应当依照第三百四十条的规定将拍卖或变卖财产所得价款进行分割,并将被执行人的应得款项与其他财产共有人的款项分开。

(三)如果某人对拍卖或变卖的财产具有留置权,但是没有财产优先权,可以自拍卖或变卖财产之日起十五日内向作出执行裁定的法院提出申请,请求将拍卖或变卖财产所得的价款,除向优先受偿权支付之外,优先支付给自己。

(四)除第(一)项、第(二)项、第(三)项的规定外,其他权利人可以依照《民商法典》或其他法律,在拍卖或变卖财产之日起十五日内向作出执行裁定的法院提出申请,请求将拍卖或变卖财产所得价款或上述用于清偿债务的价款优先支付给自己。

---

[223] 第三百二十四条 增加于《民事诉讼法典修改案》〔2017〕30号文件。

第三百二十五条[24] 当依照第三百一十六条的规定将冻结债权的裁定告知案外人后,案外人可以在十五日内对法院冻结的裁定提出异议。

因冻结裁定而遭受损失的人员可以在下列规定的时间内提出异议申请,但不得晚于收到冻结裁定之日起十五日。

(一)如果该债权为履行金钱债务,应当在执行员将上述部分或全部钱款交付给申请执行人前向法院提交申请;

(二)如果该债权必须以交付或转让财产的方式实现,应当在该财产被拍卖或以其他方式变卖之前向法院提交申请;

(三)如果该债权不属于第(一)项和第(二)项规定的情形,应当在案外人清偿债务前向法院提交申请。

当法院依照第一款或第二款规定受理异议申请后,应当将申请书副本送达申请执行人、被执行人和执行员。执行员在法院作出裁定之前中止执行。法院在审查后,如果认为被执行人的债权真实存在且可以执行的,则裁定驳回申请,并且责令案外人按照裁定履行义务;如果法院认为异议成立的,则裁定撤销冻结债权裁定。

在法院依照第三款规定对异议申请进行审查期间,申请执行人主张上述申请书没有依据,并提供初步证据证明案外人提交申请书是为了拖延案件执行的,如果法院认为理由成立的,有权责令案外人在规定的时间内向法院缴纳一定数额的担保金或担保物,以此作为因案外人提出异议而可能给原告或申请执行人遭受损失的担保。如果案外人不按照法院的规定履行义务,可以裁定驳回申请。如果法院认为没有必要继续提供担保金或担保物,有权裁定退回担保金或者撤销担保。

---

[24] 第三百二十五条 增加于《民事诉讼法典修改案》〔2017〕30号文件。

如果法院要求案外人执行冻结裁定,但是案外人没有按照法院的规定履行义务,申请执行人可以向法院提出申请,请求将该案外人列为被执行人,由法院强制执行。

如果第一款或第二款规定的异议申请没有依据,只是为了拖延案件执行时间的,申请执行人可以自法院作出驳回异议申请之日起三十日内提出申请,请求异议申请人赔偿相应损失。在上述情况下,法院有权将该申请与之前的案件进行分案审理。如果法院审查后认为该申请理由充分,法院有权要求异议申请人对遭受损失的人员进行适当金额的赔偿。如果异议申请人拒绝履行的,上述人员可请求法院将该异议申请人视为被执行人,并对其进行强制执行。

七、参与分配与继续执行

第三百二十六条[26] 如果被执行人被查封、扣押的财产或被冻结的债权已清偿给某位申请执行人,其他申请执行人不得就该财产申请查封、扣押或冻结。但是,其他申请执行人可以向作出执行裁定的法院提出申请,请求按照判决书确定的债务比例,分配已拍卖或变卖财产所得的价款。

法院不得准许此类申请,除非法院认为被执行人的其他财产无法清偿申请执行人的债务。

如果税法或其他法律规定有权进行查封、扣押或冻结的人员根据相关法律已按照第一款进行查封、扣押或冻结,有权参与分配,但不适用第二款的规定。如果上述人员未事先进行查封、扣押或冻结的,无权以债权人身份参与分配。

如果为了拍卖或以其他形式变卖财产而对该财产提出查封、扣

---

[26] 第三百二十六条 增加于《民事诉讼法典修改案》〔2017〕30号文件。

押申请的,应当在债务清偿前或者在拍卖前或以其他方式变卖前十五日内提交。

如果申请冻结债权的,应当在债务清偿前或者在拍卖前或以其他方式进行变卖前十五日内提交。

如果申请扣押钱款的,应在扣押钱款前十五日内提交。

当执行员收到上述申请书副本后,执行员应当对其从拍卖、变卖或债务清偿中得到的金钱或财物暂停予以交付,直至法院作出执行裁定。

第三百二十七条[26] 在撤销执行的情况下,执行员应立即将撤销执行的内容告知第三百二十四条规定的获得准许申请裁定的申请人或第三百二十六条规定的获得准许参与分配裁定的申请执行人。如果上述人员请求继续执行案件的,应当自收到上述通知之日起十五日内向执行员提出申请。如果上述人员在期限内提出了申请,则该人员为案件继续执行人;如果上述人员在规定的期限内没有提出申请,执行员应当撤销查封或冻结。

如果有多个人提出申请,执行员应当将传票送达至各个申请人,并到场协商,选出一人作为案件继续执行人,但是应当至少提前三日告知。如果无法就继续执行人达成一致意见的,则由执行标的额最多的申请人作为案件继续执行人。如果申请人具有同等数额的执行标的,则由最早形成债权的申请人作为案件继续执行人。如果接到传票的申请人没有到场,视为自动放弃担任案件继续执行人的权利。

在继续执行案件的情况下,请求案件继续执行的申请人视为请求查封或冻结财产的申请人,作出撤销执行裁定的法院有权执行

---

[26] 第三百二十七条 增加于《民事诉讼法典修改案》〔2017〕30号文件。

案件。如果参与继续执行案件的申请人请求继续执行案件的部分财产,该部分财产的数额足够支付第一款规定的各申请执行人的债务、案件诉讼费和执行费,应当自其参与继续执行案件之日起七日内向执行员提出申请。在这种情况下,执行员应当综合考虑第一款规定的各个申请执行人的利益,作出准许或不准许许可申请的裁定,或者责令执行员作出适当的决定。参与案件继续执行的申请执行人如果对执行员的决定有异议的,应当自收到执行员的决定之日起十五日内向法院提出异议。

对于申请撤销执行的债权人:

(一)如果依照第二百九十二条第(六)项的规定因主动提出放弃执行权利而撤销执行的,不能参与拍卖或变卖财产所得价款的分配。

(二)如果依照第二百九十二条第(四)项的规定撤销执行,但依照判决书规定还有尚未清偿的债务的,可以依照第三百二十九条第(一)项的规定向法院提出申请,请求在财产分配给各申请执行人后将其应得到清偿的部分予以执行。

(三)如果因执行撤销裁定或除第(一)项和第(二)项的规定之外的情形导致撤销执行的,且仍有债务尚未得到清偿的,可以在法院依照第三百三十九条的规定进行支付前或在法院按照第三百四十条第(三)项的规定通知之前向法院提出申请,请求法院将该案件中分配的财产或以拍卖或变卖财产所得的价款用于清偿自己应得部分的款项。

第三百二十八条[27] 依照第三百二十七条的规定参与案件继续执行的申请执行人,可以向有权执行案件的法院提出申请,请求将

---

[27] 第三百二十八条 增加于《民事诉讼法典修改案》〔2017〕30号文件。

案件转移至其自己为申请执行人的法院。如果有权执行案件的法院在审查后认为理由成立,且征得移送法院同意后,可以作出准许移送执行案件的裁定。法院在本条所作出的裁定为最终裁定。

依照第一款的规定移送执行案件后,接受移送案件的法院视为第二百七十一条第一款规定的法院。

第三百二十九条[28] 如果申请执行人没有依照第三百二十六条的规定在规定时间内提出参与分配申请的,或法院以超过规定时间为由而作出驳回参与分配申请裁定的,申请执行人可以向法院申请下列事项:

(一)申请执行人依照第三百二十六条或第三百二十七条的规定申请参与分配且获得债务清偿后,可以就剩余的款项申请获得清偿;

(二)如果案件撤销执行,且依照第三百二十七条的规定没有案件继续执行人的,则由其自撤销执行之日起代替申请查封财产或冻结债权的申请执行人,成为案件继续执行人。

第(一)项规定的申请,应当依照第三百三十九条的规定在支付之前提交或依照第三百四十条第(三)项的规定在通知之前提交。

第(二)项规定的申请,应当在案件撤销执行之前提交。

申请人依照第(二)项的规定提出的申请,参照适用第三百二十七条第二款、第三款和第四款的规定。依照第(二)项规定有多个人提出申请的,除被选任为或法律规定为案件继续执行人的申请人外,对于依照第三百二十七条的规定没有申请作为继续执行案件的申请执行人,有权就案件以拍卖或变卖财产所得的价款获得清偿。

---

[28] 第三百二十九条 增加于《民事诉讼法典修改案》〔2017〕30号文件。

第三百三十条[329] 法院依照第三百二十七条第三款和第四款以及第三百二十九条的规定作出的裁定为最终裁定。

八、拍卖或变卖

第三百三十一条[330] 依照第三百三十二条和第三百三十六条的规定,对于依判决书查封、扣押被执行人全部或部分财产,或者已经将被查封、扣押的财产交付给执行员的,如果无正当理由中止执行案件的,执行员应当依照《民商法典》和部门规章的相关规定或者法院的裁定对上述财产进行拍卖,或依照部门规章关于电子销售的方式进行拍卖。

执行员在对第一款规定的财产或债权进行拍卖前,应当将拍卖的日期、时间和地点告知案件中的每位利害关系人。拍卖时间可以安排在节假日或正常工作时间以外的任何时间。上述拍卖日期、时间,应当安排在查封、扣押或转交财产之日起六十日后。

为了实现公平拍卖,利害关系人有权参与竞价或者由他人代表竞价。当执行员为竞价最高者落锤时,任何利害关系人不得以拍卖价格低于预期为由,要求撤销拍卖。

第三百三十二条[331] 如果要拍卖或变卖的财产是鲜活易腐的物品、易损耗的物品、保存困难或者保管费用高于物品本身价值的物品,执行员应立即以公开拍卖或其他适当方式,将财产进行拍卖或变卖。

如果对已查封、扣押的财产或债权进行拍卖或变卖有困难,或者由于债务清偿或其他原因,致使拍卖或变卖有困难,并且迟延执

---

[329] 第三百三十条 增加于《民事诉讼法典修改案》〔2017〕30号文件。
[330] 第三百三十一条 修改于《民事诉讼法典修改案》〔2017〕30号文件。
[331] 第三百三十二条 修改于《民事诉讼法典修改案》〔2017〕30号文件。

行可能致使双方当事人、某方当事人或利害关系人遭受损失的,当执行员认为适当时或当事人或上述人员提出申请时,执行员可以决定以其他方式变卖财产。利害关系人可以就执行员的决定或行为自知道该命令或行为之日起两日内向执行员提出异议。法院的裁定为最终裁定。

第三百三十三条③② 执行员公开拍卖被执行人的财产,应当按照下列规定执行:

(一)如果被执行的财产数量较多,应按照顺序依次执行,下列情形除外:

(1)执行员有权将标的额低的动产分组进行拍卖;

(2)执行员认为将动产和不动产组合拍卖获得的价款高于预期的,有权将两种或两种以上动产和不动产组合进行拍卖;

(二)执行员在拍卖可分割的不动产时,认为拍卖部分不动产即足够清偿债务或拍卖获得的价款将高于预期的,可以采取分部分拍卖的方式;

(三)执行员在拍卖多种类财产时有权对被拍卖的财产进行排序。

对被拍卖的财产有利害关系人可以向执行员提出申请,请求执行员共同或分开拍卖该财产的,或请求依序拍卖财产,或对执行员依照第一款规定采取的执行行为提出异议。利害关系人依照本条规定提出的申请,应当在拍卖前至少三日内提交。如果执行员拒绝按照该申请或异议执行的,申请人可以自执行员拒绝之日起两日内向法院提出申请。法院的裁定为最终裁定。在收到法院的裁定或超过该申请期限前,执行员应延期执行。

---

③② 第三百三十三条 修改于《民事诉讼法典修改案》〔2017〕30号文件。

第三百三十四条⑬　当执行员将拍卖的不动产转交给买受人时，如果被执行人及其家属仍然居住在该房产中，且拒绝搬出该房产的，买受人可以单方向被执行的财产所在地的法院提出申请，请求法院强制执行，参照适用第二百七十一条、第二百七十八条第一款、第三百五十一条、第三百五十二条、第三百五十三条第一款第（一）项和第二款、第三百五十四条、第三百六十一条、第三百六十二条、第三百六十三条以及第三百六十四条的规定，判决责令被执行人或者被执行人的家属搬出该房产。以上，应当将买受人视为债权人，被执行人及居住在该房产中的家属为债务人。

第三百三十五条⑭　执行员对依法应办理登记的财产进行拍卖的，应当将拍卖事宜通知登记员、工作人员或其他依法享有登记职权的人员，以便买受方办理过户登记。

如果被拍卖的财产是商品房，依照《商品房管理法》，执行员在拍卖前应当通知该商品房所在的物业服务公司，由其告知商品房的债务状况，并要求其依照《商品房管理法》在收到通知之日起三十日内出具无债务证明。拍卖结束后，执行员应保留拍卖所得价款，以优先支付被执行人拖欠物业服务公司的相关费用。同时通知登记人员为买受人办理过户登记，对此，买受人无需提供相关债权凭证。

如果物业服务公司未按照第二款的规定在规定时间内将上述房产的债务情况告知执行员的，或者告知执行员该房产无拖欠费用的，执行员应当通知登记人员为买受人办理过户登记，对此，买受人无需提供相关债权凭证。

如果拍卖的财产是《土地分配法》规定下的可转让土地，执行员

---

⑬　第三百三十四条　修改于《民事诉讼法典修改案》〔2017〕30号文件。
⑭　第三百三十五条　修改于《民事诉讼法典修改案》〔2017〕30号文件。

在拍卖前应当通知房屋所有权人,要求房屋所有权人在收到通知之日起三十日内告知执行员该房屋的债务情况,包括维修费、采购公共设施的费用及依《土地分配法》规定应交的罚款。拍卖结束后,执行员应保留拍卖所得价款,以便优先支付上述费用。同时执行员应当通知登记人员为买受人办理过户登记。如果存在妨碍房产所有权登记或影响房产登记的法律行为,则视为自动撤销。

如果房屋所有权人未按照第四款的规定在规定时间内将上述房产的债务情况告知执行员,或者告知执行员该房产无拖欠费用的,或者告知执行员该房产尚未登记有所有权人,执行员应当通知登记人员为买受人办理过户登记。如果存在妨碍房产所有权登记或影响房产登记的法律行为,则视为自动撤销。

第二款和第四款规定中保留的拍卖所得款,应当适用本章第十部分关于明细分配表的制作和第十一部分关于无人认领的款项的相关规定。

九、设立不动产管理人或代替拍卖或变卖的其他措施

第三百三十六条[335] 如果法院认为在适当时间内被执行人在不动产或工业、商业、农业或其他业务的收入足够清偿判决书确定的债务、诉讼费和执行费的,或者被执行人提出申请,并且有事实证明其并无拖延债务的情况的,法院可任命不动产管理人或上述业务的管理人,在法院认为适当的时间和条件下依法将全部或部分财产转交给执行员,则不必对被执行人的财产进行拍卖或变卖。

---

[335] 第三百三十六条 修改于《民事诉讼法典修改案》〔2017〕30号文件。

十、分配明细表的制作

第三百三十七条[336] 执行员应当制作分配明细表。分配明细表应载明查封、扣押、冻结、拍卖或变卖债务人财产获得的价款金额。对于依照第三百二十四条的规定拍卖或变卖财产权、优先权、留置权或其他告知执行员的权利获得的价款,应当制作特别分配明细表。

如果本法典或其他法律没有其他规定,应当参照适用以下条款对第一款规定中的钱款进行分配。

第三百三十八条[337] 在依照判决书或裁定书执行时,如果被告缺席的,除非申请执行人向法院证明被执行人已知悉其被起诉的事宜,否则在查封、扣押被执行人财产之日起六个月内禁止对获得的钱款进行分配。

第三百三十九条[338] 当只有一名申请执行人要求执行被执行人的财产,且不存在第三百二十四条规定的情形的,通过其他方式对财产进行拍卖或变卖所得价款在扣除执行费后,能够足够支付债务的,执行员应当依判决向申请执行人支付债务和诉讼费。

第三百四十条[339] 当有多个申请执行人要求执行被执行人的财产时,或符合第三百二十四条规定的情形的,执行员通过其他方式对财产进行拍卖或变卖后,应当按照下列规定执行:

(一)扣除执行费后,如果财产是被执行人与他人共有的财产,执行员应先从拍卖或变卖所得价款中,保留被执行人以外的其他财产

---

[336] 第三百三十七条 修改于《民事诉讼法典修改案》〔2017〕30号文件。
[337] 第三百三十八条 修改于《民事诉讼法典修改案》〔2017〕30号文件。
[338] 第三百三十九条 修改于《民事诉讼法典修改案》〔2017〕30号文件。
[339] 第三百四十条 修改于《民事诉讼法典修改案》〔2017〕30号文件。

共有人的部分,然后从属于被执行人的钱款中扣除执行费;

(二)依照《民商法典》、本法典或者其他法律的规定,制作分配明细表,在相关权利人的可得款项中预先保留足够的数额,以便支付给债权人或相关权利人;

(三)通知被执行人、财产共有人及第(二)项规定的人,可以自通知发出之日起十五日内申请核查该分配明细表,并提出异议书。

如果没有人在第(三)项规定的时间内提出异议,则上述分配明细表为最终分配方案,执行员应当按照该分配明细表上的名单对款项进行分配。

第三百四十一条[340] 如果有人依照第三百四十条的规定提交异议书,执行员应当将传票送达给判决书认定的每位申请执行人、财产占有人、财产共有人及被执行人,并提前三日告知出庭时间、地点。上述人员可亲自出庭,也可委托代理人代其出庭。

在受理异议书并听取出庭各方人员的陈述后,由执行员作出维持或修改分配明细表的决定,当庭宣读,由出庭的各方签字确认。

如果在规定日期内未能作出决定的,执行员应向受传唤人员或参加庭审的各方告知延期出庭听取决定的时间,并签字确认。

如果第一款中的人员未能按照执行员的传票或约定时间前来的,视为已知执行员告知的出庭时间和决定。

第三百四十二条[341] 如果执行员作出维持原分配明细表的决定,依照第三百四十条的规定提出异议的人员,可以自宣读决定之日起七日内向法院提交异议书。

如果执行员作出修改分配明细表的决定,第三百四十一条规定

---

[340] 第三百四十一条 修改于《民事诉讼法典修改案》〔2017〕30号文件。
[341] 第三百四十二条 修改于《民事诉讼法典修改案》〔2017〕30号文件。

的人员可自宣读决定之日起十五日内向法院提交异议书。

如果有人依照第一款或者第二款的规定提交异议书,执行员应暂停分配钱款,直到法院依照第三百四十三条的规定,作出裁定或者作出暂时平均分配的裁定。

如果没有人依照第一款或者第二款的规定提交异议书,则该分配明细表视为最终分配方案,由执行员按照该分配明细表上的名单,对款项进行分配。

法院依照本法条作出的裁定为最终裁定。

第三百四十三条[㊷] 如果执行员认为,对被执行的全部财产进行变卖或者所有提交到法院的异议申请裁定完毕,可能会使有权参与款项分配的全部或部分人员遭受损失的,执行员有权依照第三百四十条、第三百四十一条和第三百四十二条规定分配钱款。与此同时,执行员保留部分钱款,以便用于支付将来可能产生的执行费和因存在争议而申诉所需的相关费用。

第三百四十四条[㊸] 当每位利害关系人分配到相应的钱款后,在扣除执行费后,该被执行财产还有剩余的,依照第三百二十九条的规定,如果该钱款属于应支付申请执行人的钱款或被查封、冻结的钱款,执行员应根据情况依照第三百二十九条的规定对债权进行查封或冻结。

如果被执行财产拍卖或变卖所得价款无需继续执行,或者在扣除执行费后,该被执行财产还有剩余的,并且已支付给每位申请执行人的,执行员应当将剩余的部分返还给被执行人。如果案外人的财产因被执行人的原因而被拍卖的,则应当将剩余的部分支付给案

㊷ 第三百四十三条 修改于《民事诉讼法典修改案》〔2017〕30号文件。
㊸ 第三百四十四条 修改于《民事诉讼法典修改案》〔2017〕30号文件。

外人。

如果依照第三百二十三条的规定,对某个财产进行拍卖,最终的裁定有利于申请人的,执行员应当将拍卖所得款项支付给申请人。

十一、无人认领的款项

第三百四十五条[34] 法院或执行员持有且无法支付出去的所有款项,如果五年内无权利人认领的,归国家所有。

第三节 特定财产的返还与交付

第三百四十六条[35] 依判决被执行人应当退还或交付特定财产给申请执行人的,如果本节没有规定特定的执行方式,则适用第二节关于金钱债务执行的相关规定。

第三百四十七条[36] 依判决被执行人应当归还特定财产给申请执行人,或交付特定财产以偿还申请执行人主张的债务的,执行员有权依判决对该财产进行查封或扣押。

如果申请执行人应当交付给被执行人的特定物被查封或扣押,以用于清偿其他案件的债务的,申请执行人在拍卖或通过其他方式变卖前,可以先向法院提出申请,请求法院要求执行员转交该财产给本人,同时向法院证明其他案件的申请执行人能够从被执行人的其他财产获得清偿。上述情形,法院应当告知执行员,也可在审理阶段作出中止执行的决定。申请执行人应当支付因查封、扣押或冻结财产产生的费用,并支付损失费给其他案件中请求查封、扣押或冻结财产的申请执行人,其他案件中申请执行人无需支付案件执

---

[34] 第三百四十五条 修改于《民事诉讼法典修改案》〔2017〕30号文件。
[35] 第三百四十六条 修改于《民事诉讼法典修改案》〔2017〕30号文件。
[36] 第三百四十七条 修改于《民事诉讼法典修改案》〔2017〕30号文件。

行费。

如果申请执行人无法依照第二款的规定提供充分的证明,法院可以裁定申请执行人有权参与分配其他案件中因拍卖或变卖被执行人财产所得价款,参照适用第三百二十六条和第三百二十九条的规定。

第三百四十八条[347] 被执行人依判决应当归还或交付已办理登记的所有权证或土地使用证等特定财产给申请执行人的,执行员应当通知工作人员或登记员进行登记。

被执行人依判决应当归还或交付特定不动产的,如在归还或交付不动产给申请执行人的过程中有阻止或妨碍行为的,参照适用第四节关于强制驱逐的规定。

第三百四十九条[348] 依判决申请执行人可以申请被执行人归还或交付特定财产,无须支付执行费。

依判决被执行人应当承担申请执行人请求归还或交付特定财产的执行费,包括诉讼费和债权人在其他案件支付的执行费,即依照第三百四十七条第二款的规定被认定为申请执行人垫付的执行费和诉讼费。

第四节 强制驱逐

第三百五十条[349] 依判决或裁定被执行人应当从某不动产、居住地或房产上迁出的,执行员依照第三百五十一条、第三百五十二条、第三百五十三条和第三百五十四条的规定执行。

依判决或裁定被执行人应当将建筑物、树木、花草或农作物清

---

[347] 第三百四十八条 修改于《民事诉讼法典修改案》〔2017〕30号文件。
[348] 第三百四十九条 修改于《民事诉讼法典修改案》〔2017〕30号文件。
[349] 第三百五十条 修改于《民事诉讼法典修改案》〔2017〕30号文件。

理,或者应当将该财物从某不动产、居住地或房产上迁出,执行员依照第三百五十五条的规定执行。

一、依照判决强制被执行人迁出其房屋、居住地及交出其掌控的财产

第三百五十一条⑩　依判决或裁定被执行人应当从某不动产、居住地或房产中迁出的,应当按照下列规定执行:

(一)如果该房产系无人居住的,执行员依照第三百五十二条的规定执行;

(二)依判决被执行人或家属应当从其房产迁出但其拒绝迁出的,执行员依照第三百五十三条的规定执行。

第三百五十二条⑪　在第三百五十一条第(一)项的情形中,执行员有权立即交付部分或全部财产给申请执行人,如有干扰交付的障碍物,执行员有权对该障碍物进行必要的清理。

如果房产内尚有被执行人或他人的物品的,执行员应当对该物品进行登记,并有权进行如下处置:

(一)如果该物品是鲜活易腐物品的,或有可能产生危险,或久置有损失风险,或日常维护费用超过该物品本身价值的,执行员有权立即拍卖或以其他合适方式变卖该物品,并保管扣除必要支出后所得款项,或销毁该物品或进行其他必要的处置。以上,应当综合考虑物品的性质、利害关系人的利益和公共利益。

(二)如果该物品不属于第(一)项规定的物品,执行员有权保管该物品,或交由申请执行人保管,或根据需要,将其放于某地保管或

---

⑩　第三百五十一条　修改于《民事诉讼法典修改案》〔2017〕30号文件。
⑪　第三百五十二条　修改于《民事诉讼法典修改案》〔2017〕30号文件。

委托他人代为保管,并以通知或公示的方式,通知被执行人或所有权人在执行员规定的时间内认领,如果被执行人或所有权人没有在规定的时间内认领或不愿意认领该物品,执行员依照第(一)项的规定执行。

执行员拍卖第二款第(一)项或第(二)项规定的物品的所得价款,如果被执行人或所有权人自收到执行员通知之日起五年内不认领,则收缴为国家所有。

如果第二款规定的物品必须采取临时措施,需要进行查封、扣押、冻结,或者禁止转让、转移或出售,或为了便于执行其他案件,由执行员视情况将该物品保管于其他地点的,执行员应当将上述情况告知法院或其他案件的执行员。

依判决被执行人应当承担按照本款规定进行执行所产生的费用,视为依判决应当承担的债务。

第三百五十三条 依照第三百五十一条第(二)项的规定,执行员应当按照下列方式执行:

(一)如果有向法院申请逮捕或拘留被执行人或其家属的,法院有权立即作出逮捕或拘留决定,在这种情形下,参照适用第三百六十三条的规定;

(二)向居住于或占有该房产的声称其不是被执行人家属的人发布告示的,该人应当自告示发布之日起十五日内向法院递交申诉书,证明其本人对该居住地和该房产享有特别权利。

当法院依照第(一)项的规定对被执行人或其家属作出逮捕决定后,或上述人员搬离该房产的,执行员应当依照第三百五十二条的规定执行。

㉜ 第三百五十三条 修改于《民事诉讼法典修改案》〔2017〕30号文件。

第三百五十四条⃝ 依照第三百五十一条的规定,为了执行利益,下列人员视为被执行人的家属:

(一)居住于或占有该房产的人员以及依照第三百五十三条第(二)项的规定在规定的时间内未向法院递交申诉书的人员,或向法院递交申诉书,但无法证明其本人对该居住地和房产享有有特别权利的人员;

(二)执行员允许申请执行人占有某房产,在执行期间在该房产居住的人员。

二、强制拆除被执行人的建筑物、林木、草本、作物或者强制将其财物从房屋、居住地及其占有的房产中搬出

第三百五十五条⃝ 依判决被执行人应当清理建筑物、树木、花草或农作物,或应当将该财物从其不动产、居住地或房产中迁出的,执行员有权将上述财物进行清理或迁出,被执行人应当承担清理或迁出该财物的费用,并视为应履行的债务,继续执行。

依照第一款的规定,执行员应当在该地区贴出清理或迁出该财物的告示,告示时间不得少于十五日。同时执行员在清理或迁出财物过程中要尽到必要的注意义务。

关于处置从该房屋、居住地或房产中清理的物品和迁出的财物,参照适用第三百五十二条第二款、第三款和第四款的规定。

第五节 履行或中止履行

第三百五十六条⃝ 依判决被执行人应当履行或中止履行某项

⃝ 第三百五十四条 修改于《民事诉讼法典修改案》〔2017〕30号文件。
⃝ 第三百五十五条 修改于《民事诉讼法典修改案》〔2017〕30号文件。
⃝ 第三百五十六条 修改于《民事诉讼法典修改案》〔2017〕30号文件。

行为的,除非依照法院判决或裁定被执行人应当归还或交付特定财产,或依照第三节的规定,应当归还或交付特定财产,或依照第四节的规定,被执行人应当迁出房屋的,法院有权依照本节第一部分或第二部分规定的执行方式,除非法院认为上述案件执行方式不能达到执行判决或裁定的效果,法院有权规定能够达到履行目的的执行方式。

一、履行

第三百五十七条[356] 依判决被执行人应当履行某一项法律行为,可以将法院的判决视为被执行人的意思表示;法院的判决没有规定可以将判决视为被执行人的意思表示的,申请执行人可以向法院提出申请,请求将法院的判决视为被执行人的意思表示。

被执行人的意思表示自登记员、依法享有登记职权的工作人员或其他人员进行登记后生效。申请执行人也可以请求法院作出登记裁定。在这种情形下,上述人员应当按照法院的裁定予以登记。

对于重要材料,比如用于挂失登记的重要材料、权属证书等,如因遗失、受损或因其他原因不能再提供的,法院可以要求登记员、依法享有登记职权的工作人员或其他人员出具证明,以替代上述重要材料。证明出具后,原来的重要材料作废。

第三百五十八条[357] 依判决被执行人应当履行某项不属于第三百五十七条规定的法律行为的,申请执行人可以依照第三百六十一条的规定,提交申诉书。如果该行为可由案外人代为履行的,申请执行人可单方向法院提出申请,请求法院批准由案外人代替被执行人

---

[356] 第三百五十七条 修改于《民事诉讼法典修改案》〔2017〕30号文件。
[357] 第三百五十八条 修改于《民事诉讼法典修改案》〔2017〕30号文件。

予以履行。履行费用由被执行人承担。

第一款规定的案外人员代为履行所产生的费用支出,视为依判决确定的债务,可以继续执行。

二、中止履行

第三百五十九条[38] 依判决被执行人应当中止履行的,申请执行人或依照第三百六十一条的规定申请法院作出逮捕或拘留决定的申请执行人,可以请求法院作出下列裁定:

(一)责令被执行人支付因其未中止该行为而导致其损失的赔偿金;

(二)因未中止该行为而引发的清理费用或毁坏财物的费用,其他相关法律对该财物的处置方式另有规定的除外。

对于第(一)项规定的情形,法院在审查后认为理由成立的,可以裁定要求被执行人承担适当数额的赔偿金。

法院依照第(二)项的规定作出的裁定,应当通知执行员,并由执行员予以执行。执行费用由被执行人承担。

依照本条款进行申诉和执行,无须交纳诉讼费。对于第二款规定的赔偿金和第三款规定的费用,则视为依判决确定的债务,可以继续执行。

第六节 对已登记财产的执行

第三百六十条[39] 依判决申请执行人或某人对相关财产享有所有权、财产权或相关权利的,如果该财产是已登记的财产,并且该财

---

[38] 第三百五十九条 修改于《民事诉讼法典修改案》〔2017〕30号文件。
[39] 第三百六十条 修改于《民事诉讼法典修改案》〔2017〕30号文件。

产无法作变更登记的,申请执行人或上述人员可以向法院提出申请,请求法院裁定要求登记员、依法享有登记职权的工作人员或其他人员按照法院的裁定在该财产上登记其姓名。

参照适用第三百五十七条第三款的规定。

第七节 法院依申请逮捕与拘留被执行人

第三百六十一条⑩ 依照第四节的规定,如果被执行人不依照执行书履行义务的,且申请执行人无法采取其他执行方式,申请执行人可以单方向法院提出申请,请求法院作出逮捕或拘留被执行人的决定。

法院收到第一款规定的申请书后,应当尽快进行审查。如果发现被执行人有履行能力的,且申请执行人无法采取其他执行方式,法院可以依申请作出逮捕决定。

如果被执行人主动出庭或被押送到法院,被执行人所提供的其不能按照执行书履行义务的理由不充分的,法院有权立即作出拘留决定或者在被执行人不履行义务时,对其进行拘留。被执行人所提供的其不能按照执行书履行义务的理由充分或其同意履行的,法院有权驳回申请或作出其他决定

第三百六十二条⑪ 当法院依照第三百六十一条的规定作出逮捕决定,如果被执行人主动出庭或被押送到法院,法院有权立即作出拘留决定,直至被执行人提供相应担保物或一并提供担保物和担保人。

如果被执行人违反第一款规定的担保协议的,法院有权依照担

---

⑩ 第三百六十一条 修改于《民事诉讼法典修改案》〔2017〕30号文件。
⑪ 第三百六十二条 修改于《民事诉讼法典修改案》〔2017〕30号文件。

保协议,责令其履行义务或责令其交纳法院认为合适的保证金,而无须就担保协议提起新的诉讼。

第三百六十三条 法院依照第三百五十三条或第三百六十一条的规定,对被执行人或相关人员作出拘留决定的,应当对上述人员进行拘留,直至其提供相应担保物或一并提供担保物和保证金。担保数额由法院规定。但是每次拘留的期限自逮捕或拘留之日起计算,不得超过六个月,视情况而定。

如果出现第一款规定的违反担保协议的情形,参照适用第三百六十二条第二款的规定。

第三百六十四条 如果法院同意某人作为担保人,但是该担保人故意阻碍案件执行,或与被执行人勾结恶意不履行义务的,参照适用第三百六十一条、第三百六十二条和第三百六十三条的规定。

第三百六十五条 依照本章的规定应当逮捕或拘留相关人员的,参照适用《刑事诉讼法典》规定的行政人员或警察应当依判决或依照执行员的决定履行职责。

依照第二百七十九条第二款、第二百八十四条、第三百五十三条、第三百六十一条和第三百六十四条的规定逮捕、羁押或拘留相关人员的,不剥夺其提起刑事诉讼的权利。

第八节 对已提供担保案件的执行

第三百六十六条 如果相关人员在法庭上签署书面担保书,或以其他方式对判决书或裁定书确定的全部或部分债务提供担保,

㉜ 第三百六十三条 修改于《民事诉讼法典修改案》〔2017〕30号文件。
㉝ 第三百六十四条 修改于《民事诉讼法典修改案》〔2017〕30号文件。
㉞ 第三百六十五条 修改于《民事诉讼法典修改案》〔2017〕30号文件。
㉟ 第三百六十六条 修改于《民事诉讼法典修改案》〔2017〕30号文件。

法院的判决书或裁定书的效力及于该担保,申请执行人有权将该担保人视为债务人,并请求法院对其进行执行,而无须对该担保人提起新的诉讼。

如果出现依照法院裁定执行担保的其他情形的,参照适用第一款的规定。

第三百六十七条[36] 如果当事人或其他人员依照本法典或依判决将其银行存折、银行保单或其他可以作为金钱支付的有价物品预交给法院的,在审理前裁定采取临时措施的,或在上诉或终审期间裁定暂缓执行的,或者在其他情形下,申请执行人可以向法院请求就上述款项获得受偿。

依照本条的规定提出的申请和进行执行,无须交纳诉讼费。

表1 诉讼费(案件受理费)[37]

案件类型	标的额	比率	备注
(一)可以金钱计算标的的案件,依照标的额计算诉讼费,具体如下:			第1项和第2项中规定的诉讼法,如果总数后含小数的,去掉小数
1.除第2和第3项规定之外的其他诉讼	不超过5千万泰铢	2%,但不超过20万泰铢	
	超过5千万泰铢部分	0.1%	
2.请求法院依判决执行国内仲裁裁决或撤销国内仲裁裁决	不超过5千万泰铢	向法院申请标的额0.5%,但不超过5万泰铢	

---

[36] 第三百六十七条 修改于《民事诉讼法典修改案》〔2017〕30号文件。
[37] 表1 诉讼费(案件受理费) 修改于《民事诉讼法典修改案》〔2008〕24号文件。

续表

案件类型	标的额	比率	备注
请求法院依判决执行国际仲裁裁决或撤销国际仲裁裁决	超过5千万泰铢	0.1%	
	不超过5千万泰铢	向法院申请标的额的1%,但不超过10万泰铢	
	超过5千万泰铢	0.1%	
3.请求执行抵押或者解除抵押	不超过5千万泰铢	诉讼请求标的额的1%,但是不超过10万泰铢	
	超过5千万泰铢	0.1%	
(二)不可以金钱计算的案件 1.一般案件包括无争议案件		每个案件200泰铢	
2.依照第二百二十七条、第二百二十八条第(二)项和第(三)项的规定提出的上诉或终审上诉		每个案件200泰铢	依照第二百二十八条第(一)项的规定提出的上诉或终审上诉不收取案件受理费
(三)案件中部分请求可以金钱计算,部分请求不可以金钱计算的		根据情况按照第(一)项规定的比率计算案件受理费,但不得少于第(二)项中1或2的比率	
(四)法院请求支付赔偿费、抚养费、生活费、年薪、月薪、退休金、维修费或其他费用的案件		100泰铢	

续表

案件类型	标的额	比率	备注
除约定在未来某时间段须支付租金或法院依照第一百四十二条的规定要求支付的损失费之外。如果案件为申请马上支付或者在之前的申请书提及这个诉求的,案件受理费另行计算			

表2 诉讼费(其他费用)[368]

审理程序特点	最高法院和上诉法院	初级法院	支付时间
(一)依照第一百零一条的规定提出申请,在提出该申请时法院尚未审理过该案件		100泰铢	递交申请时支付
(二)普通法院办公室负责人或执行员对各类文件复印件的真实性进行确认的费用。每份	50泰铢	50泰铢	递交申请时支付
(三)出具证明费用,即出具证明书以证明判决书或裁定书为最终判决或裁定。每份	50泰铢	50泰铢	递交申请时支付

---

[368] 表2 诉讼费(其他费用) 修改于《民事诉讼法典修改案》〔2008〕24号文件。

表3 庭外调查取证费

在庭外进行调查取证的,应按照每人每天300泰铢的标准,支付审判人员的补偿费以及按照每人每天150泰铢的标准支付法院工作人员的补偿费。

如果是合并审理的案件,按照一个案件来计算补偿费。

如果案件中有多名当事人或多名人员申请庭外取证的,第一款规定的补偿费由上述人员平均分担。

在必要的情况下,法院可以责令申请方或任何一方、多方当事人提供交通工具。如果没有提供交通工具的,则可以责令其交纳合理的交通补偿费。

表4 补偿费、交通费、证人住宿费、勘测制图费

(一)法院根据证人的身份、收入等来确定补偿费数额,但每天不得超过400泰铢,并确定合理的交通费和住宿费。

(二)勘测制图费

(1)对于法院工作人员,按照每人每天200泰铢的标准支付补偿费,并确定合理的交通费和住宿费。

(2)对于其他行政部门或单位的工作人员,根据行政部门或单位规定的标准支付补偿费、交通费和住宿费。如果行政部门或单位没有规定标准的,参照第(1)项的规定支付。

---

⑳ 表3 庭外调查取证费 修改于《民事诉讼法典修改案》〔2008〕24号文件。
⑳ 表4 补偿费、交通费、证人住宿费、勘测制图费 修改于《民事诉讼法典修改案》〔2008〕22号文件。
表3与表4原文如此,无表格。——译者

表5 案件执行费用[31]

执行费	数额	备注
(一)通过拍卖或以其他方式变卖被查封、扣押或冻结的财产	拍卖或变卖所得价款的3%	以上,应当另行支付公告费用及其他费用
(二)向债权人支付因查封、扣押或冻结而产生的费用	查封、扣押或冻结价款的2%	
(三)在查封、扣押或冻结后,没有进行拍卖或变卖的	查封、扣押或冻结的财产价值的2%	第(三)项和第(四)项中被查封、扣押或冻结的财产价值的计算,由执行员来确定。如果无法确定的,则由相关当事人按照第二百九十六条的规定请求法院裁定。
(四)查封、扣押现金或冻结财产后,未进行拍卖或变卖	查封、扣押或冻结的财产价值的1%	
(五)当事人通过招投标的方式拍卖的	最高投标价格的2%	

表6 律师费[32]

(一)法院依据此表确定合理的律师费,不得高于此表的最高比率,每个案件的律师费不得低于3000泰铢;

(二)法院应当根据案件难易程度以及律师在该案件中花费的时间与工作量来确定律师费。

比率	财产性案件	非财产案件
初级法院的最高比率	5%	3万泰铢
上诉法院或最高法院的最高比率	3%	2万泰铢

---

[31] 表5 案件执行费用 修改于《民事诉讼法典修改案》〔2005〕22号文件。
[32] 表6 律师费 修改于《民事诉讼法典修改案》〔2008〕24号文件。

表7 案件处理费㉓

法院依照第一百六十一条的规定,可以责令应当承担诉讼费的一方当事人向另一方当事人支付适当数额的案件处理费。对于财产案件,责令支付的案件处理费不得超过财产数额的1%;对于非财产案件,责令支付的案件处理费不得超过5000泰铢。

依照第一款规定的案件处理费,法院应当综合考虑各方当事人已支付的费用,包括考虑案件特点以及当事人选择解决纠纷的方式或方法。

㉓ 表7 案件处理费 修改于《民事诉讼法典修改案》〔2008〕24号文件。
表7原文如此,无表格。——译者

《民事诉讼法典修改案》〔1944〕2号文件[274]

第二条 本法典于《政府公报》公布六十日后施行。

《民事诉讼法典修改案》〔1949〕3号文件[275]。

第二条 本法典于《政府公报》公布次日施行。

《民事诉讼法典修改案》〔1950〕4号文件[276]。

第二条 本法典于《政府公报》公布次日施行。

《民事诉讼法典修改案》〔1956〕5号文件[277]。

第二条 本法典于《政府公报》公布六十日后施行。

备注：颁布施行本版法典的原因是为了尽快结案，解决审理过程中法院和当事人遇到的重要问题，包括适当调整《民事诉讼法典》后表格中规定的比率。

《民事诉讼法典修改案》〔1975〕6号文件[278]

第二条 本法典于《政府公报》公布六十日后施行，其中第八条、第九条、第十条于《政府公报》公布次日施行。

第十条 本法典施行时，按照判决书或裁定书尚未执行完毕的案件，若没有按照《民事诉讼法典》修改的第二百八十五条、二百八十六条执行，当法院批准，或当被执行人或案件执行中的利害关系人递交申请书请求法院下令撤销全部或部分执行请求，或修改或按照最新颁布的《民事诉讼法》修改执行请求。除将债权转换为债

---

[274] 《政府公报》第61期／第79卷／第1192页／1944年12月31日。
[275] 《政府公报》第66期／第52卷／第632页／1949年9月20日。
[276] 《政府公报》第67期／第58卷／第967页／1950年10月24日。
[277] 《政府公报》第73期／第21卷／第278页／1956年3月13日。
[278] 《政府公报》第92期／第5卷／特刊版　第74页／1975年1月9日。

务人的钱款的判决书或裁定书,不在第二百八十六条第(一)项或第(三)项的执行范围内,在本法典施行之日,金额低于本法典施行之日公务员最低工资的,视为不在执行范围内的数额,若要执行,数额应与公务员最低工资相同。

备注:颁布施行本版法典的目的是使在上诉法院和最高法院审理的案件尽快结案,使被执行人能够得到更好的生活保障,因此有必要制定本法典。

《民事诉讼法典修改案》〔1978〕7号文件[379]

第二条 本法典于《政府公报》公布次日施行。

备注:颁布施行本版法典的原因是,由于案件受理费、其他手续费、庭外取证费、补偿费、证人交通费、勘测制图费以及规定施行已久的《民事诉讼法典》后表格中规定的律师费比率不符合当前形势,应适当调整再加以适用,并且应该修改《民事诉讼法典》的第一百五十一条使之相一致,因此必须制定本法典。

《民事诉讼法典修改案》〔1979〕8号文件[380]

第二条 本法典于《政府公报》公布六十日后施行。

备注:颁布施行本版法典的原因是目前施行的《民事诉讼法典》条例未授权法院下令优先选择通过邮政挂号信的方式递交诉讼文书或文件,导致耗费了当事人不必要的时间和费用。应当首先选择通过邮政挂号信的方式递交诉讼文书或文件,因此必须制定本法典。

---

[379] 《政府公报》第95期/第37卷/特刊版 第1页/1978年3月31日。
[380] 《政府公报》第96期/第64卷/特刊版 第6页/1979年6月28日。

《民事诉讼法典修改案》〔1984〕9号文件[30]

第二条 本法典于《政府公报》公布次日施行。

备注： 颁布施行本版法典的原因是,目前施行的《民事诉讼法典》,规定通过在起诉状、收据或相关文件上贴印花的方式支付或预存费用,造成了收取、支付诉讼费的缓慢和不便。法院检查诉讼文书不仅是预算的浪费,也是打印人员的负担,而且还要保存手续费印花。应当修改为以法院工作人员开具收据的方式,用现金支付或预存诉讼费。为了与上述支付或预存诉讼费的方式相一致,还应当修改与法院检查诉讼文书相关的条款,因此必须制定本法典。

《民事诉讼法典修改案》〔1984〕10号文件[32]

第二条 本法典于《政府公报》公布次日施行。

备注： 颁布施行本版法典的原因是,目前施行的《民事诉讼法典》存在下列问题：

（一）法院延期审理的准则与程序不够严谨,并且没有条款授权法院要求申请延期的当事人支付收到传票到庭的证人补偿费以及支付他方当事人到庭的费用。

（二）关于法院组织工作人员或医生检查以生病为由缺席,申请延期开庭审理的当事人代理人、律师代表、证人或其他人员的规则不够严谨。

（三）未规定想退出代理人身份,必须提前告知当事人是案件律师的责任,而这是为了拖延案件审理而提出退出代理人身份,从而

---

[30] 《政府公报》第101期／第136卷／特刊版　第1页／1984年10月2日。
[32] 《政府公报》第101期／第136卷／特刊版　第4页／1984年10月2日。

导致案件审理缓慢。

（四）未明确规定由原告递交起诉状时支付手续费，没有规定与当前状况相适应的递交起诉状的程序，现行法律规定原告有责任将起诉状交给被告，但执行时原告却没有主动送交，且目前也没有必要规定必须由原告负责送交每份案件的起诉状给被告，因为很多地区的交通已足够便利。

（五）规定原告向工作人员将起诉状或相关文件送达被告，供其答辩的时间为自递交起诉状起十五日内，规定时间过长。

（六）规定原告怠于向工作人员将起诉状或相关文件送达被告供其答辩的，原告应当说明原因，不向法院说明的视为放弃诉讼，规定时间为自递交起诉状起十五日内，规定时间过长。

（七）未规定当事人在确定案件争议焦点日到庭，当事人因此常常在首次约定的确定案件争议焦点日申请延期审理，并且法院无法进行调解或让双方就某些诉讼请求达成和解。

（八）关于申请分配财产的执行规则不够严谨，尤其是根据《税法典》，有职权的工作人员已经事先查封、扣押或冻结财产的情况，以及申请查封财产的债权人放弃在案件执行中的权利或在执行员规定的执行日期内对案件不予置理的情况，对申请参与分配的债权人来说是不公平的。

（九）未规定若申请执行人没有在执行员规定的时间内执行则授权法院下令撤销执行。

（十）在查封、扣押或冻结非现金等价物财产的情况下，或者查封、扣押或冻结钱款的情况下，或者由于执行员在查封、扣押财产后自行撤销执行或法院下令撤销执行而没有拍卖或交易，并且申请查封、扣押或冻结的人没有支付执行员手续费的情况下，没有规定由执行员申请强制执行令，以支付执行员的手续费。

（十一）关于起诉执行驱逐案件的条例不够严谨，由于被强制驱逐或应当清理出建筑物住处的债务人采取各种规避措施不愿履行，使得起诉执行驱逐案件的执行遇到问题，缺乏效率。

因此，应当重新修改《民事诉讼法典》中与上述规定相关的部分，使案件审理以及执行能够高效完成，提供更多的公平正义，所以必须制定本法典。

《民事诉讼法典修改案》〔1987〕11号文件[83]

第二条 本法典于《政府公报》公布次日施行。

备注：颁布施行本版法典的原因是，已颁布的《仲裁法》针对提出争议、审理、作出裁决以及庭外裁决已作出明确规定，理应取消《民事诉讼法典》中关于庭外仲裁的条款（第二百二十一条），因此有必要制定本法典。

《民事诉讼法典修改案》〔1991〕12号文件[84]

第二条 本法典于《政府公报》公布次日施行，其中第八条、第十条、第十一条、第十二条、第十三条、第十四条、第十五条、第十六条、第十八条以及第十九条于《政府公报》公布六十日后施行。

备注：颁布施行本版法典的原因是目前《民事诉讼法典》关于管辖的规定造成不公平的问题。原告在泰王国境内有住所地的不能起诉在泰王国境内没有住所地的被告，也不能送达传票给泰王国内的被告；但是另一方面，在泰王国境内没有住所地的原告或被告，能够起诉在泰王国境内有住所地的被告或反诉在泰王国境内有住所

---

[83] 《政府公报》第104期／第156卷／特刊版　第18页／1987年8月12日。
[84] 《政府公报》第117期／第103卷／特刊版　第11页／1991年8月27日。

地的原告,本法典对法院的管辖权规定不明确,对法院审理案件造成不便。同时,目前还没有规定直接向在泰王国境内没有住所地的被告或案外人员送达诉讼文书或文件的部门是司法部还是外交部,这需要花费大量时间,有时甚至不能将材料送达上述人员,使案件审理过程变得缓慢而复杂。除此以外,初级法院在审理一些案件的过程缓慢的原因,是某一方当事人拖延诉讼,其中处理小额诉讼案件以及简单案件的准则存在不足,不能有效适用于目前的社会和经济状况;移交至上诉法院及最高法院的案件数量不断增多,造成上诉法院和最高法院无法快速审理完所有案件,导致未审结的案件不断累积。为了解决上述问题,应当修订关于法院管辖的条款,让原告起诉在泰王国境内没有住所地的原告更为便捷,向法院起诉更方便、更公正;应当增加送达诉讼文书或材料给在泰王国境内没有住所地的被告的条款,规定需以更加方便、快速的方式送达上述材料;修改让法院拥有自由裁量权,若法院认为被告有意拖延案件审理的,原告除依据相关法律有权获得赔偿外,还将获得额外的赔偿利率;修订小额诉讼案件和简单案件的起诉准则,使之审理更加广泛、方便、快捷;修订向最高法院上诉的准则,仅允许有合理原因移交至上诉法院及最高法院审理的案件,包括修改相关条款使之相一致,因此有必要制定本法典。

《民事诉讼法典修改案》〔1992〕13号文件[88]

第二条 本法典自于《政府公报》公布一百二十日后施行,其中第九条自于《政府公报》公布次日施行。

第十八条 本法典不适用于在本法典正式施行之前已向法院起

---

[88] 《政府公报》第109期/第16卷/第36页/1992年3月4日。

诉的案件,已向法院起诉的案件将沿用原法律程序审理,直至案件审结。其中第九条允许在本法典施行之前适用于已向法院起诉的案件。

第十九条 依照本法典,司法部部长应代行职责。

备注:颁布施行本版法典的原因是,现行的《民事诉讼法典》已规定了便捷快速的确定争议焦点的程序,但是上述条款由于由法院裁量是否需要确定争议焦点而不能合理适用,在开庭日当天不强制要求当事人必须到场,当事人不到场也不影响诉讼权利,导致该程序不能发挥其应有的作用。除此以外,关于举证的相关条文不够严谨,没有为确定争议焦点提供帮助。相反,导致滥用证据,或引用第三方持有的证据,或指定在其他法院过度进行证人询问明确争议焦点,或提出证据是为了拖延审理,不给法院在开庭日前了解诉讼双方的证人及证据。为了让法院能够询问当事人,使其就某些或所有争议焦点能够互相认可,从而排除某些不必要的争议焦点,确定最终的争议焦点,尽快结案。此外,《最高法院全体会议条例》中还未包括由最高法院全体会议对问题进行审查的条款。应当规定由法院对每个案件确定争议焦点,无必要的情况除外。应当规定当事人于开庭日前提交有关争议焦点的声明、证人目录以及书证,并要求当事人在确定争议焦点日带上原件以及物证,在开庭日进行质证;应当修改并增加《最高法院全体会议条例》,应包括最高法院全体会议对问题进行审查的条款,应当修改其他相关法律条文使之相一致,因此有必要制定本法典。

《民事诉讼法典修改案》〔1995〕14号文件[86]

第二条 本法典于《政府公报》公布次日施行。

---

[86] 《政府公报》第112期/第54卷(1)/第1页/1995年12月28日。

第十五条　本法典在正式颁布施行前不影响已进行的案件审理程序,在本法典正式施行前尚未超过审理期限的案件程序,但仍在新法典规定的期限内的,可按照新法典规定的期限进行审理。

第十六条　依照本法典,司法部部长应代行职责。

备注:颁布施行本版法典的原因是,目前使用的民事诉讼法典制定关于确定争议焦点和提交证据目录的期限的条文并不完善,不能使得案件审理更高效、更便捷,应当修改上述准则,使之更加便于适用,因此有必要制定本法典。

《民事诉讼法典修改案》〔1995〕15号文件[387]

第二条　本法典于《政府公报》公布次日施行。

备注:颁布施行本版法典的原因是,需要修改《民事诉讼法典》关于判决前的临时措施的规定,为了维护公平利益,在上诉法院或最高法院对案件进行审理的过程中,若发现原告有逃避支付诉讼费的行为,被告有权向法院申诉,请求让原告向法院支付费用或让原告提供担保,以保证向上诉法院或最高法院支付的诉讼费。同时修订《民事诉讼法典》关于判决前的临时措施的规定,应当包括申请停止、修改或撤销争议财产的登记,及关于被告的财产或与起诉有关的财产的条款;关于存在争议的财产或被告的财产,根据《民事诉讼法典》关于判决前的临时措施的规定,可修改法院裁定的效力,使裁定立即生效。修改其他法律中的条款以保持法条间的一致性,使得审理期间法院控制被告的措施和债务的执行行之有效,增加被告有权申请由原告支付因被采取临时措施和审理期间可能产生的赔偿费的规定,更明确地保护被告的利益,因此有必要制定本法典。

---

[387] 《政府公报》第112期／第54卷(1)／第8页／1995年12月28日。

《民事诉讼法典修改案》〔1996〕16号文件

第二条 本法典于《政府公报》公布次日施行。

备注：颁布施行本版法典的原因是《刑事诉讼法》第八十七条作出了修改，规定行政人员或警察在必要情况下对被捕人员羁押不能超过三天。1956年版的《设立地方法院及地方法院审理刑事案件的规定》中第七条被修改为负责侦查的人员需要将被告人及侦查卷宗送达给检察官，以便检察员在被告人被羁押的四十八小时内，及时向法院提出诉讼。因此要求法院必须在节假日或正常工作时间以外的其他时间开庭。应当规定当法官和法院干事在节假日或正常工作时间以外的其他时间工作，按照司法部的规定，应当获得酬劳费。因此有必要制定本法典。

《民事诉讼法典修改案》〔1999〕17号文件

第二条 本法典于《政府公报》公布一百二十日后开始施行。

第十七条 本法典不适用于在本法典正式施行之前的已向法院起诉的案件，已向法院起诉的案件将沿用原法律程序审理，直至案件审结。

第十八条 依照本法典，司法部部长应代行职责。

备注：颁布施行本版法典的原因是《民事诉讼法典》中关于小额诉讼案件的条款不符合现今的社会形势，导致案件审理进度缓慢，当事人需支付相对于争议标的而言过高的诉讼费用，应当修改小额诉讼案件的相关条款，使之更加合理。让法院为不懂法律知识的当

---

[1] 《政府公报》第113期／第61卷(1)／第4页／1996年11月17日。
[2] 《政府公报》第116期／第33卷(1)／第1页／1999年5月3日。

事人提供帮助,进行调解,促使案件能够尽快结束,同时也能帮助当事人节省费用。应当修改《民事诉讼法典》中关于法院的权力和职责的部分条款,使得案件严格按照法院的判决或裁定执行。因此有必要制定本法典。

《民事诉讼法典修改案》〔1999〕18号文件[30]

第二条 本法典于《政府公报》公布次日施行。

第十九条 依照本法典,司法部部长应代行职责。

备注:颁布施行本版法典的原因是《民事诉讼法典》中关于按照法院判决或裁定执行的部分内容已不符合现今的社会形势,导致案件执行缓慢,有必要增加修改《民事诉讼法典》中关于让案件严格按照法院的判决或裁定执行的相关条款,便于适用。因此有必要制定本法典。

《民事诉讼法典修改案》〔2000〕19号文件[31]

第二条 本法典于《政府公报》公布次日施行。

第四条 参照适用《民事诉讼法》第二节关于缺席审理的规定,以及参照适用本《民事诉讼法典修改案》第二节关于缺席审理的规定。

第五条 本法典不适用于在本法典正式施行之前已向法院起诉的案件,已向法院起诉的案件将沿用原法律程序审理,直至案件审结。

第六条 依照本法典,司法部部长应代行职责。

---

[30] 《政府公报》第116期/第33卷(1)/第8页/1999年5月3日。
[31] 《政府公报》第117期/第19卷(1)/第1页/2000年3月14日。

备注：颁布施行本版法典的原因是目前《民事诉讼法典》中关于缺席审理部分的条款已不适用。此外，许多条款规定不明确，导致当事人缺席出庭或不提交答辩状的情况下审理进度缓慢，甚至成为当事人拖延诉讼的手段。应当修改《民事诉讼法典》中关于缺席审理的相关条款，使之更加明确、合理。这是为了在当事人不提交答辩状的情况下，让法院能够判决出胜诉方，也是为了在当事人不提交答辩状或缺席审理的情况下，能够公平审理案件，使办案更加快速、节约及清晰，是原告使用诉讼权以及保护被告权利的重要保障，能够减少法院待审理案件的数量。因此有必要制定本法典。

《民事诉讼法典使用案》〔2000〕2号文件[382]

第二条 本法典于《政府公报》公布次日施行。

第五条 新《民事诉讼法典修改案》施行后，各部根据1934年版《民事诉讼法典》而制定的规章制度在不与新版本法案冲突或存在争议的情况下可继续使用，直至出台使用新的规章制度。

第六条 依照本法典，最高法院院长及司法部部长应代行职责。

备注：颁布施行本版法典的原因是《泰王国宪法》第二百七十五条及《普通法院行政管理条例》规定，法院办公室是法院的独立行政部门，但未规定执行局是法院的行政部门，因此执行局仍隶属于司法部。应该修改1934年版《民事诉讼法典使用案》中关于最高法院院长及司法部部长的权力与职权的相关条款，使之更加适应如今的社会形势。因此有必要制定本法典。

---

[382] 《政府公报》第117期／第103卷(1)／第1页／2000年11月13日。

《民事诉讼法典修改案》〔2000〕20号文件[20]

第二条 本法典于《政府公报》公布次日施行。

备注：颁布施行本版法典的原因是根据《泰王国宪法》第二百七十五条及《普通法院行政管理条例》规定，普通法院办公室为其独立行政机构，未规定执行局是法院的行政部门，因此执行局仍隶属于司法部。因此，应当修改有关按照判决书或裁定书执行的内容，使之与实际情况相适应，因此有必要制定本法典。

《民事诉讼法典修改案》〔2004〕21号文件[34]

第二条 本法典于《政府公报》公布次日施行。

备注：颁布施行本版法典的原因是，根据《民事诉讼法典》中关于依据执行员对申请执行人的中止执行及对被执行人的财产拍卖的规定不够明确。因此，为了保证案件的执行公正，通过保护在案件中利害关系人的权益，保证被执行人的资产拍卖得以有效、快速、公正地进行，保证拍卖中的买家获得公平的保护以及符合《民商法典》关于拍卖的条款的立法宗旨，应修改上述条款，使之更加合理、明确，因此有必要制定本法典。

《民事诉讼法典修改案》〔2005〕22号文件[35]

第二条 本法典于《政府公报》公布次日施行。

第十条 本法典第九条不适用于此法典开始施行之前起诉的案件的执行，使用原法典附表5来执行上诉案件。

---

[20] 《政府公报》第117期/第103卷(1)/第4页/2000年11月13日。
[34] 《政府公报》第122期/第3卷(1)/第1页/2005年1月8日。
[35] 《政府公报》第122期/第61卷(1)/第30页/2005年7月27日。

第十一条　依照本法典,司法部部长应代行职责。

备注:颁布施行本版法典的原因是,根据《民事诉讼法典》中关于按已生效的判决书或裁定书执行案件的规定与当今的社会形势不符,将导致执行进度缓慢,对申请执行人和被执行人的权利保障不足。由《民事诉讼法典》附表5规定的执行员的手续费率过高,应修改关于按照判决书或裁定书执行和执行员手续费费率的部分,因此有必要制定本法典。

《民事诉讼法典修改案》〔2007〕23号文件[396]

第二条　本法典于《政府公报》公布次日施行。

第二十条　本法典不影响本法典开始施行之前的任何审理程序,在本法典正式施行前尚未超过审理期限的案件程序,但仍在新法典规定的期限内的,可按照新法典规定的期限进行审理。

第二十一条　依照本法典,最高法院院长应代行职责。

备注:颁布施行本版法典的原因是,通过修改第一编第五章关于民事诉讼证据的规定,使之符合国家经济、社会、技术的发展现状,因此有必要制定本法典。

《民事诉讼法典修改案》〔2008〕24号文件[397]

第二条　本法典于《政府公报》公布九十日后施行。

第二十一条　除第六条外,本法典的规定不适用于本法典开始施行之前起诉的案件,适用起诉时的规定执行上述案件。对于本法典施行前的诉讼费用,但本《民事诉讼法典修改案》未规定的,自本

---

[396] 《政府公报》第124期/第89卷(1)/第1页/2007年12月10日。
[397] 《政府公报》第125期/第32卷(1)/第14页/2008年2月11日。

法典开始施行之日起,在审理过程禁止向当事人收取诉讼费用。

第二十二条 依照本法典,最高法院院长和司法部部长应代行职责。

备注: 颁布施行本版法典的原因是,由于《民事诉讼法典》中关于诉讼费用的规定仍存在诸多不合理之处,且未将审理案件的诉讼费用与执行费用进行区分,以及一直以来使用的《民事诉讼法典》附表中的诉讼费率不符合当前的状况,应修改诉讼费用相关规定及《民事诉讼法典》附表的内容,使之更加合理。另外,应规定法院调解的准则和程序、调解员的委派以及调解员的职责,使之符合最高法院院长的法令。修改申请延期开庭审理的申请和审查准则,明确小额诉讼案件和简单案件的审理程序,因此有必要制定本法典。

《民事诉讼法典修改案》〔2008〕25号文件[38]

第二条 本法典于《政府公报》公布次日施行。

备注: 颁布施行本版法典的原因是,由于《民事诉讼法典》中关于判决书或裁定书的执行未规定执行员为法院工作人员,且未明确规定提交案件执行相关文件的方式,而导致案件的执行出现延迟和争议,因此应规定执行员的职务等同于法院工作人员,明确规定案件执行相关文件提交的准则和方式以及执行员提交文件的报告的准则和方式,让案件的执行更加公正、便捷、快速、经济,因此有必要制定本法典。

《民事诉讼法典修改案》〔2015〕26号文件[39]

第二条 本法典于《政府公报》公布二百四十日后施行。

---

[38] 《政府公报》第125期/第45卷(1)/第1页/2008年3月7日。
[39] 《政府公报》第132期/第28卷(1)/第1页/2015年4月8日。

备注：颁布施行本版法典的原因是，以集团诉讼形式为运行方式的诉讼程序有助于提高司法效率，促进司法公正。由于集团诉讼是一种通过一次诉讼就可以保护多数受害者利益的方式，能够为无法提起诉讼的受害者提供正义，他们能够自动获得赔偿，仅遭受少量损失的受害者也可获得赔偿，如消费者利益受侵害的案件，集团诉讼能够保护在社会上处于相对弱势地位的群体。这种诉讼形式是一种节省诉讼时间和成本的方式，且有助于避免案件起诉中的繁杂因素、防止判决结果产生冲突，是一种可减少法庭诉讼案件量、提高司法效率的有效措施。应修改《民事诉讼法典》，明确规定与集团诉讼相关的诉讼程序，因此有必要制定本法典。

《民事诉讼法典修改案》〔2015〕27号文件[400]

第二条 本法典于《政府公报》公布六十日后施行。

第九条 本法典开始施行之前起诉的案件应按本法典开始施行之前的法律执行，直至案件审结。

第十条 最高法院院长应代行职责。

备注：颁布施行本版法典的原因是，在《民事诉讼法典》的规定中，最高法院无法有效筛除无实质意义的案件，导致最高法院审理案件进度缓慢，影响群众对司法系统的信心和信念。因此，为了提高最高法院的审理效率，为当事人各方提供真实、快速的公正判决，应规定最高法院有权决定所提交的起诉案件是否应当上诉到最高法院，因此有必要制定本法典。

---

[400] 《政府公报》第132期/第86卷（1）/第87页/2015年9月8日。

《民事诉讼法典修改案》〔2015〕28号文件[401]

第二条 本法典于《政府公报》公布次日施行。

备注： 颁布施行本版法典的原因是，由于目前有关公共利益或集体利益的案件较多，如环境诉讼案件、消费者权益保护纠纷案件，这些都是具有复杂性的诉讼案件，应规定允许将这些案件移交给民事法庭审理。为使陪审团可自行到法院管辖范围外取证，应规定受理上述案件的法院有权在法院的管辖范围外开展诉讼程序，规定最高法院院长经最高法院全体会议批准，有权发布与民事案件诉讼程序有关的规定，使诉讼判决更加公正、有效率。另外，应补充修改法院案件信息存储形式，通过电子数据库的形式存储信息，使用信息技术向当事人或在当事人之间发送诉讼文书和文件。为方便快捷，节省时间和成本，应当规定送达传票和起诉状给在泰王国境内无住所地的被告或案外人的方式，因此有必要制定本法典。

《民事诉讼法典修改案》〔2015〕29号文件[402]

第二条 本法典于《政府公报》公布次日施行。

备注： 颁布施行本版法典的原因是，根据目前《公寓管理法》和《土地分配法》拍卖的公寓套房及分配的土地中有未清偿的管理费用的，因为买方须承担执行人未清偿的管理费用，因此该不动产不能吸引市场。为促进买受人购买公寓套房和土地更加公正合理，减少公寓和土地拍卖的障碍，可以在最短的时间内完成拍卖，应增设第三百零九条之四，让利害关系人在整个执行和经济体系中受益，

---

[401] 《政府公报》第132期/第98卷(1)/第51页/2015年10月8日。
[402] 《政府公报》第132期/第110卷(1)/第1页/2015年11月19日。

因此有必要制定本法典。

《民事诉讼法典修改案》〔2015〕30号文件[403]

第二条 本法典于《政府公报》公布次日施行。

备注:颁布施行本版法典的原因是,由于目前仍未规定法院传唤的证人就其应获得的补偿费、交通费、住宿费向法院提出意见,这些被法院传唤的证人的意见对当事人双方均有好处。因此,为公正起见,应规定被法院传唤的证人,就其应获得的补偿费、交通费、住房费,可向法院提出意见,使之更明确和公正,因此有必要制定本法典。

《民事诉讼法典修改案》〔2017〕30号文件[404]

第二条 本法典于《政府公报》公布六十日后施行。

第二十一条 本法典不影响本法典开始施行之前完成的法院的诉讼程序和执行员的执行程序。

执行员在本法典施行前发布拍卖公告的,依照本法典施行前规定的准则、程序、条件进行拍卖直到完成拍卖。

第二十二条 依照本法典施行之前的规定制定的所有部门规章、条例、声明或指令,只要与《民事诉讼法典》的规定,即此《民事诉讼法典修改案》不相冲突的,应继续适用,直至根据《民事诉讼法典修正案》颁布新的部门规章、条例、声明或指示。

第二十三条 最高法院院长和司法部部长应代行职责。

备注:颁布施行本版法典的原因是,根据《民事诉讼法典》中关于执行法院的判决或裁定的规定,部分内容已不适用当前的经济和

---

[403] 《政府公报》第132期/第120卷(1)/第9页/2015年12月14日。
[404] 《政府公报》第134期/第69卷(1)/第1页/2017年7月6日。

社会状况,导致审理进度缓慢,参与诉讼的公民未获得应有的公平正义。应当修改《民事诉讼法典》中关于执行判决和裁定的部分,保持法条间的一致性。因此,有必要制定本法典。

《民事诉讼法典修改案》〔2019〕31号文件⑯

第二条 本法典于《政府公报》公布次日施行。

第四条 本法典不影响本法典开始施行之前法院已进行的诉讼程序。本法典施行后,法院的诉讼程序应当适用本民事诉讼法典修改的规定。

第五条 最高法院院长应当依照本法典规定履行职责。

备注: 颁布施行本版法典的原因是,应当对上诉法院和最高法院审判大会的审查原则进行修改,规定由上诉法院和最高法院的审判委员会履行审查职责,以便适应普通法院或专门法院成立与程序法对法院组织及审理体系所作出的改变。因此,有必要制定本法典。

《民事诉讼法典修改案》〔2020〕32号文件⑰

第二条 本法典于《政府公报》公布六十日后施行。

备注: 颁布施行本版法典的原因是,应当完善诉前调解制度,以便当事人可以在提起诉讼前选择通过调解的途径解决民事纠纷。当事人可以请求法院为其指定调解员。如果达成一致意见的,当事人可以请求法院确认调解协议的效力。这样可以在无诉讼的情形下,快速地解决民事纠纷,有利于节约时间和资源成本,对社会经济具有重要作用。因此,有必要制定本法典。

---

⑯ 《政府公报》第136期/第34卷(1)/第15页/2019年6月20日。
⑰ 《政府公报》第137期/第71卷(1)/第1页/2020年9月8日。

总编:巴利亚努,布尼咖

审核:帕亚

2015年9月9日

增订:薇萨妮

审核:帕亚

2015年10月12日

修订:穆素拉

2016年1月12日

增订:蓬拉微帕

2017年7月12日

审核:微查蓬

2017年7月18日

审核:帕亚

2019年3月20日

增订:薇帕

2019年3月21日

校对:穆素拉

2020年9月9日

审核:安陂恺

2020年9月9日

1934 年泰王国刑事诉讼法典

以阿南塔·玛希顿国王陛下之名
摄政委员会
(根据 1934 年 3 月 7 日《国家议会主席公告》公布的名单)
阿努汶·扎杜隆
阿提贴·阿帕
昭披耶勇叻
于八世王第二年 1935 年 6 月 5 日签发

由于国家议会通过了颁布实施《刑事诉讼法典》的决议,经国家议会提议并同意,国王发出圣谕,颁布皇家法令,内容如下:

第一条 本法典名称为《1934 年刑事诉讼法典》。

第二条[①] 本法典于《政府公报》公布之日起生效。

第三条 附在本圣谕后的《刑事诉讼法典》,自 1935 年 10 月 1 日起施行。

法院和工作人员依照本法典的规定审判泰王国境内的刑事案件,采用特别审判程序的法院除外。

本法典施行前,法院尚未审结的案件,适用当时的法律,直至案

---

① 《政府公报》第 52 期 /—/ 第 598 页 /1935 年 6 月 10 日。

件终结。

第四条 《1896年刑事责任暂行条例》第十四条、第十六条、第八十七条至第九十六条，以及其他法律、法规和规定中与本法典矛盾或相冲突的部分，自本法典施行之日起，予以废止。

第五条② 最高法院院长、内阁总理、内政部部长和司法部部长，依照本法典的规定履行职务。

按照分工制定职责规范，保障刑事案件审判工作的顺利开展，最高法院院长有权制定规定，内阁总理、内政部部长和司法部部长有权制定部令。上述各主体的立法权限仅限于与自身职责相关的部分。

制定的规定或者部令于《政府公报》公布后生效。

接旨人

泰王国总理

披耶帕凤·丰派育哈色纳上校

---

② 第五条　修改于《刑事诉讼法典修正案》〔2005〕2号文件。

泰王国刑事诉讼法典

第一编　总则

第一章　基本原则　　　　　　　　　　　第1—15条

第二章　侦查人员和法院的权力

　　第一节　一般原则　　　　　　　　　第16条

　　第二节　调查和侦查的权力　　　　　第17—21/1条

　　第三节　法院的权力　　　　　　　　第22—27条

第三章　提起刑事诉讼和提起刑事附带民事诉讼

　　第一节　提起刑事诉讼　　　　　　　第28—39条

　　第二节　提起刑事附带民事诉讼　　　第40—51条

第四章　传票和刑事司法令状

　　第一节　传票　　　　　　　　　　　第52—56条

　　第二节　刑事司法令状

　　　一、一般原则　　　　　　　　　　第57—65条

　　　二、逮捕令　　　　　　　　　　　第66—68条

　　　三、搜查令　　　　　　　　　　　第69—70条

　　　四、拘留令、监禁令、释放令　　　第71—76条

第五章　逮捕、拘留、监禁、搜查、暂时释放

　　第一节　逮捕、拘留、监禁　　　　　第77—90条

　　第二节　搜查　　　　　　　　　　　第91—105条

　　第三节　暂时释放　　　　　　　　　第106—119（2）条

第二编　侦查

第一章　一般原则　　　　　　　　　　　第120—129条

第二章 侦查

第一节 一般性侦查	第 130—147 条
第二节 尸检	第 148—156 条

第三编 初级法院的审判程序

第一章 刑事诉讼的起诉与审查	第 157—171 条
第二章 审判	第 172—181 条
第三章 判决与裁定	第 182—192 条

第四编 上诉与终审

第一章 上诉

第一节 一般原则	第 193—202 条
第二节 上诉法院的审理、判决与裁定	第 203—215 条

第二章 终审

第一节 一般原则	第 216—224 条
第二节 最高法院的审判、判决与裁定	第 225 条

第五编 证据

第一章 一般原则	第 226—231 条
第二章 证人	第 232—237（3）条
第三章 书证	第 238—240 条
第四章 物证	第 241—242 条
第五章 专家鉴定	第 243—244/1 条

第六编 执行判决与诉讼费用

第一章 执行判决	第 245—251 条
第二章 诉讼费用	第 252—258 条

第七编 赦免、从轻处罚和减刑   第 259—267 条

第一编 总则

第一章 基本原则

第一条 在本法典中已作出解释的词,以本解释为准,但文本内容与本解释相冲突的除外。

第二条 本法典下列用语的含意是:

(一)法院,是指有权审判刑事案件的普通法院或者审判人员;

(二)犯罪嫌疑人,是指涉嫌刑事犯罪,但尚未被起诉到法院的人;

(三)被告人,是指涉嫌刑事犯罪,已被提起诉讼的人;

(四)被害人,是指因犯罪行为而遭受损害的人,包括第四条、第五条和第六条规定的具有代理权的其他人;

(五)检察人员,是指有责任对犯罪嫌疑人提起诉讼的检察院工作人员或其他有权提起诉讼的工作人员;

(六)侦查人员,是指依据法律规定的职权和职责,对案件进行侦查的工作人员;

(七)起诉状,是指被害人认为行为人的行为有过错,并且给自己造成损害后(无论故意与否),依照本法典规定,向工作人员提出控告并请求予以惩处的法律文书;

(八)公诉书,是指被害人以外的其他人员,认为行为人的行为有过错的(无论故意与否),向工作人员提出控告的法律文书;

(九)[3] 刑事司法令状,是指依照本法典规定签发的,由工作人员

---

③ 第二条第(九)项 修改于《刑事诉讼法典修正案》〔2004〕22号文件。

用于对犯罪嫌疑人、被告人、罪犯实施逮捕、拘留、监禁、释放或进行搜查的令状,包括确认无误的逮捕令或搜查令副本,以电报形式传达已出具逮捕令或搜查令的说明,以传真、电子媒介或其他信息技术媒介传达逮捕令或搜查令的副本。以上,依照第八十八条的规定执行;

(十)调查,是指司法警察为维护人民安全、了解犯罪细节,根据其权力和责任,寻找犯罪事实及证据的过程;

(十一)侦查,是指为了解犯罪真相或证实犯罪事实,以便起诉犯罪嫌疑人,侦查人员依照本法典条例的规定,收集证据和调查涉及犯罪嫌疑人的其他相关活动;

(十二)审查起诉,是指法院对被告和犯罪嫌疑人的诉由进行审查的程序;

(十三)非公共场所,是指刑事法律规定的公共场所以外的其他场所;

(十四)原告人,是指向法院提起诉讼的检察官或者受害人,或者检察官和受害人二者同为原告人,即其作为共同原告人向法院提起诉讼;

(十五)当事人,是指原告方和被告方;

(十六)司法警察,是指法律赋予其职权和职责,以维护人民安全的官员,包括监狱、国税厅、海关署、港务厅、移民局等司法工作人员和其他履行制止、抓捕违法犯罪活动职责的工作人员;

(十七)[4] 政法干警,是指下列工作人员:

(1)内政部次长;

(2)内政部副次长;

---

[4] 第二条第(十七)项　修改于《刑事诉讼法典修正案》〔1992〕18号文件。

（3）内政部巡视员；

（4）内政部次长助理；

（5）府行政局局长；

（6）府行政局副局长；

（7）侦查法律事务部主任和行政局主任；

（8）侦查法律事务部各单位负责人和行政局各单位负责人；

（9）行政局巡视员；

（10）府尹；

（11）副府尹；

（12）府常务秘书；

（13）县长；

（14）担任县日常工作负责人的县常务秘书；

（15）泰国皇家警察局局长；

（16）泰国皇家警察局副局长；

（17）泰国皇家警察局局长助理；

（18）总警监；

（19）副总警监；

（20）总警监助理；

（21）警察指挥官；

（22）警察副指挥官；

（23）府警察局局长；

（24）府警察局副局长；

（25）警司；

（26）府警司；

（27）副警司；

（28）府副警司；

(29)总督察;

(30)督察;

(31)警队队长;

(32)派出所所长(军衔为少尉级别或少尉以上级别);

(33)派出所分支负责人(军衔为少尉级别或少尉以上级别)。

此外,还包括以上官员代理人,其中第(31)目、第(32)目、第(33)目中,官员代理人的军衔要求为少尉级别或少尉以上级别。

(十八)物品,是指在刑事案件中可能被作为证据使用的动产,包括信件、电报和其他文件。

(十九)庭审笔录,是指法院在审判刑事案件过程中,详细记载下来作为证据使用的文字。

(二十)笔录,是指司法行政工作人员或者警察在刑事案件侦查过程中记载下来,作为证据使用的文字,包括对起诉状和公诉书的记载。

(二十一)监管/控制,是指司法行政工作人员或者警察在调查和侦查案件的过程中,对被逮捕人采取的监控或羁押措施。

(二十二)拘留,是指法院羁押被告人或犯罪嫌疑人。

第三条 第四条、第五条和第六条规定中的人员,有权依照法律规定的条件代理被害人进行以下活动:

(一)起诉;

(二)作为原告人提起刑事案件,或者作为共同原告人,与检察人员共同提起刑事案件;

(三)作为原告人提起刑事附带民事诉讼;

(四)撤回刑事诉讼或刑事附带民事诉讼;

(五)就自诉案件进行和解。

第四条 如果刑事案件的被害人是已婚妇女的,该妇女有权自行提起诉讼,而不必事先征得其丈夫同意。

依照第五条第一款第(二)项的规定,丈夫在征得妻子明确同意后,有权代理妻子提起刑事诉讼。

第五条 下列人员可以作为被害人的代理人:

(一)法定代理人或监护人,仅限于被害人为未成年人或无刑事责任能力人的案件;

(二)长辈直系血亲、晚辈直系血亲及配偶,仅限于被害人因受害致死或者丧失行为能力的刑事案件;

(三)法人的经理或其他代理人,仅限于法人受到犯罪行为直接侵害的案件。

第六条 在刑事案件中,如果被害人是没有法定代理人的未成年人,或者是没有监护人的精神病人、无刑事责任能力人,或者其法定代理人、监护人由于某种原因无法担任代理人,包括代理人与未成年人、无刑事责任能力人有利益冲突的,其亲属或与其有利害关系的人可以向法院提出申请,请求法院指定其为特别代理人。

法院在审查后,应当指定申请人或者其他愿意代理的人员担任特别代理人。如果没有人愿意担任特别代理人的,则由法院指定行政司法人员担任特别代理人。

禁止就申请法院指定特别代理人的事宜收取任何手续费用。

第七条 如果涉案的犯罪嫌疑人或被告人是法人的,那么在对该案件进行侦查、审查起诉或者审判的过程中,可以根据案件情况,向法人的经理人或其他代理人发出传票,责令其到侦查人员处或法院配合调查处理。

在法人为犯罪嫌疑人或被告人的案件中,如果法人的经理人或其他代理人没有按照传票履行的,可以向该人员下达逮捕令或拘传令,但不得适用关于暂时释放、拘留、监禁的相关条例。

第七条/(一)⑤ 被逮捕人或者被控制、被拘留的犯罪嫌疑人,有权自行或请求工作人员,在第一时间内将其被拘捕和被控制的地点通知其亲属或者其信赖的人。此外,被逮捕人和犯罪嫌疑人还享有下列权利:

(一)与即将成为律师的人员会见和向其咨询;

(二)在侦查阶段让律师或其信赖的人参与讯问过程;

(三)接受探视或适当与亲属联系;

(四)生病时能及时就医。

处理该案件的司法行政工作人员或者警察应当在第一时间内将第一款规定的权利告知被逮捕人和犯罪嫌疑人。

第八条⑥ 自提起诉讼之日起,被告人享有以下权利:

(一)接受快速、持续和公正的案件审判;

(二)在审查起诉阶段以及初级法院、上诉法院、最高法院审判阶段委托律师;

(三)向律师或者即将成为自己律师的人员咨询;

(四)查阅证据或对证据进行复制、拍照;

(五)查阅在审查起诉或法院审判阶段中的案卷材料,以及复制案件材料,请求提供确认无误的副本,但须缴纳相关手续费,法院予以免除的除外;

(六)查阅或复制自己在侦查阶段中的答辩词,以及与答辩词相关的材料。

如果被告人已有律师的,那么该律师与被告人一样,享有上述规定的权利。

---

⑤ 第七条/(一) 修改于《刑事诉讼法典修正案》〔2004〕22号文件。
⑥ 第八条 修改于《刑事诉讼法典修正案》〔2004〕22号文件。

当检察人员向法院提起诉讼后,被害人与被告人一样,享有第一款第六项中规定的权利。

第九条 笔录必须注明制作的地点、时间以及制作人的姓名与职务。

笔录制作人依照法院指令或者其他工作人员的指令请求制作笔录的,应当在笔录中对上述指令或请求予以注明,并说明记录情况。

笔录制作人应当在笔录上签名。

第十条 庭审笔录必须注明制作庭审笔录的法院名称、制作时间与地点。如果法院依照其他法院的指令或者重要问题制作笔录的,应当在笔录中对上述指令或问题予以注明,并说明记录情况。

制作庭审笔录的审判人员应当在庭审笔录上签名。

第十一条 法院或其工作人员应当将其记录的笔录或庭审笔录向被讯问人宣读,如果有需要更正的,有异议或有补充的,应当予以更正或注明,并由被讯问人签名予以确认。

如果应当在笔录或庭审笔录上签名的人员无法签名或者拒绝签名的,应当在笔录上记明或注明。

第十二条 法院及其工作人员制作的起诉状、公诉书,或者递交给法院及其工作人员的被告人答辩词、申诉词,应当使用墨水书写,或使用打字机、打印机制作。如果出现错误的,不可将其删除,仅可划出错字并重写。由审判人员、工作人员或更正人员在纸边上签字予以确认。

依照本条在文件中修改言词的,应当由审判人员、工作人员或更正人签署姓名,以便监督。

第十二条之二[7]　在起诉、侦查、审查起诉和审判过程中，如果法律规定应当有心理学家或社会工作者参与的，那么上述人员必须具备部令规定的资质。

第一款规定的参与到案件中的心理学家或社会工作者，可以依照财政部批准的司法部规章，获得相应报酬。

第十三条[8]　案件的侦查、审查起诉或审判过程，应当使用泰语。如果有必要将泰语方言和外语翻译成泰语，或者将泰语翻译成泰语方言和外语的，应当由翻译人员进行翻译。

如果被害人、犯罪嫌疑人、被告人、证人不会说或不能理解泰语，或者只会说或理解泰语方言，并且没有翻译的，侦查人员、检察人员或者法院应当及时为其提供翻译。

如果被害人、犯罪嫌疑人、被告人、证人丧失听说能力，无法进行正常交流，并且没有手语翻译的，侦查人员、检察人员或者法院应当及时为其提供手语翻译，或者使用其他适当的方法进行提问、回答、交流。

翻译人员应当正确翻译答辩词、证词和其他内容，并且应当宣誓或承诺将如实履行职责，不会增加或删减翻译内容。

翻译人员应当在译文上签名。

侦查人员、检察人员和法院应当依照财政部批准的泰国皇家警察局、内政部、司法部、最高检察院办公室或普通法院办公室的相关规章，向翻译支付酬劳费、交通费、住宿费。

第十三条之二[9]　（废止）

第十四条　在侦查、审查起诉或审判的过程中，有正当理由认为

---

[7]　第十二条之二　增加于《刑事诉讼法典修正案》〔1999〕20号文件。
[8]　第十三条　修改于《刑事诉讼法典修正案》〔2008〕28号文件。
[9]　第十三条之二　废止于《刑事诉讼法典修正案》〔2008〕28号文件。

犯罪嫌疑人、被告人患有精神病或者无法应诉的,侦查人员或法院应当安排医护人员进行检查(视情况而定),待检查完毕后,传唤该医护人员陈述检查结果。

如果侦查人员或者法院认为犯罪嫌疑人、被告人患有精神病或者无法应诉的,应当中止侦查、审查起诉或审判,直至其精神恢复正常或者有能力应诉。同时有权根据需要,将其送至精神病院或交付给监护人、府专员或其他愿意对其予以照顾和看管的人员。

如果法院依照前款规定,裁定中止审查起诉或审判的,那么法院可以裁定暂予驳回起诉。

第十五条 本法典中没有规定的程序性事项,适用《民事诉讼法典》的相关规定。

第二章 侦查人员和法院的权力

第一节 一般原则

第十六条 法院、审判人员、检察人员、行政官员或者警察在依法行使权力时,应当遵守关于普通法院设立、审判人员职权与职责,以及行政官员或者警察的职权与职责相关的法律法规规定。

第二节 调查和侦查的权力

第十七条 行政官员和警察有权调查刑事案件。

第十八条[⑩] 除曼谷、吞武里府以外的其他府,政法干警、府常务秘书和警衔为少尉级别或者相当于少尉级别以上的警察,有权对其管辖区内已经发生、将要发生或者可能发生的刑事案件进行侦查。

---

⑩ 第十八条 修改于《刑事诉讼法典修正案》〔1953〕5号文件。

在曼谷、吞武里府,警衔为少尉级别或者相当于少尉级别以上的警察,有权对其管辖区内已经发生、将要发生或者可能发生的刑事案件,或者对犯罪嫌疑人在其管辖区内有居所地的刑事案件,或者对被逮捕于其管辖区内的刑事案件进行侦查。

依照本法典第十九条、第二十条和第二十一条规定,在一般情形下,刑事案件由犯罪地的侦查人员负责侦查,以便于进行诉讼。在必要时或者基于方便诉讼的需要,可以由犯罪嫌疑人居住地或被逮捕地的侦查人员负责侦查。

地方有多名侦查人员的,则由该地方的侦查队长或其代理人负责侦查。

第十九条 有下列情形之一的,任一相关的地方侦查人员有权进行侦查:

(一)犯罪行为发生在多个不同地方之间的;

(二)犯罪行为的一部分发生在某一个地方,另一部分则发生在另一个地方;

(三)犯罪行为是连续发生的,且其连续发生在一个以上不同地方的;

(四)犯罪行为具有多种形式且发生在多个不同地方的;

(五)犯罪行为发生在犯罪嫌疑人逃亡途中的;

(六)犯罪行为发生在受害人离开案发现场的途中的。

上述规定的情形,如果出现下列情况的,则由以下侦查人员负责侦查:

(一)如果犯罪嫌疑人已经被逮捕的,由逮捕地的地方侦查人员负责侦查;

(二)如果犯罪嫌疑人尚未被逮捕的,则由犯罪行为发现地的地方侦查人员负责侦查。

第二十条[11]　犯罪行为发生在泰国境外,且依照泰国法律应当受到惩罚的,由最高检察院检察长或者其代理人负责侦查案件,或者将案件授权给其他检察人员或者侦查人员代为侦查。

在最高检察院检察长或者其代理人将案件授权给某个侦查人员代为侦查的情形下,最高检察院检察长或者其代理人也可以授权某个检察人员与该侦查人员合作侦查。

获得授权、负责侦查的检察人员以及与侦查人员合作侦查的检察人员,具有与侦查人员同等的侦查职权和职责,还具有法律赋予检察人员的其他职权和职责。

在检察人员与侦查人员合作侦查时,侦查人员在搜集证据方面应当听从检察人员的指令和意见。

在必要的时候,侦查人员在等候最高检察院检察长或其代理人作出决定期间,可以进行下列侦查活动:

(一)犯罪嫌疑人在侦查人员管辖区域内被逮捕的;

(二)其他国家政府或受害者向侦查人员提出惩罚犯罪嫌疑人员的诉求的。

当负责侦查的检察人员或者侦查人员认为案件侦查终结的,由其依照第一百四十条、一百四十一条和一百四十二条规定作出处理建议,并将案卷材料一并提交给最高检察院检察长或其代理人。

第二十一条　如果在同一个府辖区内负责侦查的侦查人员无法确定的,由该府的府尹作出决定。如果在曼谷辖区内负责案件的侦查人员无法确定的,则由警察局副局长以上级别的行政长官作出决定。

如果在多个府之间负责侦查的侦查人员无法确定的,由检察院

---

[11]　第二十条　修改于《刑事诉讼法典修正案》〔2008〕29号文件。

检察长或其代理人作出决定。

等待决定作出的期间不中止案件侦查。

第二十一条/(一)[12] 由警察负责侦查的案件,在同一个府或同一个部门内负责侦查的侦查人员无法确定的,由侦查人员的上级领导即行政长官作出决定。

等待决定作出的期间不中止案件侦查。

第三节 法院的权力

第二十二条 当犯罪行为发生在、可能发生在或者怀疑其发生在某个法院的管辖区内的,由该法院受理。但下列情形除外:

(一)被告有居住地或者被逮捕于某个地方,或者该案件由某个法院管辖区内的侦查人员负责侦查的,也可以由管辖该地的法院受理;

(二)犯罪行为发生在泰国境外的,由刑事法庭受理。如果该案件由某个法院管辖区内的侦查人员负责侦查的,也可以由管辖该地的法院受理。

第二十三条 两个以上的法院都有权管辖的案件,如果已经向犯罪地以外的法院提起诉讼的,原告人或者被告人可以申请将案件移送至犯罪地的其他法院管辖。

原告人向犯罪地的法院提起诉讼后,发现由另一个有管辖权的法院审判更为便利,无论被告反对与否,原告人都可以申请将该案件移送至另一个法院。法院会根据案件情况作出裁定,同意其移送或者裁定驳回其申请。

---

⑫ 第二十一条/(一) 增加于 2014 年 7 月 21 日签发的《国家安全委员会关于〈刑事诉讼法典修正案〉的公告》第 115/2014 期。

第二十四条　基于同一事实的多项相关联犯罪,例如:

(一)一人犯数罪的,或相关联的多人犯同一罪行的,或相关联的数人犯多项罪行的(包括主犯、从犯或销赃者);

(二)源于同一目的或由多人提前谋划的多项犯罪;

(三)以包庇他人犯罪行为为目的的另一项犯罪。

以上情形可以向有权受理案件的法院起诉所有罪名,或起诉所有违法犯罪者,并以较高的刑罚确定为量刑幅度。

若多项相关联犯罪的量刑幅度相同,有权受理案件的法院可以先受理其中一项。

第二十五条　法院可以将其受理的关联纠纷案件合并审理。

法院在受理关联纠纷案件后,认为其受理的案件与关联纠纷案件基于同一事实,具有牵连关系,应由具有管辖权的其他法院受理的,可以将该案件移送该法院。如果法院认为其受理的案件与关联纠纷案件不具有牵连关系的,在经与另一法院协商后,也可以将案件移送该法院受理。

第二十六条[13]　如果案件的犯罪性质、被告人身份、被告人数量、当地多数民众的感受以及其他事由可能会妨碍案件的审查起诉和审理,或者可能会导致产生动乱或其他严重后果,或者可能会损害国家利益的,那么原告人、被告人或者正在审理案件的法院可以向最高法院院长提出申请,请求将案件移送至其他法院审理。最高法院院长认为应当予以准许的,则裁定将案件移送至其指定的法院。

最高法院院长的裁定为最终裁定。

第二十七条　刑事案件审理法官的任命,可以依照《民事诉讼法典》的相关规定进行。

---

[13]　第二十六条　修改于《刑事诉讼法典修正案》〔2016〕31号文件。

第三章　提起刑事诉讼和提起刑事附带民事诉讼

第一节　提起刑事诉讼

第二十八条　下列人员有权向法院提起刑事诉讼：

（一）检察人员；

（二）被害人。

第二十九条　被害人提起诉讼后死亡的，其父母、子女或配偶有权代替死者继续参加本案诉讼。

被害人死亡且被害人为未成年人、精神病人或无刑事责任能力人的，被害人的法定代理人、监护人或特殊代理人在其生前已经为其提起诉讼的，这些代理人可以继续参加本案诉讼。

第三十条　检察人员向法院提起刑事诉讼后，被害人可在初级法院审理前任一阶段提出申请，请求作为原告人参加诉讼。

第三十一条　被害人就刑事自诉案件向法院提起诉讼后，检察人员可以在案件审结前的任一阶段提出申请，请求作为原告人参加诉讼。

第三十二条　在检察人员和被害人作为共同原告人的情形下，如果检察人员认为被害人在审判过程中的作为或不作为会对公诉案件造成不良影响的，那么检察人员有权请求法院要求被害人停止作为或作出某种行为。

第三十三条　公诉人和被害人就同一刑事案件分别向同一个或不同的初级法院提起诉讼的，如果法院认为案件适合合并审理或者原告人在判决前提出合并审理申请的，法院有权决定合并审理。

法院在作出合并审理的决定前，应当事先征得受理案件的其他法院的同意。

第三十四条　裁定不予起诉的,不剥夺被害人直接向法院起诉的权利。

第三十五条　在初级法院作出判决前,可以对刑事案件申请撤诉,法院在审查后,可以作出准许或不予准许的裁定。如果申请撤诉是在被告人提交答辩状之后的,那么应当询问被告人是否有异议,法院应当记录被告人的陈述。如果被告人对撤诉有异议的,法院应当裁定驳回申请。

刑事自诉案件在结案前,可以申请撤诉或和解。如果被告有异议,法院应当裁定驳回申请。

第三十六条　从法院撤诉的刑事案件不能再次起诉,但下列情形除外:

(一)检察人员对非刑事自诉案件提起诉讼后又撤诉的,不剥夺被害人就本案件再次提起诉讼的权利;

(二)检察人员未经被害人书面同意,对刑事自诉案件进行撤诉的,不影响被害人就本案件再次提起诉讼;

(三)被害人提起刑事诉讼后又撤诉的,不剥夺检察人员就本案件再次提起诉讼的权利,刑事自诉案件除外。

第三十七条[14]　在下列情形下,可以撤销刑事案件:

(一)如果刑罚只涉及罚金的,过错方愿意在法院审理前缴纳高额罚金的;

(二)轻罪案件、量刑幅度低于轻罪的案件、刑罚只涉及罚金且处罚不超过一万泰铢的案件,或者违反税法且处罚不超过一万泰铢的案件,过错方已经按照侦查人员的要求缴纳罚金的;

(三)对于发生在曼谷的轻罪案件、量刑幅度低于轻罪的案件、刑

---

[14] 第三十七条　修改于《刑事诉讼法典修正案》〔1986〕16号文件。

罚只涉及罚金且处罚不超过一万泰铢的案件,犯罪嫌疑人根据当地督察以上警衔或负责本案的警察的要求缴纳罚金的;

(四)其他法律规定的案件,犯罪嫌疑人按照工作人员的要求已缴纳罚金的。

第三十八条 对于第三十七条第(二)(三)(四)项规定的案件,如果工作人员认为没有必要对犯罪嫌疑人处以监禁的,可以参照适用下列情形:

(一)责令犯罪嫌疑人缴纳一定数额的罚金。如果犯罪嫌疑人和被害人同意此决定,犯罪嫌疑人在一定期限内(不超过十五日),按照工作人员规定的数额缴纳罚金后,本案结案;

如果犯罪嫌疑人不同意上述处罚的,或者同意后但不在前款规定的期限内缴纳罚金的,那么本案继续进行审理;

(二)涉及赔偿金的案件,在征得被害人和犯罪嫌疑人同意的情形下,工作人员可以自行决定罚款金额,也可以根据当事人协商一致的数额确定罚款金额。

第三十九条 下列情形下,不得再提起刑事诉讼:

(一)犯罪嫌疑人死亡的;

(二)刑事自诉案件撤回诉状、依法撤诉或达成和解的;

(三)依照第三十七条的规定撤销刑事案件的;

(四)刑事案件已经提起诉讼并作出终审判决的;

(五)犯罪行为发生后有法律出台免除该行为的刑罚的;

(六)案件超过追诉时效的;

(七)法律规定免于刑事处罚的。

第二节　提起刑事附带民事诉讼

第四十条 刑事附带民事诉讼可向刑事法庭或有权受理民事

案件的法庭提起,民事案件的审判适用《民事诉讼法典》的规定。

第四十一条 如果民事案件的审判会使得刑事案件的审判缓慢或停滞的,法院有权下令将民事案件和刑事案件分开,并将案件交由有权受理的法院各自审判。

第四十二条 在民事案件的审判中,如果在刑事案件审判中已审查过的证据不足以支持民事案件的,法院可以对证据进行补充调查。

在上述情形下,法院可以对刑事部分先行判决,而民事部分则可以在刑事案件审判后进行。

第四十三条 案件涉及盗窃、抢夺、抢劫、海盗、勒索、诈骗、侵占及接受赃物的,被害人基于他人的违法行为而要求退赔财产损失的,检察人员在提起刑事诉讼时,应当代替被害人为其提出赔偿请求。

第四十四条 检察人员可以将依照第四十三条规定要求退赔财产损失的案件并入刑事案件的审判中,或者在刑事案件的审判过程中,向初级法院申请合并审判。

法院对刑事案件作出判决时,应当一并对要求退赔财产损失的诉求作出判决。

第四十四条/(一)[15] 检察人员作为原告人提起诉讼的案件,被害人有权主张因危及生命、身体、精神或损害人身自由、名誉或者因被告人的违法行为导致财产损失的赔偿金,被害人可以向刑事法庭起诉,请求被告人给被害人支付赔偿金。

检察人员作为原告人提起诉讼的案件,如果由于被告人的违法行为导致被害人生命、身体、精神遭受威胁,人身自由、名誉或财产遭

---

[15] 第四十四条/(一) 增加于《刑事诉讼法典修正案》〔2005〕24号文件。

受损失的,被害人可以向刑事法庭提出请求,要求被告人向被害人支付赔偿金。

依照第一款规定提交的起诉书,除主张因被告人的违法行为产生的赔偿金外,不得提出其他要求;检察人员作为原告人提起诉讼的案件,不得提出与公诉书相冲突的要求。检察人员依照第四十三条规定已经提出赔偿请求的案件,被害人不得再次依照第一款规定再次递交起诉书,主张赔偿金。

第四十四条/(二)[16] 法院在收到第四十四条/(一)规定中的起诉书后,应当告知被告人。被告人作出陈述或不愿意作出陈述的,法院应当在笔录中注明。被告人请求以书面形式递交供词的,法院应当规定递交供词的合理期限。当检察人员审查证据结束,法院应允许被害人主张赔偿金并对其所必须的证据材料予以审查,或者法院也可以先审判刑事诉讼后,再对附带民事诉讼部分进行审判。

第四十四条/(一)规定的起诉人因经济困难没有委托代理律师的,法院可以为起诉人指派律师,受指派的律师有权按照法院管理委员会的章程规定获得奖金及费用补助。

第四十五条 对于任何案件,即使已经提起刑事诉讼,也不能剥夺被害人再提起民事诉讼的权利。

第四十六条 附带民事诉讼部分的审判,法院应当忠实于刑事诉讼判决书中认定的事实。

第四十七条[17] 附带民事诉讼部分的判决应当依照《民事侵权法》的规定进行,但不涉及对被告人的行为是否构成犯罪的判决。

法院依据确切的价目来确定被告人应当支付给被害人的赔偿

---

[16] 第四十四条/(二) 增加于《刑事诉讼法典修正案》〔2005〕24号文件。
[17] 第四十七条 修改于《刑事诉讼法典修正案》〔2005〕24号文件。

金额。至于被害人可能获得的其他赔偿金额,法院可以根据损害事实予以确定,但赔偿金额不能超出被害人所要求的赔偿数额。

第四十八条　法院判决归还财产,但是所有人不明的,当明确所有人后,财产保管人员应当将财产归还给所有人。

在所有人明确的情形下,法院应当作出判决要求财产保管人员将财产归还给所有人。

在所有人存在争议的情形下,主张该财产为其所有的人有权向有管辖权的法院提起诉讼。

第四十九条　法院在对刑事案件进行审判时,即使没有提起附带民事诉讼,也可以裁定将扣押财产返还所有人。

第五十条[18]　法院依照第四十三条、第四十四条、第四十四条/(一)的规定判决应当向被害人返还财产或者赔偿损失的,依据判决,该被害人被视为债权人。

第五十一条[19]　在没有人对刑事案件提起诉讼的情形下,即使《民商法典》第一百九十三条/(二十)规定中的未成年人或精神病人作为起诉人,提起了诉讼或者已经提起其他诉讼,被害人因遭受他人违法行为侵犯而具有提起民事诉讼的权利,但是被害人提起民事诉讼的期限将随着《刑法典》中规定的刑事诉讼时效期间届满而终止。

如果刑事案件已经起诉至法院且犯罪嫌疑人已经归案,但是刑事案件尚未审结的,依照《刑法典》第九十五条规定,被害人提起民事诉讼的时效中断。

如果原告人提起刑事诉讼,且法院在被害人提起民事诉讼前对

---

[18]　第五十条　修改于《刑事诉讼法典修正案》〔2005〕24号文件。
[19]　第五十一条　修改于《刑事诉讼法典修正案》〔2005〕24号文件。

该案被告作出最终处罚判决,被害人提起民事诉讼的期限参照适用《民商法典》第一百九十三条/(三十二)的规定。

如果原告人提起刑事诉讼,法院在被害人提起民事诉讼前对该案作出驳回起诉和释放被告人的裁定,并且案件已审结的,那么被害人提起民事诉讼的期限参照适用《民商法典》的相关规定。

第四章　传票和刑事司法令状

第一节　传票

第五十二条　因依照本法典进行侦查、审查起诉、判决或者其他事务,需要传唤任何人到侦查人员、政法干警或者法院所在地的,应当由侦查人员、政法干警或者法院(视情况而定)发出传票。

由侦查人员、政法干警亲自去侦查的,有权在不发出传票的情形下,传唤犯罪嫌疑人或者证人到场。

第五十三条　传票应当采用书面形式,载明下列信息:

(一)传票的签发地;

(二)传票的签发日期;

(三)被传唤人的姓名和住址;

(四)传唤的事由;

(五)传唤地点、日期和时间;

(六)法院的签名和盖章或者传票签发人员的签名和职务。

第五十四条　为了让被传唤人能够依照传票所规定的时间到达传唤地点,传票中的传唤日期和时间应当在考虑路程远近后确定。

第五十五条　犯罪嫌疑人的传票,不得送达被传唤人的配偶、亲属或者监护人以外的人。

第五十五条 /（一）[20]　在检察人员作为原告人的案件中,法院要求发出传票传唤原告人、证人,但是没有规定送达方式的,检察人员应当通知地方侦查队队长作为传票送达人,将传票送达给证人,并陪同证人按照约定时间出庭,地方侦查队队长应及时将传票送达结果告知法院和检察人员。如果原告人、证人因故无法出庭或者带证人按时出庭作证有困难的,检察人员应当依照一百七十三条 /（二）第二款的规定,请求法院提前对证据进行审查。

传票送达人有权根据财政部批准的司法部相关规章,获得相关费用。

第五十六条　在被传唤人所在地与传票签发地不在同一地方的情形下,如果传票是法院签发的,应当送达到相应的地方法院;如果传票是司法警察签发的,应当送达给被传唤人所在地的有权签发传票的司法警察。以上法院或者司法警察在收到传票后,应当在该传票背面签名,并送达给收件人。

第二节　刑事司法令状

一、一般原则

第五十七条[21]　根据本法典第七十八条、第七十九条、第八十条、第九十二条和第九十四条规定,逮捕、拘留、监禁或者在非公共场所搜查人身或者物品的,应当持有法院的裁定或者令状。

依照法院令状被拘留或监禁的人得到法院释放令的,可以予以释放。

第五十八条[22]　法院有权依照最高法院院长规定的准则和方

---

[20]　第五十五条 /（一）　增加于《刑事诉讼法典修正案》〔2004〕22号文件。
[21]　第五十七条　修改于《刑事诉讼法典修正案》〔2004〕22号文件。
[22]　第五十八条　修改于《刑事诉讼法典修正案》〔2004〕22号文件。

式,在自己的权限范围内作出裁定,签发刑事司法令状。

第五十九条[23] 当法院认为应当签发或者申请人提出申请签发逮捕令、搜查令、拘留令的,法院可以作出裁定或者签发逮捕令、搜查令、拘留令。

如果申请人是司法警察的,该司法警察必须是三级以上的行政官员或者军衔为少尉级别以上的警察。

在紧急情况下,申请人有正当理由无法到庭申请的,申请人可以通过电话、传真、电子媒介或者其他适当的信息技术媒介,申请法院签发逮捕令、搜查令。法院在询问后,可以依照第五十九条/(一)的规定,签发逮捕令、搜查令,并且作出签发上述令状的裁定。在此情形下,法院应当依照最高法院院长规定的准则和方式,通过电话、传真、电子媒介或者其他类型的信息技术媒介将该令状副本传达给申请人。

法院依照第三款规定签发令状之后,应当通知申请签发令状的有关人员及时到法院宣誓,并将上述人员的宣誓内容记入笔录,同时由法院的令状签发人签名,或者使用录音设备对宣誓内容进行录音并将录音内容制作成笔录,同时由法院的令状签发人签名。法院应当将经过签名确认的笔录予以保存。如果法院在事后发现该令状的签发违反法律规定的,法院可以撤销或者变更该令状,并根据实际情况,要求申请人更改,以挽回有关人员造成的损失。

第五十九条/(一)[24] 签发令状前,必须有充分的证据向法院证明可以依照第六十六条、第六十九条或者第七十一条规定签发令状。

---

[23] 第五十九条 修改于《刑事诉讼法典修正案》〔2004〕22号文件。
[24] 第五十九条/(一) 增加于《刑事诉讼法典修正案》〔2004〕22号文件。

法院作出签发令状的裁定或者驳回申请的裁定,应当说明作出该裁定的理由。

申请书的递交、审判以及裁定的作出,应当依照最高法院院长规定的准则和方式进行。

第六十条[25]　逮捕令、搜查令、拘留令、监禁令和释放令应当制作成书面文件并且应当载明下列信息:

(一)令状的签发地;

(二)令状的签发日期;

(三)令状签发的事由;

(四)(1)签发逮捕令的,要注明被逮捕人的姓名或者相貌;

(2)签发拘留令、监禁令或者释放令的,要注明被拘留人、被监禁人或者被释放人的姓名;

(3)签发搜查令的,要注明被搜查地点、被搜查人的姓名或者相貌特征或者被搜查物的特点、搜查的时间以及搜查人员的姓名和职务;

(五)(1)基于安全考虑,签发逮捕令、拘留令或者搜查令,应当注明罪状或者方式;

(2)签发监禁令的,应当在监禁令上注明裁定书涉及的罪状和刑罚;

(3)签发拘留令或者监禁令的,应当注明将进行拘留和监禁的地点;

(4)签发释放令的,应当注明释放理由;

(六)法院的签名和盖章。

---

[25]　第六十条　修改于《刑事诉讼法典修正案》〔2004〕22号文件。

第六十一条[26]　司法警察应当依照第九十七条的规定执行刑事司法令状,即在其权限范围内,对受委托的或收到的刑事司法令状予以执行。

法院签发的所有刑事司法令状,都可以委托或者送达给令状上注明的法院所管辖范围内的司法警察,或者送达给府、县、分县、区的司法警察长予以执行。

具有执行职责的工作人员在收到令状后,可以自己执行,或者交付给下一级工作人员执行,或者将已经确认无误的令状副本交给其他有权执行该令状的司法警察执行。如果该令状已经委托或送达给两位以上人员的,接收令状的工作人员可以单独执行或者联合执行。

第六十二条　本法典关于逮捕、拘留的所有规定,执行令状的工作人员应当将令状的内容告知相关人员。如果当事人请求查阅的,应当允许当事人查阅。

告知令状内容、当事人查阅令状以及执行上述事项的时间应当记录在令状中。

第六十三条[27]　执行人员已经依照令状执行的,应当将执行的详细信息予以登记;未能依照令状执行的,应当将该情况记入笔录,并将该笔录及时送达给签发该令状的法院。

第六十四条[28]　刑事司法令状涉及的人员被逮捕,或搜查令涉及的人员或物品被搜查到,如果情况允许,应当立即将该人员或物品移交至签发令状的法院或令状上指定的工作人员处(视情况而定),裁定另有规定的除外。

---

[26]　第六十一条　修改于《刑事诉讼法典修正案》〔2004〕22号文件。
[27]　第六十三条　修改于《刑事诉讼法典修正案》〔2004〕22号文件。
[28]　第六十四条　修改于《刑事诉讼法典修正案》〔2004〕22号文件。

第六十五条 被逮捕人逃跑或其他人协助其逃跑的,工作人员不必持新的令状,有权直接对被逮捕人进行拘捕。

二、逮捕令

第六十六条[29] 有下列情形之一的,可签发逮捕令:

(一)有合理证据证明即将被逮捕的人涉嫌刑事犯罪,其最高可能被判处三年以上刑期的;

(二)有合理证据证明即将被逮捕的人涉嫌刑事犯罪,并且有合理理由认为其要逃跑、破坏证据或造成其他危害的。

即将被逮捕的人无固定住处的,或者在没有合理解释的情况下,不按照传票规定的时间或约定的时间到法院的,可以视为有逃跑的嫌疑。

第六十七条 对于姓名不清的人员可以签发逮捕令,但必须尽可能详细地描述该被逮捕人的相貌特征。

第六十八条[30] 逮捕令在被逮捕人被逮捕前有效,但是逮捕令规定的刑事犯罪超过追诉时效,或者法院撤销逮捕令的情况除外。

三、搜查令

第六十九条 下列情形下,可以签发搜查令:

(一)为了查找和扣押物品作为侦查、审查或审判的证据的;

(二)为了查找和扣押非法持有物品、违法所得物品,或有合理理由认为已被用于或将用于违法行为的物品的;

(三)为了查找或帮助被非法扣留、拘禁人员的;

---

[29] 第六十六条 修改于《刑事诉讼法典修正案》〔2004〕22号文件。
[30] 第六十八条 修改于《刑事诉讼法典修正案》〔2004〕22号文件。

（四）为了查找被下令逮捕的人员的；

（五）在不能以其他方式来查找和扣押物品的情况下，依据法院的判决或裁定来查找和扣押物品的。

第七十条 搜查令不得同时用于搜查和逮捕人员，另有逮捕令的除外，执行人员在执行时应当同时持有搜查令和逮捕令。

四、拘留令、监禁令、释放令

第七十一条[31] 当犯罪嫌疑人或被告人被羁押后，在侦查、审查起诉或审判期间的任何阶段，法院可以根据第八十七条或第八十八条的规定，签发令状拘留犯罪嫌疑人或被告人，参照适用第六十六条的规定。

拘留令在法院撤销前有效，即在法院签发释放令或监禁令代替拘留令前有效。

如果法院发现犯罪嫌疑人、被告人为不满十八周岁的人员、怀孕或者哺乳期不满三个月的妇女、或者患有疾病，如果监禁会危及其生命的人员，法院可以不签发拘留令或者签发令状释放被拘留的犯罪嫌疑人、被告人。但不禁止法院责令工作人员或愿意接收的人员对该犯罪嫌疑人、被告人进行看管，或者规定以某一方式防止逃匿或者可能发生的损失。如果法院在审查期间发出上述令状的，该令状自作出之日起六个月之内有效。但是如果法院在审查起诉或审判期间发出令状，该令状在审判结束前有效。法院作出令状后，如果犯罪嫌疑人、被告人不按规定的方式执行或案情发生变化，法院有权根据情况变更令状或斟酌签发拘留令。

第七十二条 下列情形下，依照法院令状被拘留的犯罪嫌疑人、

---

[31] 第七十一条 修改于《刑事诉讼法典修正案》〔2004〕22号文件。

被告人,可以获得释放令:

(一)法院裁定暂时释放的;

(二)检察人员或侦查人员向法院申请释放,认为在侦查期间没有必要拘留的;

(三)检察人员向法院呈报侦查已终止,并作出裁定不起诉犯罪嫌疑人的;

(四)检察人员在法院规定的时间内没有起诉犯罪嫌疑人的;

(五)法院审查起诉后认为案件缺乏证据并作出驳回起诉裁定的,但是在上诉期间原告人申请并且法院认为应该拘留被告人的除外;

(六)原告人撤回诉讼或对自诉案件进行和解的,或者法院在审判后裁定驳回起诉的,但是法院认为在上诉期间应该拘留被告人的除外;

(七)法院判处被告人除死刑、监禁或不得离开指定的居所以外的其他刑罚,如其他刑罚是判处罚金且被告人已缴纳罚金的,或法院限期暂时释放责令被告人筹钱缴纳罚金的。

第七十三条 在上诉期间的案件,被告人已经被限制自由或者拘留的期限等于或超过判决书所判处的监禁或以监禁代替的其他刑罚的时长的,法院应签发令状释放被告人,除原告人上诉要求增加刑罚的除外。

第七十四条 依照第七十三条和第一百八十五条第二款的规定,当任何人被判处监禁、死刑或以监禁代替罚金的,法院应当签发令状,监禁该罪犯。

第七十五条 当任何人被判处监禁且监禁期限届满之后,或者获得国王赦免的,或者被裁定有条件释放的,或者依照法律规定免于处罚的,或者由于其他事由被免于处罚的,法院应当签发令状释放该人。

第七十六条 签发的拘留令、监禁令或者释放令,应当立即按令状规定执行。

第五章 逮捕、拘留、监禁、搜查、暂时释放

第一节 逮捕、拘留、监禁

第七十七条[32] 逮捕令适用于泰王国境内。

可以依照下列任一文件或证据执行逮捕令:

(一)经确认无误的令状副本;

(二)已发电报通知签发的令状;

(三)依照最高法院院长规定的准则和方式,通过传真、电子媒介、其他类型的信息技术媒介发送的令状副本。

依照第(二)项和第(三)项规定的执行,应当立即将确认无误的令状或令状副本送达执行令状的工作人员。

第七十八条[33] 司法警察不得在没有逮捕令或相关裁定的情况下逮捕任何人,下列情形除外:

(一)依照第八十条的规定,发现行为人在公众场合当场作出违法犯罪行为的;

(二)当发现持有可以用于犯罪的工具、武器或其他物品的行为人作出某种行为,且有合理理由怀疑该行为可能会对他人的人身和财产造成损害的;

(三)当出现第六十六条(二)规定的签发逮捕令的情形时,但因

---

[32] 第七十七条 修改于《刑事诉讼法典修正案》〔2004〕22号文件。
[33] 第七十八条 修改于《刑事诉讼法典修正案》〔2004〕22号文件。

为情况紧急,无法向法院申请签发逮捕令状的;

(四)依照第一百一十七条规定,在暂时释放期间,对逃匿或将要逃匿的犯罪嫌疑人、被告人进行逮捕的。

第七十九条 公民不得抓捕他人,除非出现第八十二条规定的情形,或者发现行为人在公众场合当场实施违法犯罪行为,且该行为为本法典附表所规定的行为。

第八十条 当场犯罪是指正在实施犯罪或者犯罪后即时被发觉的。

在下列情形下,本法典附表规定的犯罪行为被视为当场犯罪:

(一)当某人被当作犯罪嫌疑人追捕,现场出现嘈杂叫喊声的;

(二)当某人出现在犯罪现场附近且持有犯罪物品的,或者持有可以推断为用于实施犯罪的工具、武器或其他物品的,或者从某人衣物、身体上发现可疑迹象的。

第八十一条[34] 无论是否有逮捕令,都不得在非公共场所实施逮捕,本法典规定的关于在非公共场所搜查的情形除外。

第八十一条/(一)[35] 无论是否有逮捕令,禁止在大王宫、王宫、王储和亲王以上头衔王室成员的宫殿、行宫、寝宫内进行逮捕;禁止在国王、王后、王储、亲王以上头衔王室成员和摄政者的居住地内进行逮捕,下列情形除外:

(一)总理批准逮捕或者总理授权、批准部长逮捕,且已告知宫务秘书或皇家护卫队的;

(二)负责保卫国王、王后、王储、亲王以上头衔王室成员或者摄政者的工作人员,依照《皇家护卫队法》规定,或者依照其他与国家

---

[34] 第八十一条 修改于《刑事诉讼法典修正案》〔2004〕22号文件。
[35] 第八十一条/(一) 增加于《刑事诉讼法典修正案》〔2004〕22号文件。

安全相关的法律法规规定进行逮捕的。

第八十二条 依照逮捕令履行职责的工作人员,可以请求周围的人提供帮助,但有可能对他人产生危险的情况下不得要求其提供帮助。

第八十三条㊱ 执行逮捕的工作人员或自然人,在执行逮捕时,应当告知被逮捕人其将被逮捕,并将被逮捕人送往被逮捕所在地的侦查人员办公室。如果可以将被逮捕人送往具有侦查职责的侦查人员办公室的,应当将被逮捕人送往该办公室。在必要情况下,可以押送前往。

工作人员执行逮捕的,应当将被逮捕人涉嫌的罪名告知被逮捕人。如果有逮捕令的,应当出示逮捕令,并将下列内容告知被逮捕人:"你有权保持沉默,但你所说的话将可能作为呈堂证供;你也有权要求与你的律师或者基层法律服务工作者会见。"如果被逮捕人将其被逮捕的信息告知其亲属或其信任的人,在不干扰逮捕、不影响控制被逮捕人、不对他人构成威胁的情况下,工作人员可以视情况予以准许。工作人员应当将上述情况记录在案。

如果被逮捕人反抗或者试图阻挠抓捕的、逃匿或者试图逃匿的,逮捕人有权在逮捕过程中采取适当的预防措施。

第八十四条㊲ 工作人员或者自然人在逮捕被逮捕人后,应当依照第八十三条的规定,将被逮捕人立即送往侦查人员办公室。到达该地后,应当将被逮捕人交给上述侦查人员办公室的司法警察,以便执行下列事项:

(一)工作人员作为逮捕人的,工作人员应当告知被逮捕人其所

㊱ 第八十三条 修改于《刑事诉讼法典修正案》〔2004〕22号文件。
㊲ 第八十四条 修改于《刑事诉讼法典修正案》〔2004〕22号文件。

涉嫌的罪名和被逮捕的详细原因,如果有逮捕令的,应当出示逮捕令并当面宣读逮捕令,同时应当将笔录副本交给被逮捕人;

(二)自然人作为逮捕人的,由接收被逮捕人的司法警察对逮捕人的名字、职业、住址以及逮捕过程中的相关信息和行为进行记录,并由逮捕人签字确认;司法警察应当将被逮捕人所涉嫌的罪名和逮捕过程详细告知被逮捕人,并将下列内容告知被逮捕人:"你有权保持沉默,但你所说的话将可能作为呈堂证供。"

依照第一款的规定执行后,接收被逮捕人的司法警察应当将第七条/(一)规定的权利告知被逮捕人。被逮捕人可以联系其亲属或信任的人,并告知其被逮捕的消息和被拘禁的地点。如果被逮捕人请求司法警察帮忙通知的,该司法警察应当及时联系,并做好记录。在上述情形下,司法警察不得向被逮捕人收取任何费用。

在必要时,执行逮捕的工作人员或自然人可以将被逮捕人先行看管,再依照本条的规定将其押送至指定地点。

被逮捕人在负责逮捕的工作人员、狱警或接收被逮捕人的司法警察面前供述其实施了违法犯罪行为,如果该供词为被逮捕人的忏悔,则不得将该供词作为证据使用;如果被逮捕人的陈述为其他内容的,只有在依照本条第一款或第八十三条第二款的规定,告知被逮捕人其权利后(视情况而定),该供词方可以作为证明被逮捕人存在违法犯罪的证据使用。

第八十四条/(一)[38] 接收被逮捕人的司法警察有权决定暂时释放或拘禁被逮捕人。但是法院根据逮捕令逮捕的,应当按照第六十四条规定及时处理。如果出现应当将被逮捕人送至法院,但由于法院处于放假时间或者即将放假而无法将被逮捕人送往法院的,接

---

[38] 第八十四条/(一) 增加于《刑事诉讼法典修正案》〔2004〕22号文件。

收被逮捕人的司法警察有权决定暂时释放或者控制被逮捕人,直至法院上班。

第八十五条 逮捕或接收被逮捕人的工作人员有权对其进行搜身,并收缴有可能作为证据的物品。

应当文明搜身,对女性进行搜身时,应当由其他女性工作人员进行。

工作人员有权将被收缴的物品扣留,直至案件结束。案件结束后,应当将该物品返还给犯罪嫌疑人,或者返还给其他有权拿回该物品的人,法院有另外裁定的除外。

第八十五条/(一)[39] 工作人员在侦查期间收缴的物品,如果该物品不属于法律规定的某人非法获得或者非法持有的财产,如果该物品尚未用于调查或作为案件审判的证据,物品所有者或有权向收缴物品的工作人员申请返还的人,可以向侦查人员或检察人员(视情况而定)提出申请,在不提供保证金或提供保证金或者同时提供保证金和担保物情形下,要求返还该物品,以保管或使用。

依照第一款规定的返还物品,不能影响日后将该物品作为证明事实的证据使用。以上,侦查人员或检察人员应当及时作出裁定,要求申请人提供保证金或者规定某种履行条件。如果申请人不按照规定条件履行或者在收到归还物品决定时拒绝归还物品的,侦查人员或检察人员(视情况而定)有权扣押该物品,并依照担保书规定强制执行。申请方式、条件和审批参照适用部令的相关规定。

如果侦查人员或检察人员作出裁定驳回申请的,申请人有权自收到驳回申请裁定之日起三十日内向有刑事管辖权的初级法院提起上诉。法院应当在收到上诉状之日起三十日内作出裁定。如果法

---

[39] 第八十五条/(一) 增加于《刑事诉讼法典修正案》〔2007〕27号文件。

院裁定准许申请的,法院可以要求申请人提供保证金或者根据情况规定某种履行条件。法院的裁定为最终裁定。

第八十六条 禁止采用超过必要限度的措施控制被逮捕人,应当采取仅限于防止被逮捕人逃跑的措施。

第八十七条[40] 禁止拘留被逮捕人超过案件类型所限定的法定期限。

犯罪情节轻微的,拘留的期限仅限于讯问和获取被逮捕人身份、住址信息的时间。

被逮捕人未获得暂时释放的许可,且有侦查或诉讼必要的,应当依照第八十三条的规定,在被逮捕人被送至侦查人员办公室后四十八小时内将其移交给法院。如果遇到不可抗力或者其他无法预见的必要事由的,侦查人员或检察人员可以向法院申请拘留犯罪嫌疑人。法院应当询问犯罪嫌疑人对此是否有反对意见。法院也可以通知侦查人员或检察人员对拘留的必要性进行说明,或者要求其提供证据,以便于审理案件。

如果所涉嫌的刑事犯罪可能被判处的法定最高刑不超过六个月拘役的,或者被判处的最高罚金不超过五百泰铢的,或两者并罚的,法院有权决定拘留仅一次,且拘留期限不得超过七日。

如果所涉嫌的刑事犯罪可能被判处的法定刑在六个月以上十年以下有期徒刑的,或者罚金超过五百泰铢以上的,或两者并罚的,法院有权连续多次决定拘留。但是每次拘留的期限不得超过十二日,拘留的期限总和不得超过四十八日。

如果所涉嫌刑事犯罪可能被判处的法定最高刑为十年以上有期徒刑,不管是否需要并处罚金,法院均有权连续多次决定予以拘

---

[40] 第八十七条　修改于《刑事诉讼法典修正案》〔2004〕22号文件。

留。但是每次拘留的期限不得超过十二日,拘留的期限总和不得超过八十四日。

法院依照第六款的规定拘留期限满四十八日后,检察人员或侦查人员向法院提出继续拘留申请,且向法院提供证据证明其申请有充足理由的,法院可以决定继续拘留。

对于第三款和第七款规定的审查,犯罪嫌疑人有权委托律师为其提出异议并询问证人。如果由于未依照第一百三十四条／(一)规定执行而导致犯罪嫌疑人没有委托律师,并且犯罪嫌疑人申请法院为其指派律师的,法院应当为其指派律师,该律师有权参照第一百三十四条／(一)的规定获得奖金和费用补贴。

如果侦查人员需要到法院管辖范围外进行侦查,且该法院已经对犯罪嫌疑人作出拘留决定的,侦查人员可以将拘留申请移交侦查地法院。如果已经作出拘留决定的原法院认为合理的,可以决定转移拘留。

第八十七条／(一)[41] 在检察人员或侦查人员提出申请且犯罪嫌疑人没有提出异议时,法院认为有必要的,法院可以准许将犯罪嫌疑人或证据送往政府办公场所或者法院认为适合讯问犯罪嫌疑人或进行审查的其他地点,并通过屏幕以会议的形式传达声音和画面。上述事项应当依照《最高法院院长的规定》执行,该规定自经最高法院会议批准且在《政府公报》上公布之日起生效。同时应当对讯问和审查的方式以及见证人的身份予以说明。

第一款规定的审查,视为法院的庭审调查。

第八十八条[42] 自然人作为原告人的案件,如果法院已经受理

---

[41] 第八十七条／(一) 增加于《刑事诉讼法典修正案》〔2008〕28号文件。
[42] 第八十八条 修改于《刑事诉讼法典修正案》〔2004〕22号文件。

案件且被告人到庭的,或者检察人员作为原告人的案件,如果已经向法院提起诉讼,法院可以决定拘留或暂时释放被告人。

第八十九条[43] 拘留令或者监禁令应当在签发该令状的法院的管辖区域范围内执行,本法典或其他法律另有规定的除外。

第八十九条/(一)[44] 在侦查阶段或审判期间,如果侦查人员、检察人员、监狱长或拘留令执行员提出申请且有必要的,或者法院认为有必要的,法院可以决定将犯罪嫌疑人、被告人拘禁于上述申请人指定的其他地点、监狱之外的地点或者法院认为合适的其他地点,但是必须处于申请人或者法院的监控范围之内。法院可以根据案件情况,决定拘禁期限。

依照第一款的规定进行审查并作出决定的,法院可以进行审查,也可以在作出决定前让被害人、与拘留令相关的工作人员提出异议。

第一款规定中所指的其他地点,不包括警察局或者侦查人员拘禁犯罪嫌疑人的地点,且应当符合部令的规定,即应当规定预防犯罪嫌疑人逃匿或造成损失的监禁方式和措施。

法院依照第一款的规定作出决定后,如果犯罪嫌疑人、被告人不按照第三款规定的方式或措施执行,或者情况发生变化的,法院有权作出变更决定或者依照拘留令强制执行。

第八十九条/(二)[45] 在必要情况下,如果检察人员、监狱长或监禁令执行员提出申请,或者如果法院认为合理时,对于已服刑期限不低于最终判决规定期限的三分之一的、被处以三十年以上有期徒刑或无期徒刑且服刑时长不少于十年的,可以按照下列任一方式

---

[43] 第八十九条 修改于《刑事诉讼法典修正案》〔2007〕25号文件。
[44] 第八十九条/(一) 增加于《刑事诉讼法典修正案》〔2007〕25号文件。
[45] 第八十九条/(二) 增加于《刑事诉讼法典修正案》〔2007〕25号文件。

执行,如下:

(一)监禁于上述申请人指定的其他地点或者监狱之外的地点或者法院认为合适的其他地点,且应当符合部门规章的规定,即应当规定预防犯罪嫌疑人逃匿或造成损失的监禁方式和措施;

(二)依照部令规定的准则与方式中规定的日期,将罪犯监禁于监狱、监禁令规定的地点或第(一)项规定的地点;

(三)依照部令规定的准则与方式,采取以限制该人的活动和限制其活动范围的其他方式进行监禁。

法院依照第一款规定进行的审判,应当考虑被监禁人所涉嫌的罪名、行为、安全以及被害人和社会的安全。法院应当依照监禁令审查或询问被害人、相关工作人员、司法警察或法院认为有关联的其他人员。

法院依照第一款规定作出的裁定,应当在裁定中指明由令状执行员负责执行该裁定,并参照适用第八十九条/(一)第四款的规定执行。

第九十条[46]　在刑事案件或其他案件中,当某人被控告应当处以扣留,那么下列人员可以向具有刑事管辖权的地方法院递交释放申请书:

(一)被拘留人本人;

(二)检察人员;

(三)侦查人员;

(四)监狱长或狱警;

(五)配偶、亲属或为了被拘留人利益的其他人员。

法院在收到上述申请书后,应当立即进行单方面审查。法院认

---

[46]　第九十条　修改于《刑事诉讼法典修正案》〔2004〕22号文件。

为该申请书理由充分的,有权命令狱警迅速将被拘留人带至法院;如果狱警无法向法院证明该拘留是合法的,法院应当立即作出裁定释放被拘留人。

第二节 搜查

第九十一条[47] 搜查活动参照适用第八十一条/(一)的规定。

第九十二条[48] 如果没有搜查令或者法院指令,不得在非公共场所进行搜查,司法警察进行搜查和下列情形除外:

(一)当非公共场所传来呼救声,或者有其他声音、行为表明在非公共场所发生危险情况的;

(二)在非公共场所内,犯罪行为正在发生的;

(三)当某人当众实施犯罪行为,在被抓捕时有逃匿嫌疑或有理由怀疑其藏身于非公共场所的;

(四)当有合理证据显示某个地方隐藏有违法物品、违法所得物品、犯罪工具或可作为罪证的物品,以及有理由相信申请搜查令迟延搜查会导致该物品被破坏或被转移的;

(五)当被逮捕人为非公共场所的所有权人,且持逮捕令逮捕或者是依照第七十八条的规定实施逮捕的。

依照第(四)项规定进行搜查,司法警察应当向被搜查场所的占有人交付搜查记录和搜查所得财物的清单复制件,以及载明搜查理由的书面记录。如该场所的占有人不在场的,应当立即向其代理人交付上述文件,并立即向上级领导提交搜查理由和结果的书面报告。

---

[47] 第九十一条 修改于《刑事诉讼法典修正案》〔2004〕22号文件。
[48] 第九十二条 修改于《刑事诉讼法典修正案》〔2004〕22号文件。

第九十三条　禁止在公共场所对任何人进行搜查,司法警察有理由怀疑某人持有犯罪工具、违法所得物品或违法物品而进行搜查的除外。

第九十四条　司法警察在非公共场所进行搜查的,可以责令场所占有人、在场人或场所监管人允许工作人员进入该场所,并且责令其提供各种便利以协助执行员的执行。以上,该工作人员应当出示搜查令,对于没有搜查令也可以进行搜查的,应当说明姓名和职务。

如果第一款规定的人员不允许工作人员进入该场所,在必要情况下,工作人员有权使用武力打开或破坏房门、窗户、栅栏或其他阻挡物进入。

第九十五条　在搜查丢失的物品时,如果情况允许的话,可以让物品所有人、物品占有人或其代理人与工作人员一同前往搜查。

第九十六条[49]　对非公共场所进行搜查应当在白天进行,下列情形除外:

(一)在白天已经开始进行搜查但搜查尚未结束的,可以持续到夜间;

(二)紧急情况下或者其他法律规定可以在夜间进行搜查的;

(三)为逮捕歹徒或要犯,可在夜间进行搜查,但必须依照最高法院院长规定的准则与方式,且得到法院的特别批准。

第九十七条[50]　持有搜查令进行搜查的,搜查令中所列的工作人员以及代其履行职务的三级以上的行政官员或少尉以上的警察有权根据搜查令进行执行。

---

[49]　第九十六条　修改于《刑事诉讼法典修正案》〔2004〕22号文件。
[50]　第九十七条　修改于《刑事诉讼法典修正案》〔2004〕22号文件。

第九十八条 在非公共场所进行搜查,其搜查范围仅限于所要搜查的人员和物品,但下列情形除外:

(一)当搜查范围没有限制物品时,搜查人员有权扣押任何可以作为证据使用的物品或者能够指控犯罪嫌疑人和被告人的物品;

(二)搜查人员如持有其他令状或者当场发现其他人实施犯罪的,有权在搜查地逮捕其他人或扣押其他物品。

第九十九条 在搜查中,工作人员必须尽可能避免造成损失,尽可能保持现场原状。

第一百条 搜查人员在搜查时如有理由怀疑位于搜查地的人或被搜查人将会阻碍搜查或者导致搜查无结果的,在必要情况下,搜查人员有权将该人控制起来,或者将该人置于工作人员的监管下,以避免造成阻碍搜查导致搜查无结果。

搜查人员如有理由怀疑其所要查找的物品藏于某人身上的,有权依照第八十五条的规定对其进行搜身。

第一百零一条 在搜查中查封、扣押的物品,应当予以包装或作重要标记。

第一百零二条 搜查人员在非公共场所进行搜查,在搜查前应当先出示身份证明,并且应当尽可能在场所占有人或其亲属在场的情况下当面进行搜查。如果上述人员不在场的,搜查人员应当请求其他人员到场作为见证人,并且不得少于两人。

搜查被拘捕的犯罪嫌疑人、被告人的住所或办公室的,应当在该人在场时当面进行搜查。如果该人无法或者不愿意到场监督的,应当委托代表或由证人到场监督;如果没有代表或证人的,应当有其亲属或前款中的见证人在场。

对于查封、扣押的物品,应当由搜查场所的占有人或其亲属、犯罪嫌疑人、被告人、代表或证人予以清点以确认无误。上述人员进行确认或者拒绝确认的，均应当在笔录上予以注明。

第一百零三条 搜查人员应当对搜查的详细情况予以记录，并且应当列出查获物品的清单。

搜查记录和物品清单应当向搜查地占有人或其亲属、犯罪嫌疑人、被告人、代表或证人宣读（视情况而定），并由其签名确认。

第一百零四条 持有搜查令进行搜查的工作人员，应当及时将前款规定的记录、清单以及扣押的物品上交。如果能够及时上交的，应当交给搜查令签发人或搜查令上规定的其他工作人员。

对于未取得搜查令进行搜查的工作人员，即非侦查人员进行搜查的，应当将记录、清单和物品交给侦查人员或需要这些物品的工作人员。

第一百零五条 信件、明信片、电报、出版物或犯罪嫌疑人、被告人通过邮递和电报发送、接收以及仍未发送的其他文件，工作人员基于本法典所规定的侦查、审查起诉、审判或其他行为的需要，应当请求法院指令邮电机关工作人员提供该文件。

泰国皇家警察局局长或府专员认为该文件需要用于上述事宜的，在提请法院发出指令期间，有权要求邮电机关工作人员先行妥善保管该文件。

本规定不适用于犯罪嫌疑人、被告人和其辩护律师之间的通信文件。

第三节　暂时释放

第一百零六条[51]　在犯罪嫌疑人、不需要提供保证人或者保证金的被告人，或者已经提供保证人与保证金的被告人申请暂时释放

---

[51]　第一百零六条　修改于《刑事诉讼法典修正案》〔1979〕10号文件。

的情形下,即使法院指令控制或拘留该人,犯罪嫌疑人、被告人或利害关系人也可以递交申请书,如下:

(一)犯罪嫌疑人被控制且尚未被起诉至法院的,应当向侦查人员或检察人员递交申请书(视情况而定);

(二)依照法院指令拘留犯罪嫌疑人且尚未被起诉至法院的,应当向该法院递交申请书;

(三)犯罪嫌疑人已经被起诉的,应当向审判该案件的初级法院递交申请书;

(四)[52]法院已经宣读初级法院判决或上诉法院判决,即使仍未向上诉法院或最高法院提起上诉,或已经向上诉法院或最高法院提起上诉但仍未移送案件卷宗给上诉法院或最高法院的,应当向审判该案件的初级法院递交申请书;

初级法院认为应当准予暂时释放的,应当予以批准,并且应当及时将申请书连同案件卷宗移送上诉法院或最高法院裁定(视情况而定);

(五)法院已经将案件卷宗移送上诉法院或最高法院的,可以向审判该案件的初级法院递交,或向上诉法院或最高法院递交申请书(视情况而定)。

向初级法院递交申请书的,初级法院应当及时将申请书移交上诉法院或最高法院裁定(视情况而定)。

第一百零七条[53] 工作人员或法院在收到暂时释放申请书时,应当尽快裁定,根据第一百零八条、第一百零八条/(一)、第一百零九条、第一百一十条、第一百一十一条、第一百一十二条、第一百一十三

---

[52] 第一百零六条第(四)项 修改于《刑事诉讼法典修正案》〔1982〕13号文件。
[53] 第一百零七条 修改于《刑事诉讼法典修正案》〔2004〕22号文件。

条和第一百一十三条/(一)规定的准则及时作出裁定,并批准犯罪嫌疑人、被告人暂时释放。

依照第一款裁定暂时释放的,相关人员应当及时依照裁定执行。

第一百零八条[54] 裁定暂时释放的,应当综合考虑如下情况:

(一)被指控罪名的轻重;

(二)已掌握的证据的数量;

(三)案件的违法行为;

(四)暂时释放申请人和担保物的可信度;

(五)犯罪嫌疑人、被告人是否有可能逃匿;

(六)暂时释放是否有可能造成危害或损失以及危害或损失的程度;

(七)法院指令拘留犯罪嫌疑人、被告人,如果侦查人员、检察人员、原告人或被害人(视情况而定)提出异议的,法院应当把该情况考虑在内。

为了有利于第一款规定的执行,有权裁定暂时释放的工作人员或法院可以听取依法有权限提出事实、报告或意见的工作人员所提出的事实、报告或意见,以作出裁定。

批准暂时释放时,为了防止逃匿、可能发生的危害或损失,有权裁定暂时释放的工作人员或法院可以要求被暂时释放人居住在指定居所或提出其他执行条件,或经被暂时释放人同意使用能够监督和限制其去向的电子设备或其他设备。但被暂时释放人年龄不满十八周岁的,即使该人同意使用上述设备,也仅可在该人可能会给他人造成重大危害或有其他正当理由的情况下才能使用。[55]

---

[54] 第一百零八条 修改于《刑事诉讼法典修正案》〔2004〕22号文件。
[55] 第一百零八条第三款 修改于《刑事诉讼法典修正案》〔2015〕30号文件。

第一百零八条/（一）[56]　可能出现下列情形之一的,应当裁定不予暂时释放：

（一）犯罪嫌疑人、被告人有可能逃匿的；

（二）犯罪嫌疑人、被告人有可能干扰证据收集和保存的；

（三）犯罪嫌疑人、被告人有可能实施其他危险行为的；

（四）申请提供担保的人缺乏可信度或者担保物价值不足的；

（五）暂时释放可能会对工作人员的侦查和法院的审判造成妨碍或者损失的。

裁定暂时不予释放的,应当说明理由,并及时将该理由以书面形式告知犯罪嫌疑人、被告人以及申请暂时释放的人员。

第一百零八条/（二）[57]　因暂时释放犯罪嫌疑人、被告人可能给案件的重要证人带来危害的,该证人可以向侦查人员、检察人员或法院（视情况而定）递交申请书,对该暂时予以释放裁定提出异议。

如果出现第一款规定的对暂时予以释放的裁定提出异议,侦查人员、检察人员或法院（视情况而定）应当立即对上述异议进行审查,并有权传唤与询问双方相关人员,在结合案件审理情况下对该异议作出裁定。

第一百零九条[58]　犯罪嫌疑人、被告人可能被判处法定最高刑十年以上有期徒刑的,如果在侦查期间或者在初级法院审判期间有申请暂时释放的,法院应当询问侦查人员、检察人员或原告人是否持有反对意见。因正当理由无法询问的,法院可以不予询问,但必须在笔录中注明该理由。

---

[56]　第一百零八条/（一）　增加于《刑事诉讼法典修正案》〔2004〕22号文件。
[57]　第一百零八条/（二）　增加于《刑事诉讼法典修正案》〔2008〕28号文件。
[58]　第一百零九条　修改于《刑事诉讼法典修正案》〔1979〕10号文件。

第一百一十条⁵⁹ 被准予暂时释放的人员可能被判处法定最高刑十年以上有期徒刑的,应当交纳保证金,但是否应当有担保物不作要求。⁶⁰

其他案件无论是否提供保证金或者保证金与担保物一并提供,都可以准予暂时释放。

依照第一款的规定或者第二款的规定要求交纳保证金或提供担保物的,不能超过合理范围,应当综合考虑对准予暂时释放人员实行的各项条件和预防措施,以上应当根据部令或最高法院院长规定中的准则、方式以及条件执行(视情况而定)。⁶¹

第一百一十一条 对于没有提供保证金的准予暂时释放,应当让犯罪嫌疑人、被告人在释放前宣誓其将按照约定或者传票到案。

第一百一十二条 对于提供保证金的准予暂时释放,或者提供保证金与担保物的准予暂时释放,应当让保证人或者担保人在担保书上签名。

担保书除了有其他必要的信息之外,还应当包含如下信息:

(一)被准予暂时释放的人或保证人(视情况而定),保证遵守准予暂时释放的工作人员或法院的约定或者传票的规定;

(二)如违反担保书规定的,将会按照规定的金额予以处罚。

担保书不得对被准予暂时释放的人或保证人规定超过必要的责任或条件。⁶²

第一百一十三条⁶³ 侦查人员或检察人员对无论是否提供保证

---

⑤⁹ 第一百一十条 修改于《刑事诉讼法典修正案》〔2004〕22号文件。
⑥⁰ 第一百一十条第一款 修改于《刑事诉讼法典修正案》〔2019〕34号文件。
⑥¹ 第一百一十条第三款 修改于《刑事诉讼法典修正案》〔2015〕30号文件。
⑥² 第一百一十二条第三款 增加于《刑事诉讼法典修正案》〔2004〕22号文件。
⑥³ 第一百一十三条 修改于《刑事诉讼法典修正案》〔1989〕17号文件。

金或者保证金与担保物一并提供的人作出准予暂时释放决定的,该决定在侦查期间或在侦查期间法院作出拘留犯罪嫌疑人决定之前或者法院受理案件前有效,但最长不得超过三个月(自暂时释放的第一日起算)。无论是侦查人员或检察人员决定准予暂时释放,在必要情况下,如果侦查不能在三个月内完成的,可以延长三个月以上的准予暂时释放,但最长不得超过六个月。

根据第一款规定,当准予暂时释放的期限届满,仍有必要控制犯罪嫌疑人的,应当将犯罪嫌疑人送至法院,适用第八十七条第四款至第九款的规定。

第一百一十三条/(一)[64] 犯罪嫌疑人在侦查阶段向侦查人员或检察人员交纳现金或提供其他担保物而获得准予暂时释放,且该担保没有获得返还的情形下,如果犯罪嫌疑人或被告人请求继续准予暂时释放的,犯罪嫌疑人、被告人或利害关系人可以向检察人员或法院提出申请(视情况而定),并且请求将上述财产继续作为担保。检察人员或法院认为理由成立的,可以决定准予暂时释放,并将上述现金或有价证券视为审查起诉阶段和审判阶段的担保物(视情况而定)。准予暂时释放的检察人员或法院通知侦查人员或检察人员(视情况而定)在其认为适当的时间内,将担保物送交检察人员或法院。

在向侦查人员或检察人员提供担保人或保证人而获得准予暂时释放的情形下,如果该保证人申请,检察人员或法院可以让其继续作为暂时释放的担保人或保证人。在此情况下,检察人员或法院应当通知侦查人员或检察人员(视情况而定),在其认为适当的时间内,将有关文件送交检察人员或法院。

---

[64] 第一百一十三条/(一) 增加于《刑事诉讼法典修正案》〔2004〕22号文件。

第一百一十四条 在暂时释放前必须交纳保证金与提供担保物的,担保申请人应当根据规定提供担保。

担保有下列三种方式:

(一)现金;

(二)其他担保物;

(三)担保人且有担保财产。

第一百一十五条[65] 如果事后发现或由于被欺骗或迷惑发现担保书中规定的担保金额偏低、担保物价值不足或制定的条款不合适,工作人员或法院有权决定增加担保金额、要求提供足额的担保物或者修改担保书条款。

在决定准予暂时释放后,如果案件情况发生变化的,工作人员或法院有权决定适当减少担保物。

在准予暂时释放并将该案件移送至上级法院的情况下,上级法院有权适当更改担保书的金额或下级法院规定的条款。

第一百一十六条 担保人只有将犯罪嫌疑人或被告人送交给工作人员或法院后,才可以申请撤回担保书或退还担保物。

第一百一十七条[66] 司法警察发现犯罪嫌疑人或被告人逃跑或企图逃匿,有权逮捕犯罪嫌疑人或被告人。担保人或保证人发现上述行为的,可以向最近的司法警察申请抓捕犯罪嫌疑人或被告人。无法及时向工作人员求助的,有权自己逮捕犯罪嫌疑人或被告人,然后将其送交给就近的司法警察,再由司法警察立即将犯罪嫌疑人或被告人送交给工作人员或法院,由此产生的相关费用,由签订担保书或提供担保物的人承担。

---

[65] 第一百一十五条 修改于《刑事诉讼法典修正案》〔2004〕22号文件。
[66] 第一百一十七条 修改于《刑事诉讼法典修正案》〔2004〕22号文件。

依照第一百零八条第三款的规定对犯罪嫌疑人或被告人使用电子设备或任何其他设备的,如果发现上述设备被破坏或无法使用的,无论是由于何种方式造成,均推定犯罪嫌疑人或被告人有逃跑或企图逃匿的嫌疑。[67]

对于第一款或第二款规定的犯罪嫌疑人或被告人,如果该犯罪嫌疑人或被告人为获得暂时释放的人员,法院可以作出裁定由行政司法人员通知行政机关或警察逮捕该犯罪嫌疑人或被告人,或者如果因必要事由无法及时向行政机关或警察求助的,行政司法人员有权逮捕犯罪嫌疑人或被告人。当将犯罪嫌疑人或被告人抓捕归案后,应及时将犯罪嫌疑人或被告人押送至法院。[68]

第一百一十八条 当案件审结后,或者依照第一百一十六条规定或其他原因承担担保责任后,担保物应当退还给该得的人。

第一百一十九条[69] 如果出现违反担保书规定的,法院在不起诉的情形下,有权根据担保书规定或者法院认为适当的方式裁定强制执行。以上,在考虑到担保人在追踪逃匿的犯罪嫌疑人或被告人中做出的努力的情形下,法院也有权裁定中止执行或减少担保书中需要赔偿的金额,包括造成的具体损失。当法院作出上述裁定后,担保书中的被执行人或检察人员有权提起上诉。上诉法院的裁决为最终裁决。

依照第一百一十四条规定提供给法院作为担保物的现金或其他证券,在担保书规定的义务履行结束前,不能被扣押或冻结以偿还债务给其他的债权人。但是法院认为债权人的债务不是由于欺诈产生的,并且法院责令解除上述财产担保的情况除外。

---

[67] 第一百一十七条第二款 增加于《刑事诉讼法典修正案》〔2015〕30号文件。
[68] 第一百一十七条第二款 增加于《刑事诉讼法典修正案》〔2019〕34号文件。
[69] 第一百一十九条 修改于《刑事诉讼法典修正案》〔2015〕30号文件。

如果由于出现第一款规定的违反担保书规定的情形,有必要采取强制执行措施的,法院有权依照担保书将担保人视为判决书认定的债务人,并对担保书规定的担保人签发强制执行令或其他指令,授权法院任命的工作人员和检察人员根据担保书的条款控制其财产。执行员或执行局有权根据法院或检察人员的通知扣押、冻结担保人的财产,对该财产进行拍卖。必须出售已经提供给法院作为担保物的财产的,当法院将财产或财产相关文件送交给执行员或执行局后,视为上述财产已被扣押。以上,禁止政府机构向执行员收取手续费用或其他费用。

本条规定的强制执行,参照适用《民事诉讼法典》的有关规定。但是在经最高法院会议批准后最高法院院长作出其他规定,且该规定已经在《政府公报》上公布生效的除外。

第一百一十九条之二[70]　如果法院作出不予暂时释放裁定的,申请人有权就该裁定提起上诉,具体如下:

(一)初级法院的裁定,向上诉法院提起上诉;

(二)上诉法院的裁定,向最高法院提起上诉。

初级法院在收到上诉状后,应当尽快将上诉状连同案件卷宗副本或者必要的案件卷宗副本移交至上诉法院或最高法院(视情况而定),以便于尽快进行审判和作出判决。

上诉法院维持初级法院裁定,作出不予暂时释放裁定的,该裁定为最终裁定,但这并不剥夺重新提交上诉申请暂时释放的权利。

---

[70] 第一百一十九条之二　增加于《刑事诉讼法典修正案》〔1984〕15号文件。

第二编 侦查

第一章 一般原则

第一百二十条 案件在进行侦查前,检察人员不得向法院提起诉讼。

第一百二十一条 侦查人员有权侦查所有刑事案件。

但如果是自诉案件,不得进行侦查。依照规章制度规定可以提起申诉的除外。

第一百二十二条 在下列情形下,侦查人员也可以不进行侦查:

(一)当被害人寻求救助,但不愿意依照规章制度提起申诉的;

(二)被害人未经申诉而直接提起诉讼的;

(三)匿名控告、不愿公开姓名的口头控告或不愿意在举报信或控告笔录上签名的。

第一百二十三条 被害人可以向侦查人员提起申诉。

申诉书应当记明申诉人的姓名和地址,过错行为及其特征、遭受的损失,以及行为人的姓名和相貌特征等。

可以书面或口头的方式提起申诉。书面申诉的,必须记明申诉日期和申诉人的姓名;口头申诉的,由侦查人员记入笔录。笔录上必须记明申诉日期,并且应当有记录人和申诉人的签名。

第一百二十四条 被害人可以向行政工作人员或者警察申诉,上述人员的职位可以低于或高于侦查人员,也可以是依法具有维护社会安定职责的人。

当上述工作人员收到书面申诉书后,应当尽快移交给侦查人员,且为便于侦查人员工作,可以写明备注。

上述工作人员当收到口头申诉时,应当尽快安排被害人与侦查人员会见,以便依照第一百二十三条的规定制作申诉笔录。紧急情况下,可以由接到口头申诉的工作人员制作笔录,随后应立即将笔录送交侦查人员,且为便于侦查人员工作可以写明备注。

第四款[71](废止)

第一百二十四条／(一)[72] 对于被害人为不满十八周岁的未成年人案件,笔录制作适用第一百三十三条之二第一款、第二款和第三款的规定。但无法找到或等待心理学家、社会工作者、未成年人要求在场陪同的人或检察人员,未成年人拒绝上述人员在场或不愿继续等待上述人员的情形除外。这种情形下,应当由第一百二十三条或第一百二十四条规定接收起诉状的人在诉讼笔录中注明上述原因。

第一百二十五条 侦查人员或司法警察依照原告的援助申请,对案件进行全部或部分侦查、调查后,依照第一百二十三条和第一百二十四条规定,应当制作起诉状。

第一百二十六条 起诉人可以随时修改或撤回起诉状。

对于公诉案件,撤回起诉状不剥夺即将进行侦查的侦查人员或即将起诉的检察人员的相关职权。

第一百二十七条 关于举报信,参照适用第一百二十三条至第一百二十六条的规定。

在下列情形下,负责接收举报信的工作人员可以不制作举报笔录:

(一)举报人不愿告知身份信息的;

---

[71] 第一百二十四条第四款 废止于《刑事诉讼法典修正案》〔2007〕26号文件。
[72] 第一百二十五四条／(一) 增加于《刑事诉讼法典修正案》〔2007〕26号文件。

(二)匿名举报信。

举报人不愿在举报笔录上签名的,接收到举报信的工作人员可以不对举报信进行处理。

第一百二十八条 侦查人员有权委托其他工作人员代为履行以下职务:

(一)对于超出自己管辖区域范围的侦查事项,有权将侦查要点交由有权侦查该案件的侦查人员侦查;

(二)对于自己管辖区域范围内的细微侦查事项,无论是亲自侦查还是按侦查要点处理的,均有权责令下级代为执行,但必须是本法典或其他法律未规定为必须亲自处理的事务。

第一百二十九条 侦查活动包括尸检在内,如果死者系本法典中关于尸检条例规定的因刑事犯罪造成死亡的情形的,如果尸检尚未结束的,禁止向法院起诉该犯罪嫌疑人。

第二章 侦查

第一节 一般性侦查

第一百三十条 应当尽快展开调查取证,可以根据其认为合理的方式,在适当的地点、时间内进行侦查,可以在犯罪嫌疑人不在场的情形下进行侦查。

第一百三十一条[73] 侦查人员应当尽可能收集各种证据,以便查明与所被指控罪行有关的事实和行为,以此确定犯罪嫌疑人或证明犯罪嫌疑人有罪或无罪。

---

[73] 第一百三十一条 修改于《刑事诉讼法典修正案》〔2004〕22号文件。

第一百三十一条/(一)[74]　在确有必要按照第一百三十一条的规定使用科学证据来证明案件事实的情况下,侦查人员有权通过科学手段,鉴定任一个对象、物品或文件。

对于可能被判处法定最高刑三年以上有期徒刑的犯罪行为,依照第一款规定需要进行鉴定时,有必要采集犯罪嫌疑人、被害人或相关人员的血液、生理组织、皮肤、毛发、唾液、尿液、粪便、分泌物、遗传物质或人体组成部分的,负责执行的侦查人员有权让医生或专家进行上述鉴定,但是鉴定仅限于必要的和合理的部分,且要求尽可能采用给被鉴定人造成最轻疼痛的方法,不能危及该被鉴定人的身体健康,并且应当征得犯罪嫌疑人、被害人或相关人员的同意。如果犯罪嫌疑人、被害人无正当理由不同意或犯罪嫌疑人、被害人无正当理由阻挠相关人员进行鉴定的,可以初步推定案件事实与鉴定结果一致;如果鉴定已经完成,不利后果将由该犯罪嫌疑人或被害人承担(视情况而定)。

本条款规定所产生的鉴定费用,依照泰国皇家警察局、内政部、司法部或最高检察院检察长办公室的规定,由财政部批准拨付。

第一百三十二条　为有利于证据收集,侦查人员享有如下权力:

(一)经被害人同意,检查其人身或检查犯罪嫌疑人人身或检查可以作为证据使用的物品和场所,同时应当制成照片、地图、绘制图样或采集指纹、手纹或脚纹,以及应当记录各种可能有利于查明案件事实真相的细节;

依照第一款规定检查被害人或犯罪嫌疑人人身的,如果被害人或犯罪嫌疑人是女性时,应当由女性工作人员或其他女性来检查。以上这些,如果被害人或犯罪嫌疑人有正当理由的,在其接受检查

---

[74]　第一百三十一条/(一)　增加于《刑事诉讼法典修正案》〔2008〕28号文件。

时可以请求其他人在场陪同;⑦

（二）为了查获违法物品、违法所得物品、已用于或怀疑是用于违法活动的物品或可能用来作为证据使用的物品,可以进行搜查,但是应当依照本法典中关于搜查的规定来执行;

（三）传唤持有可能充当证据使用的物品的人,被传唤人可以不亲自到案,当该人员依照传票规定,寄送了该物品,视为按传票执行完毕;

（四）扣押第（二）项和第（三）项规定经搜查查获或寄送来的物品。

第一百三十三条 侦查人员有正当理由认为被害人或其他人员的陈述对侦破案件有利的,有权签发传票传唤上述人员,要求其于传票所指定的时间、地点到达并接受询问。

侦查人员在询问前,可以先让被询问人进行宣誓承诺,并依照本法典中关于证人的规定执行。

侦查人员不得通过警告、使用消极语言或其他手段制止任何人自愿提供陈述。

询问与性犯罪有关的案件的女性被害人,应当由女性工作人员进行询问。但是该被害人同意或有其他必要理由的除外,同时应当将该同意意见或必要理由记录在案。被害人在接受询问时可以请求其他人在场陪同。⑦

如果有必要让被害人或证人在逮捕阶段指认违法犯罪者,或者指认刑事案件中的犯罪嫌疑人的,司法警察或侦查人员应当安排在适当地点进行指认,并应当根据案件性质,考虑被害人或证

---

⑦ 第一百三十二条第（一）项第二目　增加于《刑事诉讼法典修正案》〔2008〕28号文件。
⑦ 第一百三十三条第四款　增加于《刑事诉讼法典修正案》〔2008〕28号文件。

人的人身安全,以防止违法犯罪者或犯罪嫌疑人见到被害人或证人。但该被害人或证人同意的除外,同时应当将该同意意见记录在案。⑦

第一百三十三条之二⑧ 案件涉及《刑法典》规定的性犯罪、非群殴打造成的侵犯人身安全的违法行为、侵犯人身自由的违法行为、勒索行为、抢夺行为、抢劫行为、《预防和控制卖淫法》中规定的违法行为、《预防和控制贩卖妇女和儿童实施法》中规定的违法行为、《服务行业法》中规定的违法行为,或者其他可能被判处法定监禁刑的违法行为,如果上述案件是由年龄不满十八周岁的被害人或证人提出申请的,那么在询问年龄不满十八周岁的被害人或证人时,侦查人员应当在适合儿童的场所分别询问。在询问该儿童时应当有心理学家或社会工作者、该儿童要求陪同的人员和检察人员在场陪同。心理学家或社会工作者认为询问某儿童或询问某问题可能会对该儿童的心理造成严重影响的,侦查人员应当让心理学家或社会工作者根据侦查人员的问题要点代为询问,不得让该儿童听到侦查人员提出的问题以及不得无正当理由多次反复就该问题询问儿童。⑲

侦查人员应当将第一款规定中的权利告知心理学家或社会工作者、该儿童要求陪同的人员和检察人员,以及告知儿童被害人或证人。⑳

如果出现儿童被害人或儿童证人排斥心理学家、社会工作者或检察人员对其进行询问的情形,可以将上述人员予以替换。

---

⑦ 第一百三十三条第五款 增加于《刑事诉讼法典修正案》〔2008〕28号文件。
⑧ 第一百三十三条之二 增加于《刑事诉讼法典修正案》〔1999〕20号文件。
⑲ 第一百三十三条之二第一款 修改于《刑事诉讼法典修正案》〔2007〕26号文件。
⑳ 第一百三十三条之二第二款 修改于《刑事诉讼法典修正案》〔2007〕26号文件。

侦查人员依照第一百三十九条第一款规定询问儿童的,应当将询问过程进行全程录音或录像。该录音或录像应当连续地进行以便能作为证据使用。

如果出现非常紧急情况且有正当理由无法在心理学家或社会工作者、该儿童要求陪同的人员和检察人员同时到场的情形询问未成年人的,侦查人员可以在第一款规定的任一人员在场的情况下进行询问。但是应当将其他人员无法到场的理由记录在侦查卷宗中,对儿童被害人或儿童证人进行的上述询问视为合法。

第一百三十三条之三[81]　如果侦查人员认为有必要让不满十八周岁的被害人或证人指认任何人的,应当安排在适合儿童的场所进行指认,并确保被指认人不会看到该儿童。心理学家、社会工作者或该儿童要求陪同的人员和检察人员应当在场。但是因正当事由无法找到或等待上述任一人员的,或者该儿童拒绝该人员在场或不愿继续等待该人员到场的除外。侦查人员应当在侦查卷宗中注明上述情况。

如果被指认对象为不满十八周岁的犯罪嫌疑人的,侦查人员应当安排在适合儿童的场所进行指认,并确保该尚未成年的犯罪嫌疑人没有看到指认人。

第一百三十四条[82]　对被传唤或被押送的犯罪嫌疑人、或者主动向侦查人员自首的犯罪嫌疑人、或者被侦查人员发现的犯罪嫌疑人,应当讯问该人的姓名、国籍、父母、年龄、职业、住址、出生地,在告知犯罪嫌疑人被指控的事实后,再告知其所涉嫌的罪名。

依照第一款规定告知其涉嫌的罪名的,应当有充分证据证明该

---

[81] 第一百三十三条之三　修改于《刑事诉讼法典修正案》〔2007〕26号文件。
[82] 第一百三十四条　修改于《刑事诉讼法典修正案》〔2004〕22号文件。

人可能实施了该罪名中涉及的违法行为。

犯罪嫌疑人享有获得快速、连续和公正的侦查的权利。

侦查人员应当给予犯罪嫌疑人对本人涉嫌的罪名进行辩解和陈述事实的机会。

如果在告知涉嫌罪名之后发现犯罪嫌疑人并非被逮捕人员且尚未签发逮捕令,侦查人员认为有必要依照第七十一条的规定对该人签发拘留令的,侦查人员有权命令犯罪嫌疑人及时到法院申请签发拘留令,但如果遇到法院放假或即将放假的,侦查人员应当要求犯罪嫌疑人在法院上班的第一时间到达法院,该情形适用第八十七条规定的拘留令的规定。如果犯罪嫌疑人不按照侦查人员的命令执行,侦查人员有权逮捕该犯罪嫌疑人,该逮捕行为可以视为紧急情况下无需逮捕令可直接逮捕犯罪嫌疑人的情形,并且侦查人员有权裁定暂时释放或控制该犯罪嫌疑人。

第一百三十四条/(一)[83] 在法定刑为死刑的案件或犯罪嫌疑人在侦查人员告知罪名当日不满十八周岁的案件中,侦查人员在讯问前,应当询问犯罪嫌疑人是否已委托律师,如没有委托律师,应当为其指派律师。

在法定刑为监禁的案件中,侦查人员在讯问前,应当询问犯罪嫌疑人是否已委托律师,如没有委托律师,且犯罪嫌疑人要求律师陪同的,应当为其指派律师。

依照第一款或第二款的规定指派律师的,侦查人员应当依照部令规定的准则、方式、条件执行,受国家指派的律师,根据财政部批准的司法部相关规章获得奖金及费用补贴。

依照第一款、第二款或第三款的规定,为犯罪嫌疑人指派律师

---

[83] 第一百三十四条/(一) 修改于《刑事诉讼法典修正案》〔2004〕22号文件。

后,如遇紧急情况,律师没有前来会见犯罪嫌疑人并且没有告知侦查人员不能来的原因,或已经告知但没有在合适的时间会见犯罪嫌疑人的,侦查人员不必等待律师,可直接审讯犯罪嫌疑人,但必须在侦查卷宗中记录该原因。

第一百三十四条/(二)[84] 讯问不满十八周岁的未成年人,参照适用第一百三十三之二条的规定。

第一百三十四条/(三)[85] 犯罪嫌疑人有权让律师或其信任的人前来旁听讯问。

第一百三十四条/(四)[86] 侦查人员在讯问犯罪嫌疑人前,应当事先告知犯罪嫌疑人以下事项:

(一)犯罪嫌疑人享有供述或不供述的权利,犯罪嫌疑人供述的,其供词可用作案件审判的证据;

(二)犯罪嫌疑人有权让律师或其信任的人前来旁听讯问。

犯罪嫌疑人自愿供述的,则由侦查人员进行录供。犯罪嫌疑人不愿供述的,则侦查人员也应记录。

在依照第一款的规定或告知犯罪嫌疑人权利或依照第一百三十四条/(一)、第一百三十四条/(二)和第一百三十四条/(三)的规定执行前,犯罪嫌疑人向侦查人员所做的任何口供,都不能作为证明其犯罪的证据。

第一百三十五条[87] 在犯罪嫌疑人供述期间,禁止侦查人员通过承诺、要挟、欺骗、折磨、使用暴力或其他非法手段,故意引导犯罪嫌疑人为该犯罪行为进行供述。

---

[84] 第一百三十四条/(二) 修改于《刑事诉讼法典修正案》〔2007〕26号文件。
[85] 第一百三十四条/(三) 增加于《刑事诉讼法典修正案》〔2004〕22号文件。
[86] 第一百三十四条/(四) 增加于《刑事诉讼法典修正案》〔2004〕22号文件。
[87] 第一百三十五条 增加于《刑事诉讼法典修正案》〔2004〕22号文件。

第一百三十六条[88]（废止）

第一百三十七条 侦查人员在居民家中或其他地方进行侦查期间,有权在一定时间内限制在场人员离开。

第一百三十八条 侦查人员有权亲自侦查或通过调取资料侦查,以查明犯罪嫌疑人生活经历和行为习惯,同时应当将其所调查到的所有信息一并告知该犯罪嫌疑人。

第一百三十九条 侦查人员应当依照本法典总则中关于侦查的规定进行记录,应当将其亲自记录的资料、搜集到的资料以及负责同一案件的其他侦查人员移交的资料,一并放入案件卷宗内。

提交作为证据的文件资料应当放入案件卷宗内。如果该证据为其他物品,则应当制作清单明细,放入案件卷宗。

侦查人员应当将所有证人的名字、居住地址或联系地址、电话号码或其他联系方式记录在案,并存档于侦查人员办公室,以便能在法院规定的时间内如期传唤证人。[89]

第一百四十条 侦查人员在侦查结束后,应当执行以下任一项事项：

（一）未能确定违法犯罪者的,且该犯罪行为的法定最高刑不超过三年,侦查人员应当停止侦查,记录停止侦查的原因后,连同案件卷宗一并提交给检察人员；

法定最高刑超过三年的,侦查人员应当向检察人员提交案件卷宗和停止侦查意见；

检察人员下令停止侦查或继续侦查的,应当由侦查人员执行该命令；

---

[88] 第一百三十六条 废止于《刑事诉讼法典修正案》〔2004〕22号文件。
[89] 第一百三十九条第三款 增加于《刑事诉讼法典修正案》〔2004〕22号文件。

（二）如果能确定违法犯罪者的,则依照以下四个条款执行。

第一百四十一条　违法犯罪者已明确的,但尚未能传唤或逮捕的,侦查人员通过侦查后,将裁定起诉或裁定不起诉意见同案件卷宗一并提交给检察人员。

检察人员同意裁定不起诉的,可以停止侦查和决定不起诉,并告知侦查人员。

检察人员认为应当继续侦查的,则通知侦查人员执行。

检察人员同意起诉的,则采取任一措施逮捕犯罪嫌疑人。如犯罪嫌疑人身处泰国境外,则由检察人员负责引渡其回国,接受审判。

第一百四十二条　违法犯罪者已明确,且该违法犯罪者正在被控制、拘留、暂时释放或收到传票保证能如期现身的,则由侦查人员根据侦查卷宗,向检察人员提出起诉或裁定不起诉意见,并提交案件卷宗。

在侦查人员提出裁定不起诉意见的情形下,则仅向检察人员提交案件卷宗以及不起诉意见,且侦查人员有权释放或暂时释放犯罪嫌疑人。犯罪嫌疑人正被处以拘留的,可由侦查人员或请求检察人员代向法院申请释放。

在侦查人员提出起诉意见的情形下,则向检察人员提交案件卷宗并移送犯罪嫌疑人。犯罪嫌疑人正被处以拘留或逃匿的除外。[90]

如果侦查人员在比照法条后,对违法行为作出了处理决定,且该违法行为人已经按照该处理决定执行的,应当将该情况记录在案,连同卷宗一并提交给检察人员。

第一百四十三条[91]　检察人员在收到第一百四十二条规定的侦

---

[90]　第一百四十二条第三款　修改于2014年7月21日签发的《国家安全委员会关于〈刑事诉讼法典修正案〉的公告》第115/2014期。

[91]　第一百四十三条　增加于《刑事诉讼法典修正案》〔1956〕6号文件。

查人员的意见和案件卷宗后,依照以下规定执行:

(一)在收到裁定不起诉意见后,作出不起诉的裁定。不同意裁定不起诉的,作出起诉决定并通知侦查人员移送犯罪嫌疑人以进行后续诉讼;

(二)在收到起诉意见后,作出起诉决定并向法院对犯罪嫌疑人提起诉讼。不同意起诉的,则作出不起诉决定。

在上述任一情形中,检察人员拥有以下权力:

(1)根据情况通知侦查人员补充侦查或移送证人进行询问;

(2)决定是否释放、暂时释放、控制或申请法院拘留犯罪嫌疑人(视情况而定),且依照执行或作出决定。

在谋杀案中,如果是工作人员在执行公务过程中导致犯罪嫌疑人死亡的,或者犯罪嫌疑人在工作人员控制下死亡的,只有检察院检察长或其代理人有权作出提起诉讼或不予提起诉讼。

第一百四十四条 检察人员作出决定起诉的,如果违法行为可以比照法条作出处理决定的,检察人员享有以下权力:

(一)通知侦查人员尽量比照法条作出处理决定,而不必将犯罪嫌疑人移交检察人员;

(二)已将犯罪嫌疑人移交给检察人员的责令将犯罪嫌疑人和案件卷宗送回至侦查人员,且让侦查人员,比照法条作出处理决定的,在必要情况下,可以决定将犯罪嫌疑人交给其他有权力的侦查人员,比照法条作出处理决定。

第一百四十五条[92] 决定不起诉且该决定并非检察院检察长下达的,如在曼谷则立即将侦查卷宗和决定书提交给泰国皇家警察局局长、泰国皇家警察局副局长或警察局局长助理;如在其他府,则尽

---

[92] 第一百四十五条 修改于革命委员会于1972年12月13日公布的第333号文件。

快将侦查卷宗和决定书提交给府尹。以上,不影响检察人员根据第一百四十三条的规定行使处置犯罪嫌疑人的权力。

曼谷的泰国皇家警察局局长、泰国皇家警察局副局长或泰国皇家警察局局长助理,或其他府府尹对检察人员的决定有异议的,可以将案件卷宗和反对意见提交给检察院检察长进行决定。如该案件即将超过追诉时效或因其他原因必须立即提起诉讼,则先依照曼谷的泰国皇家警察局局长、泰国皇家警察局副局长或泰国皇家警察局局长助理或其他府府尹的意见处理。

检察人员上诉、终审上诉或撤回起诉、撤回上诉、撤回终审上诉适用本条的规定。

第一百四十五条/(一)[93]　在警察负责侦查的案件中,如决定不予起诉,且该决定并非出自最高检察院检察长,如在曼谷则立即将侦查卷宗和决定书提交给总警监、副总警监或总警监助理;在其他府则立即将侦查卷宗和决定书提交给管理侦查负责人的指挥员或副指挥员。以上,不影响检察人员依照第一百四十三条规定,行使处置犯罪嫌疑人的权力。

曼谷的总警监、副总警监或总警监助理,或管理侦查负责人的指挥员或副指挥员,对检察人员的决定有异议的,可以将案件卷宗和反对意见提交给最高检察院检察长进行决定。如该案件即将超过追诉时效或因其他原因必须立即提起诉讼,则先依照曼谷的总警监、副总警监或总警监助理,或管理侦查负责人的指挥员或副指挥员(视情况而定)的意见处理。

检察人员上诉、终审上诉或撤回起诉、撤回上诉、撤回终审上诉,

---

[93]　第一百四十五条/(一)　增加于2014年7月21日签发的《国家安全委员会关于〈刑事诉讼法典修正案〉的公告》第115/2014期。

适用本条的规定。

第一百四十六条 不予起诉的最终决定应当告知犯罪嫌疑人和起诉人。犯罪嫌疑人被控制或被拘留的,应当将其释放或向法院申请释放(视情况而定)。

检察人员作出不予起诉的最终决定后,被害人、犯罪嫌疑人和利害关系人有权向检察人员申请了解证据以及侦查人员和检察人员对案件的处理意见。以上,要在诉讼时效内进行。[94]

第一百四十七条 当作出不予诉讼的最终决定后,禁止继续对相关人员就同一事件进行侦查。若获得了与案件相关的重要证据,且法院因此能对犯罪嫌疑人处以刑罚的除外。

第二款[95](议会未通过)

第二节 尸检

第一百四十八条 当明确发现或有理由怀疑死者非正常死亡时,或在工作人员控制期间死亡的,应当进行尸检,依法被判处死刑的除外。[96]

以下为非正常死亡的情形:

(一)自杀;

(二)他杀;

(三)动物致人死亡;

---

[94] 第一百四十六条第二款 增加于《刑事诉讼法典修正案》〔2004〕22号文件。

[95] 由于议会不通过《1944年刑事诉讼法典修正案》,导致《1944年刑事诉讼法典修正案》〔1956〕6号文件关于《刑事诉讼法典》第一百四十七条第二款的规定被取消。(《1944年刑事诉讼法典修正案》〔1956〕6号文件关于《刑事诉讼法典》第一百四十七条第二款的规定:"当作出不予起诉的最终裁决后,禁止检察人员提起诉讼。依照本条上一款的规定进行侦查或检察院检察长命令提起诉讼的除外。"

[96] 第一百四十八条第一款 修改于《刑事诉讼法典修正案》〔1956〕6号文件。

(四)意外死亡;

(五)不明原因死亡。

第一百四十九条 在任何地点发生非正常死亡事件时,死者的配偶、亲友或监护人中的知情者有责任进行以下活动:

(一)尽可能地就地保存尸体;

(二)尽快向司法警察报案。

死者配偶、亲友或监护人不在尸体发现地点的,其他人也应当履行第一款中规定的义务。

对于疏于履行本条规定的义务人,处一千泰铢以下罚款。[97]

第一百五十条[98] 必须进行尸检的,尸体发现地的侦查人员应当尽快安排获得泰国医学委员会证书或批准函的法医进行尸检。上述法医没有或无法履行尸检职责的,由公立医院医生执行;公立医院医生没有或无法履行尸检职责的,由府公共卫生办公室医生进行尸检;府公共卫生办公室医生没有或无法履行尸检职责的,由依照公共卫生部的规章,注册为志愿者医生的私立医院医生或执业医师进行尸检。在履行上述职责时,依照《刑事法典》的规定由私立医院医生或执业医师担任工作人员。以上,侦查人员和上述医生应当立即记录尸检细节,上述医生应当自收到通知之日起七日内制作尸检报告,并附于尸检细节记录中。如有必要,可延长时间,但延长次数不得超过两次,每次不得超过三十日,且每次必须在尸检卷宗中记录延长时间的原因和必要性。上述报告视为尸检卷宗的一部分。非因刑事犯罪案件死亡的,当尸检结束后,侦查人员应当尽快将尸检卷宗交给检察人员,由检察人员依照第一百五十六条的规定执行。

---

[97] 第一百四十九条第三款 修改于《刑事诉讼法典修正案》〔1999〕21号文件。
[98] 第一百五十条 修改于《刑事诉讼法典修正案》〔1999〕21号文件。

由侦查人员负责通知有职责进行尸检的人员参与尸检。在尸检前,侦查人员应当尽可能通知死者配偶、长辈直系血亲、晚辈直系血亲、法定代理人、监护人或亲属中的至少一人。

在工作人员以执行公务为由致他人死亡或工作人员以执行公务为由控制他人致其死亡的情形下,检察人员和尸体发现地的行政官员(职位为县常务秘书或以上)应当和侦查人员、第一款规定的医生共同担任尸检人员,并适用第二款的规定。

依照第三款的规定进行尸检后,侦查人员应当通知检察人员,与其共同制作尸检卷宗,并自收到通知之日起三十日内完成。如有必要,可延长时间,但延长次数不得超过两次,每次不得超过三十日,并且必须每次在尸检卷宗里记录延长时间的原因和必要性。[99]

当收到尸检卷宗后,检察人员向尸体发现地的初级法院递交申请书,让法院进行审查和下达死者身份、死亡地点、死亡时间、死亡原因和死亡方式的裁定。他杀案件中,应当尽可能自收到档案之日起三十日内查明凶手。如有必要,可延长时间,但延长次数不得超过两次,每次不得超过三十日,并且必须每次在尸检卷宗里记录延长时间的原因和必要性。

侦查人员应当依照检察人员的要求履行第一款、第三款、第四款和第五款规定的职责。

法院不得在法庭上公开第五款规定的审查时间,检察人员向法院递交申请书,请求法院至少在审查的十五日前,尽可能依照顺序将申请书复制件交付给死者配偶、长辈直系血亲、晚辈直系血亲、法定代理人、监护人或亲属中的至少一人,并告知其审查日期,检察人员应当将所有证明死亡的证据用于举证。

---

[99] 第一百五十条第四款　修改于《刑事诉讼法典修正案》〔2007〕27号文件。

当法院不予公开审查时间,在审查结束前,死者的配偶、长辈直系血亲、晚辈直系血亲、法定代理人、监护人或亲属有权递交申请书,请求参与询问证人,并可提供其他的证据。死者配偶、长辈直系血亲、晚辈直系血亲、法定代理人、监护人或亲属有权委托律师担任代理人。上述人员没有委任律师的,由法院为死者亲属指派律师。

基于侦查和审判的公平正义考虑,法院可以传唤已经举过证的证人,以便进行补充调查,或对其他证据进行调查。为审查和作出裁定,法院可以邀请具有专门知识的人员或专家提供意见。以上,不会剥夺第八款中规定的举证人请求其他具有专门知识的人员或专家提供意见,或对上述具有专门知识的人员或专家的意见进行补充的权利。

本条款规定的法院作出的裁定为最终裁定,但当检察人员或其他人已经或即将对该死亡案件提起诉讼时,其起诉权和法院审判、裁定案件不受影响。

法院在作出裁定后,应当将法院的审查卷宗送交于检察人员,以便交付给侦查人员,进行下一步的活动。

本条第一款规定的医生、进行尸检的工作人员和收到法院邀请提供意见的具有专门知识的人员或专家,有权根据财政部批准的司法部相关规章获得报酬,或获得补偿费、交通费和住宿费。本条规定的法院指派的律师,以及第一百七十三条规定的法院指派的律师均有权获得奖金或报酬。

第一百五十条之二[100] 在尸检结束前,任何人对尸体或尸体发现地周围环境进行改动,且可能会使尸检或案件结果发生变化的,处六个月至两年的监禁,或处一万泰铢至四万泰铢的罚金,或两者

---

[100] 第一百五十条之二 增加于《刑事诉讼法典修正案》〔1999〕21号文件。

并罚,为了人民健康或其他公共利益而必须实施改动的除外。

第一款规定中的违法行为属于徇私舞弊或毁灭证据的,对行为人处以该违法行为应受处罚两倍的刑罚。

第一百五十一条 为查明死因,必要时尸检工作人员有权下令解剖尸体,化验尸体的某些部分,也可将尸体整个或部分交给医生或政府化验员。

第一百五十二条 医生或政府化验员应当进行以下活动:

(一)根据所见、所验情况,制作尸检或其部分尸检的报告,并记录意见;

(二)尽可能地说明死因;

(三)在报告上写明日期,签名后交给尸检工作人员。

第一百五十三条 对已埋葬的尸体,尸检人员应当将尸体挖出,并进行检验,没有必要挖出尸体或尸体对人身健康有害的除外。

第一百五十四条 尸检人员应当制作记录死亡原因、死亡方式、死者身份、死亡地点、死亡时间的书面报告。在涉嫌他杀案件中,应当根据已知信息,记明违法犯罪者或嫌疑对象的身份。

第一百五十五条 尸检适用本法典有关侦查的规定。

依照第一百五十条的规定,法院在对证人为不满十八周岁的儿童的案件中,进行审查,适用第一百七十二条之三的规定。⑩

第一百五十五条 / (一)⑩ 在侦查工作人员以执行公务为由致他人死亡,或者他人在工作人员控制期间死亡,或者工作人员以妨碍公务为由,致他人死亡的案件中,侦查人员应当通知检察人员一同参与制作侦查卷宗。

---

⑩ 第一百五十五条第二款 增加于《刑事诉讼法典修正案》〔1999〕20号文件。
⑫ 第一百五十五条/(一) 增加于《刑事诉讼法典修正案》〔2007〕27号文件。

侦查人员应当依照第一款的规定,负责制作侦查卷宗。检察人员可以在开始制作卷宗时的第一时间内提供建议、检查证据、询问或下令询问有关人员。以上依照部令的准则和方式进行。

如遇紧急情况,有正当理由不能等待检察人员参与制作侦查卷宗时,侦查人员应当继续制作卷宗,但必须在档案中记录不能等待检察人员的原因,该卷宗的制作视为合法制作。

第一百五十六条 对于非因刑事犯罪案件死亡的尸检卷宗,应当送交给府专员。

第三编 初级法院的审判程序

第一章 刑事诉讼的起诉和审查

第一百五十七条 刑事诉讼的起诉,应当向依照本法典或其他法律规定享有管辖权的任一法院递交起诉状。

第一百五十八条 起诉状应当以书面形式,并应当记明下列事项:

(一)法院名称和日期;

(二)被告人身份、原告人身份以及涉嫌罪行;

(三)作为原告人的检察人员的职务,原告人为自然人的,应当记明其姓名、年龄、住址、国籍和所属管辖区;

(四)被告人的姓名、住址、国籍和所属管辖区;

(五)尽可能地对被告涉嫌的违法犯罪行为进行记录,包括案件事实、案发时间、地点以及相关人员和物品等情况;

对于涉嫌侮辱罪的案件,应当将与侮辱罪有关的言语、书信、图画或其他物品予以记明或附在起诉状后;

(六)该行为所触犯的法律条款;

(七)起诉状的原告人、排版人、撰写人或打印人签名。

第一百五十九条 被告人因违法行为已被判处刑事处罚,原告人要求增加被告人刑罚的,应当在起诉状中予以说明。

原告人在初级法院作出判决前没有在起诉状中申请增加刑罚的,可以申请提交补充起诉状,法院认为合理的,可以予以批准。

第一百六十条 同一份起诉状可以包含数个罪名,但是应当按顺序分别列举。

任一罪名可以与其他罪名分开。如果法院认为应当将任一罪名或数个罪名的卷宗分开的,可以在审判前或者审判过程中将其分开。

第一百六十一条 起诉状不符合法律规定的,法院应当责令原告人依法补正或裁定驳回起诉、不予受理。

原告人有权对原审法院的裁定提起上诉。

第一百六十一条/(一)[⑱] 对于公民作为原告人的案件,如果法院发现或者有证据证明原告人不诚信起诉或者隐瞒事实真相,企图欺骗、利用被告人或企图获得其他不当利益的,法院应当裁定驳回起诉,并且禁止原告人就同一事实再提起诉讼。

依照第一款规定的不诚信起诉,包括原告人无正当理由,故意违反法院就其他案件作出的终审判决或裁定。

第一百六十二条 起诉状符合法律规定的,法院应当作出下列裁定:

(一)对于自然人为原告人的案件,应当予以审查起诉。但如果该案件的检察人员已经就同一罪名起诉被告人的,应当依照第(二)项规定处理;

(二)对于检察人员为原告人的案件,无须审查案由。但如有必要,可以裁定先行审查起诉;

在进行上述审查起诉后,被告人坦白的,法院应当受理案件,继续进行审判。

第一百六十三条 原告人有正当理由的,有权在初级法院作出判决前向法院申请修改或补充起诉状。法院认为合理的,可以予以

---

⑱ 第一百六十一条/(一) 增加于《刑事诉讼法典修正案》〔2019〕34号文件。

批准或裁定先行审查起诉。法院批准后,应当把修改或补充的起诉状副本送交被告人,法院可以责令将该补充起诉状的审判卷宗区分开来。

被告人有正当理由的,可以在法院做出判决前申请修改或补充供词,如法院认为应当予以批准的,应当把复制件送交原告人。

第一百六十四条 如果申请修改或者补充起诉状会对被告人的应诉产生不利影响的,法院应当不予批准。但在初级法院审判的任一阶段,无论是修改或增加起诉状中应当作出声明的罪名或细节,都不视为对被告人产生不利影响,被告人对指控错误或诉讼中未提及的事项予以应诉的除外。

第一百六十五条[104] 在检察人员为原告人的案件中,应当责令被告人在审查当日到达法院或将其押送至法院,法院应当将起诉状副本逐一送交被告人。当法院确定该人为被告人时,应当向其宣读或解释起诉状,讯问其是否实施了违法行为以及将如何应诉。法院应当记录被告人的陈述,被告人不提供陈述的,应当记录在报告中,继续对案件进行处理。

被告人无权在审查阶段要求提供证人为其作证,但以上情形并不会剥夺被告人获得律师帮助的权利。

在自然人为原告人的案件中,法院有权在被告人不出席的情形下进行审查,法院应当将起诉状副本逐一送交被告人,并告知被告人约定审查的日期。被告人可以出庭,并有权委托律师进行交叉询问;如果被告人不出庭的,可以委托律师对控方证人进行交叉询问。法院不得讯问犯罪嫌疑人。犯罪嫌疑人在法院受理案件前不视为被告人身份。

---

[104] 第一百六十五条 修改于《刑事诉讼法典修正案》〔1956〕6号文件。

第一百六十五条/(一)[105]　对于法定刑为死刑或被告人在被起诉之日不满十八周岁的案件,法院依照第一百六十五条的规定对案件进行审查时,如果被告到庭且没有委托律师的,法院应当为其指派律师。

对于法定刑为监禁的案件,法院依照第一百六十五条的规定对案件进行审查时,如果被告到庭的,法院应当询问被告人是否已委托律师。如果被告人没有委托律师但要求委托律师的,法院应当为其指派律师。

法院应当考虑案件情况和经济状况,向依照本条规定指派的律师支付奖金和报酬。以上,根据财政部批准的司法部相关规定执行。

第一百六十五条/(二)[106]　在审查案件时,如果被告人认为法院应予以认定的重要事实问题和法律问题没有依据的,被告人有权向法院提出申诉,以便告知法院。同时被告人可以提供人证、书证或物证,对申诉书中事实问题进行证明。在此情形下,法院认为有必要的,可以将上述人证、书证或物证作为法庭证据,以便对案件作出裁判。原告人和被告人在经法院同意的情形下,可以就上述证据向法院发问。

第一百六十六条　如果原告人无法在规定时间出庭的,法院应当裁定撤回起诉,但如果法院认为原告人有正当理由无法出庭的,可以裁定延期审理。

对于法院裁定撤回起诉的上述案件,如果原告人在法院作出撤回起诉裁定之日起十五日内向法院证明其不能出庭是有正当理由的,法院应当重新审理该案件。

---

[105]　第一百六十五条/(一)　增加于《刑事诉讼法典修正案》〔2019〕33号文件。
[106]　第一百六十五条/(二)　增加于《刑事诉讼法典修正案》〔2019〕33号文件。

法院裁定撤回起诉的上述案件,不得以同一事由向被告人再次提起诉讼,但如果法院裁定撤回起诉的案件中,只有自然人作为原告人的,不剥夺检察人员再次起诉该案件的权力,但自诉案件除外。

第一百六十七条 如果发现案件存在合理诉由的,法院应当受理,并继续审判存在合理诉由的罪名;如果发现案件不存在合理诉由的,法院应当裁定驳回起诉。

法院裁定案件存在合理诉由的,应当写明案件的事实问题、法律问题和作出裁定的理由。[107]

第一百六十八条 法院在受理案件后,应当将起诉状副本送达给各被告人,但被告人事先已经收到起诉状副本的除外。

第一百六十九条 法院在受理案件后,被告人尚未归案的,法院应当根据情况签发传票或者逮捕令,以便继续审理案件。

第一百七十条 法院对存在合理诉由案件作出的裁定为终审裁定。但是对于无合理诉由案件的裁定,原告人可以依照上诉终审条例提起上诉。

原告人可以在上诉期间向法院提出申请,请求将被告人予以拘留或者暂时释放。

第一百七十一条 案件审查参照适用关于侦查和审判的相关法条规定(第一百七十五条规定除外)。

询问不满十八周岁的证人,不论自然人作为原告人的案件,还是检察人员作为原告人的案件,都应当参照适用第一百三十三条之二和第一百七十二条之三的规定。[108]

---

[107] 第一百六十七条第二款 增加于《刑事诉讼法典修正案》〔2019〕33号文件。
[108] 第一百七十一条第二款 增加于《刑事诉讼法典修正案》〔1999〕20号文件。

第二章 审判

第一百七十二条 法院审查与询问证人,应当对被告人公开,另有规定的除外。

当原告人或原告人律师和被告人到庭,并且法院确认被告人身份后,应当向被告人宣读,解释说明起诉书,并讯问被告人是否有违法犯罪行为,告之如何应诉。应当将被告人的供述记录在案,被告人拒绝供述的,法院应当将此情况予以记录,继续审判案件。

询问证人时,应当综合考虑证人的性别、年龄、身份地位、身体状况和心理状况或其对被告人的畏惧等因素,证人无须直接面对被告人,可以采用闭路电视、电子媒介或依照最高法院院长规定的其他方式进行,并可以由心理学家、社会工作者或证人信赖的其他人进行询问。[109]

询问证人,应当实行同步录音录像,并将证言予以正确记录。上诉法院和最高法院也应当将上述方法使用于案件审判记录中。以上,依照最高法院院长规定的准则、方式和条件进行。[110]

第三款和第四款中的最高法院院长规定,经最高法院会议同意并于《政府公报》公布之后生效。[111]

第一百七十二条之二[112] 法院依照第一百七十二条第二款的规定执行后,为了不拖延审判,在法院认为合理时,有权在被告人不出席时审查与询问证人,具体情形如下:

---

[109] 第一百七十二条第三款 增加于《刑事诉讼法典修正案》〔2008〕28号文件。
[110] 第一百七十二条第四款 增加于《刑事诉讼法典修正案》〔2008〕28号文件。
[111] 第一百七十二条第五款 增加于《刑事诉讼法典修正案》〔2008〕28号文件。
[112] 第一百七十二条之二 增加于《刑事诉讼法典修正案》〔1956〕6号文件。

（一）⑬在法定最高刑为不满十年有期徒刑的案件中,无论是并处罚金或单处罚金,被告人有辩护律师并且获得法院批准后,法院可以在被告人不出席时审查与询问证人；

（二）被告人人数众多的案件,原告人认为证人与某一被告人无关,请求法院在审查与询问证人时让该被告人不出席的,法院审查后认为理由成立的,可以予以准许；

（三）被告人人数众多的案件,法院认为应当单独让某一被告人出席,对证人进行审查与询问的；

（四）⑭被告人因患有疾病或遇到其他无法预测的必要事由无法出庭,被告人有辩护律师并且获得法院批准后,法院可以在被告人不出席时审查与询问证人；

（五）⑮如果被告人在庭审过程中阻碍案件审理或者未经法院的准许,擅自离开法庭的,法院可以责令被告退出法庭。

在第(二)项或第(三)项规定的案件中,法院在任一被告人不出席时对证人进行审查与询问的,无论在任何情形下,都不得对该被告人产生不利结果。

第一百七十二条之二/（一）⑯ 法院依照第一百七十二条之二的规定对案件进行审理后,如果法院认为被告人有逃匿迹象,或者没有正当理由不到庭或不参加证据审查的,法院应当签发拘传令传唤被告人。如果被告人自法院签发拘传令之日起三个月内仍然不到庭的,基于公正、及时审理案件的需要,法院认为有必要且被告人有辩护律师的,法院可以在被告人缺席的情形下,审查与询问证人；

---

⑬ 第一百七十二条之二第(一)项　修改于《刑事诉讼法典修正案》〔1984〕15号文件。
⑭ 第一百七十二条之二第(四)项　增加于《刑事诉讼法典修正案》〔2019〕33号文件。
⑮ 第一百七十二条之二第(五)项　增加于《刑事诉讼法典修正案》〔2019〕33号文件。
⑯ 第一百七十二条之二/（一）　增加于《刑事诉讼法典修正案》〔2019〕33号文件。

依照第一款规定的审查与询问证人,不适用于法定刑为死刑或被告人在被起诉之日不满十八周岁的案件。

第一百七十二条之二/(二)[117] 对于被告人为法人的案件,法院依照第一百七十二条之二的规定对案件进行审理后,法院对签发拘传令传唤法人的经理人或其他代理人,但法人的经理人或其他代理人自法院签发拘传令之日起三个月内仍然不到庭的,并且没有其他代理人代为进行案件的,基于公正、及时审理案件的需要,法院认为有必要的,可以在被告人缺席的情形下审查与询问证人。法院在审查结束后,可以对该案件作出裁判。

第一百七十二条之三[118] 当询问不满十八周岁的未成年证人时,法院应当为该证人提供适当的场所,并可进行下列任一活动,但被告人自称是证人的除外:

(一)法院亲自询问证人,可以向证人告知需求证的案件要点和事实,可以要求证人就此提供证言,或通过心理学家和社会工作者进行询问;

(二)当事人可以通过心理学家和社会工作者进行询问、交叉询问或覆问。

上述第一款规定中的证人证言,应当向审判庭播放证人作证时的录像和录音,并由法院将证人作证的情况告知心理学家或社会工作者。

在依照第一款规定询问证人前,如果法院认为有必要,或者证人是不满十八周岁的未成年人,或者当事人一方提出申请且提交充足理由,法院审查后认为如果不予以准许将会对未成年人造成不利

---

[117] 第一百七十二条之二/(二) 增加于《刑事诉讼法典修正案》〔2019〕33号文件。
[118] 第一百七十二条之三 修改于《刑事诉讼法典修正案》〔2007〕26号文件。

后果的,应当向当事人播放在侦查期间依照第一百三十三条之二的规定制作的被害人陈述或未成年证人提供证言的录音和录像,或者依照第一百七十一条第二款规定中关于审查起诉的录音和录像。在此情形下,上述证人作证时的录像和录音视为审判期间该证人证言的一部分,当事人可对证人进行补充询问、交叉询问或覆问。以上,应当在法院认为有必要时,且在其权限范围内进行。

证人有正当理由未依照第一款的规定出庭作证的,法院应当观看和收听该证人在侦查期间依照第一百三十三条之二规定,作证时的录音录像,或者依照第一百七十一条第二款规定,在审查起诉期间提供证言时的录像和录音,并将该录像和录音视为审判期间证人证言的一部分。法院应当结合其他证人证言对案件进行审判。

第一百七十二条之四[119] 在法院以外的场所询问不满十八岁的未成年证人的,参照适用第一百七十二条之三的规定。

第一百七十三条[120] 对于法定刑为死刑或被告人在被起诉之日不满十八周岁的案件,法院在审判前应当询问被告人是否已委托律师,如果被告人没有委托律师,法院应当为其指派律师。

对于法定刑为监禁的案件,法院在审判前应当询问被告人是否已委托律师,被告人没有委托但要求委托律师的,法院应当为其指派律师。

法院应当考虑案件情况和经济状况,向本条中指派的律师支付奖金和报酬。以上,根据财政部批准的司法部相关规定执行。

第一百七十三条/(一)[121] 为了快速、连续、公平地审判案件,对于被告人未作供述或拒绝供述的案件,当事人一方提出申请,或者

---

[119] 第一百七十二条之四 增加于《刑事诉讼法典修正案》〔1999〕20号文件。
[120] 第一百七十三条 修改于《刑事诉讼法典修正案》〔2004〕22号文件。
[121] 第一百七十三条/(一) 增加于《刑事诉讼法典修正案》〔2004〕22号文件。

法院认为有必要的,可以在规定询问证人的日期前,先规定审查证据的日期,并至少提前十四日告知当事人。

当事人应当在第一款规定的审查证据日前七日内,向法院提交足量的证据清单及复制件,以便法院工作人员交付给另一方当事人。一方当事人要求提交补充证据清单的,应当在审查证据结束前向法院提交。

如果当事人没有在第二款规定的时间内提交补充证据清单的,只有在法院准许的情形下,或者当事人有证据证明其不知晓有该证据存在的,或者基于案件公平考虑有必要的,或者为了给被告人充分应诉机会需要的,当事人方可以补交证据清单。

如果书证或物证由案外第三人持有,当事人需要援引该书证或物证的,应当向法院提交申请书和证据清单,请求法院责令书证或物证持有人将该书证或物证上交法院,以便在审查证据前或法院规定的日期前获得该书证或物证。

第一百七十三条/(二)[12]　在审查证据日,当事人双方应当先将其持有的书证和物证递交给法院,以供另一方当事人质证。但法院因证据方面的原因作出其他裁定,或者证据为证人的询问笔录除外。然后当事人双方各自应当向法院陈述举证缘由,由法院就证据的关联性、必要性进行审查,直至另一方当事人认可证据。上述程序完成后,由法院确定询问证人的时间,并至少提前七日告知双方当事人。原告人在审查证据之日没有出庭的,参照适用第一百六十六条的规定。

为了案件公平审判需要,当法院认为有必要时,或者当事人一方提出申请的,法院可以在询问证人日前对涉及案件争议焦点的证据先行审查。

---

[12]　第一百七十三条/(二) 增加于《刑事诉讼法典修正案》〔2004〕22号文件。

第一百七十四条 在对证人进行审查前,原告人有权陈述开案陈词,以便告知法院原告人的诉讼请求,即陈述案件的性质以及用于证明被告有过错的证据。此后,原告人可以提供证人为其作证。

在对原告人的证人审查结束后,被告人有权陈述开案陈词,以告知法院被告人的答辩理由,即案件事实、引用的法律依据以及证明案件的证据。此后,被告人可以提供证人为其作证。

在对被告人的证人审查结束后,原告人和被告人可以以口头形式、书面形式或者口头与书面相结合的方式作结案陈词。

审判过程中,如果法院认为没有必要对证人进行审查或者进行其他活动的,可以裁定停止上述活动。

第一百七十五条 当原告人询问证人结束后,法院认为有必要时,有权从检察人员处调取侦查卷宗,并结合该卷宗材料,对案件作出裁判。

第一百七十六条[⑫] 如果被告人在审判阶段对被指控的犯罪事实予以认可的,法院对该犯罪事实的证据可以不进行继续审查。但被告人承认的事实依法应当处以法定最低刑为五年以上有期徒刑或更重刑罚的,法院应当听取原告证人陈述,直至能确定被告人有罪。

对于有多名被告人且部分被告人认罪的案件,法院认为合理的,可以对被告人认罪的部分作出最终裁定。对于拒不承认犯罪事实的被告人,原告人可以在法院规定的时间内另行提起诉讼。

第一百七十七条 当法院认为有必要不公开审理的或者当事人一方申请不公开审理的,法院有权决定不公开审理。但是法院不公开审理要符合维护国家安全与人民利益需要,或为了防止国家机密不被泄露的要求。

---

⑫ 第一百七十六条 修改于《刑事诉讼法典修正案》〔1956〕6号文件。

第一百七十八条 对于不公开审理的案件,仅有下列人员有权出席法庭:

(一)原告人及其律师;

(二)被告人及其律师;

(三)押解被告人的司法警察;

(四)证人及特邀专家;

(五)翻译人员;

(六)与案件相关并得到法院批准入场的人员;

(七)法院工作人员及维护法庭安全秩序的司法警察(视情况而定)。

第一百七十九条 依照本法典或其他法律的规定,法院可持续不间断地审判案件,直至审结。

如果证人没有出庭或有其他事由需要延期审判的,法院可以根据案情,决定延期审判。

第一百八十条 刑事案件的审判,参照适用《民事诉讼法典》关于维护法庭秩序的规定,但禁止将被告人驱逐出法庭,被告人妨碍审判的情况除外。

第一百八十一条 审理案件,参照适用本法典第一百三十九条和一百六十六条的规定。

第三章 判决与裁定

第一百八十二条[124] 在审查起诉阶段或者审判案件过程中提起的诉讼,由法院根据实际情况裁定。审判结束后,法院根据案情作出

---

[124] 第一百八十二条 修改于《刑事诉讼法典修正案》〔1956〕6号文件。

判决或裁定。

  法院应当当庭或者在案件审判结束之日起三日内公开宣读判决。如果有正当理由的,可以延期宣读判决,但应当将该事由记录在案。

  法院当庭宣读后,由当事人签名确认。原告人因自身原因不能到庭的,可以在原告人缺席的情形下,宣告判决或裁定。被告人未到庭的,如果被告人没有逃匿迹象或者不是故意不到庭的,法院可以等待被告人到庭后再宣读。但是,如果被告人有逃匿迹象或故意不到庭的,则由法院签发拘传令传唤被告人。如果被告人在法院签发拘传令之日起一个月内仍然不到庭的,法院可以在被告人缺席的情形下宣读判决或裁定。以上视为原告人或被告人(视情况而定)已经获悉该判决或裁定。

  因有部分被告人缺席而导致必须延期宣读判决或裁定的,如果有必要将出庭的被告人释放的,法院有权在等待宣读判决或裁定期间将其暂时释放。

  第一百八十三条 判决书、裁定书或者异议书应当采用书面形式,并由参与案件的审判人员签名。审判人员如果无法形成一致意见的,有权保留其不同意见,并将该材料放入案件卷宗。

  第一百八十四条 审判委员会讨论案件的判决或裁定,应当由审判庭庭长、司法长官、审判长或者案件卷宗负责人担任主席,应当对参与案件的每一位审判人员进行询问,并要求其对案件的每一项审判要点提出意见,由主席作出最终意见。审判意见的表决采用少数服从多数的原则。如果在某一问题上产生两种或两种以上意见,不能形成多数意见的,所持意见对被告人产生较大不利影响的审判人员应当服从所持意见对被告人产生较小不利影响的审判人员。

  第一百八十五条 如果法院认为被告人没有从事违法犯罪行为、被告人的行为不构成犯罪的或案件已经超过诉讼时效的,或者依法事由被告人不应该被处罚的,法院应当驳回原告人的起诉。在案件审理终结前,法院可裁定拘留或暂时释放被告人。

当法院认为被告人的行为已经构成犯罪且依法不属于免除刑事责任情形的,法院应当根据其违法犯罪行为情节轻重,追究被告人的刑事责任。但是法院在案件审理终结前,可以根据情况,暂时释放被告人。

第一百八十六条 判决书和裁定书应当包含下列内容:
(一)法院名称及日期;
(二)案件原告人的身份和被告人的身份;
(三)案由;
(四)罪名及被告人供述;
(五)审判认定的事实;
(六)就认定事实问题和法律适用问题作出判决的依据;
(七)处罚所依据的法律条款;
(八)撤回起诉或免予刑罚的裁决;
(九)法院对于赃物或附带民事诉讼的判决。
轻罪案件的判决不必包括第(四)(五)(六)项的内容。

第一百八十七条 审理过程中的裁定书必须包含下列内容:
(一)日期;
(二)裁定的法律依据;
(三)裁定意见。

第一百八十八条 判决书或裁定书自法院宣判之日起发生法律效力。

第一百八十九条 被判刑的被告人经济困难,需要获取经确认的判决书复制件时,法院应当为其免费提供一份复制件。

第一百九十条 禁止对已经宣读的判决或裁定进行更改,书写或打印错误的字词除外。

第一百九十一条 当对依照判决或裁定进行的强制执行有异议时,如果利害关系人向作出该判决或裁定的法院提起异议的,法院应当解释清楚。

第一百九十二条[125] 禁止对超过诉讼请求范围的事项或起诉状中未提及的事项作出判决或裁定。

法院在审判过程中发现案件事实与起诉状中指控的事实不符的,应当裁定驳回起诉。但是案件事实与起诉状中指控的事实没有实质性差异,并且没有误导被告人应诉的,法院可以根据案件事实追究被告人的刑事责任。

案件事实与起诉状中指控的事实细节存在差异,例如:作案时间、场所与实际存在差异,或盗窃、敲诈勒索、诈骗、欺骗债权人、侵占、接受赃物及毁坏财产之间的罪名存在差异,或故意犯罪和过失犯罪的罪名存在差异的,视为无实质性差异;此外法院在审判过程中发现的案件事实,不视为超过诉讼请求范围或原告人不希望追究刑事责任的事项。但法院认为起诉状中指控的事实导致被告人错误应诉的除外,此情形下,法院不得对被告人处以重于原告人起诉的罪名的刑罚。[126]

如果法院认为起诉状中指控的部分事实与其在审理案件过程中发现的事实并非原告人所要指控的,法院不得就其对被告人判处刑罚。

如果法院认为原告人在起诉状中指控的事实清楚,但原告人指控的罪名或适用的法律条款错误的,法院有权根据审判认定的罪名对被告人判处刑罚。

如果起诉状中的指控包含多项罪名,且每一项罪名可以单独成立的,法院可以就任何一罪名对被告人判处刑罚。

---

[125] 第一百九十二条 修改于《刑事诉讼法典修正案》〔1979〕10号文件。
[126] 第一百九十二条第三款 修改于《刑事诉讼法典修正案》〔1989〕17号文件。

第四编　上诉与终审

第一章　上诉

第一节　一般原则

第一百九十三条　如果对初级法院的判决与裁定不服的,可以就事实认定问题与法律适用问题向上诉法院提起上诉。本法典或者其他法律规定不得上诉的除外。

每份上诉状必须依次写明上诉的简要案件事实以及适用的法律依据。

第一百九十三条之二[127]　对于初级法院判处法定最高刑为三年以下有期徒刑的案件、判处六万泰铢以下罚金的案件,或者两者并罚的案件,被告人不得就事实认定问题提起上诉,但在下列情形下,被告人可以就事实认定问题提起上诉:

(一)被告人被判处监禁或被判处羁押代替监禁的;

(二)被告人被判处监禁,但法院等待执行处罚的;

(三)法院判决被告人的行为构成犯罪,但还在等待判处刑罚的;

(四)被告人被判处一千泰铢以上的罚金的。

第一百九十三条之三[128]　对于依照第一百九十三条之二规定不得上诉的案件,如果初级法院参与案件审判的审判人员、在判决书上签名的审判人员或者提出不同审判意见的审判人员认为判决内

---

[127]　第一百九十三条之二　修改于《刑事诉讼法典修正案》〔1989〕17号文件。
[128]　第一百九十三条之三　增加于《刑事诉讼法典修正案》〔1974〕8号文件。

容属于应当上诉的重要问题,并认为应当予以上诉;或者检察院检察长或其授权的检察人员在上诉状上签名,认为有正当理由应当予以上诉的,上诉法院应当予以受理,并对案件进行进一步审判。

第一百九十四条 如果案件只针对法律适用问题提起上诉的,上诉法院在对法律适用问题进行审查时,应当根据卷宗材料,对初级法院认定的案件事实进行书面审查。

第一百九十五条 当事人应当在上诉状中将其援引的法律条款予以注明,但是该法律条款必须是初级法院已经适用过的条款。

上诉人或者法院可以援引关于社会安全或者未依照本法典关于上诉的规定执行的相关法律条款,即便是初级法院没有适用过的法律条款。

第一百九十六条 禁止对审判过程中作出的并未致使案件终结的裁定提起上诉,除非针对重要问题作出了判决或裁定时,才可以提起上诉。

第一百九十七条 因不服判决或裁定已经提交一份起诉状的,不剥夺其他有上诉权的人另行提起上诉的权利。

第一百九十八条⑫ 当事人应当自宣判或者视为向当事人宣读判决书或裁定书之日起一个月内向初级法院提起上诉。⑬

初级法院依照本法典规定负责审查是否应当,将上诉状移交上诉法院。如果认为不应该受理的,应当在法院的裁定中写明理由。

对于被告人被判决处监禁或者更重的刑罚且没有被收押监禁的案件,被告人在提出上诉时,应当同时向法院工作人员报到,否则法院应当裁定不予受理上诉。以上,最高法院院长有权对被告人

---

⑫ 第一百九十八条 修改于《民事诉讼法典修改案》〔1974〕8号文件。
⑬ 第一百九十八条第一款 修改于《民事诉讼法典修改案》〔1989〕17号文件。

报到的准则、方式和条件作出规定,上述规定于《政府公报》公布后生效。㉛

第三款的规定,不适用于被告人被判处缓刑或者依照判决服有期徒刑期满的案件。㉜

第一百九十八条之二㉝ 上诉人对初级法院作出的不予受理上诉裁定不服的,可以向上诉法院提起上诉。上诉人应当自宣读裁定之日起十五日内向初级法院提交上诉状。初级法院应当尽快将该上诉状与初级法院的判决书或裁定书一并移交上诉法院。㉞

上诉法院认为有必要通过审查卷宗材料对上诉请求作出裁定的,初级法院应当将卷宗材料移交上诉法院。

上诉法院在审查上诉请求后,可以作出维持初级法院不予受理的裁定或者作出予以受理上诉的裁定。该裁定为最终裁定,由初级法院进行宣读。

第一百九十九条 被拘留或被关押在监狱里的上诉人,可以在上诉期限内向狱警提交上诉状。狱警收到上诉状后,应当出具书面接收文件,并尽快将上诉状送至初级法院。

上诉人向狱警提交的上诉状,如果送达到法院时已超过上诉期限,但如果发现该迟延不是由于上诉人的过错造成的,应当视为该上诉是在上诉期限内提交的。

第二百条㉟ 法院应当自收到上诉状之日起十五日内将上诉状副本送达对方当事人。

㉛ 第一百九十八条第三款 增加于《民事诉讼法典修改案》〔2016〕32号文件。
㉜ 第一百九十八条第四款 增加于《民事诉讼法典修改案》〔2016〕32号文件。
㉝ 第一百九十八条之二 增加于《民事诉讼法典修改案》〔1974〕8号文件。
㉞ 第一百九十八条之二第一款 修改于《民事诉讼法典修改案》〔1989〕17号文件。
㉟ 第二百条 修改于《民事诉讼法典修改案》〔1989〕17号文件。

第二百零一条[138] 因无法联系对方当事人或者对方当事人逃匿、拒不接收或者已经收到答辩状或者超过答辩期限的,法院应当尽快将上诉状副本移交上诉法院,以便对案件进行进一步审判。

第二百零二条 上诉人有权在卷宗材料移交上诉法院前,向初级法院申请撤回上诉。在此情形下,初级法院可以裁定予以撤回。如果已经移交卷宗材料的,应当向上诉法院或初级法院提交申请书,由上诉法院对此作出裁定。以上,应当在上诉法院宣读判决之前申请撤回上诉。

撤回上诉后,如果另一方当事人没有对初级法院的判决或裁定提出上诉的,案件审理终结;如果另一方当事人提起上诉,没有变更初级法院判决或裁定的,案件审理终结。

第二节 上诉法院的审理、判决与裁定

第二百零三条 上诉法院的审理、双方当事人的当庭质证和询问证人,应当公开进行。

第二百零四条 上诉法院公开审理案件,应当至少提前五日将开庭时间告知双方当事人。

法院应当自收到卷宗材料之日起十五日内听取答辩词,如果有特殊事由,也可以延期,但延期时间最长不得超过两个月,并且法院应当将延期事由予以记录。

第二百零五条 请求口头答辩的,应当将口头答辩申请书与上诉状或答辩状一并提交。

如果以书面形式提交答辩状的,应当在上诉法院审理前提交。

无论是口头答辩还是书面答辩,都不视为是上诉内容的一部分,而仅仅视为是对上诉状或答辩状的解释说明。

---

[138] 第二百零一条 修改于《民事诉讼法典修改案》〔1956〕6号文件。

书面答辩词可以向初级法院和上诉法院提交。

第二百零六条 口头答辩规则如下：

（一）如果一方当事人请求先答辩的，由该方当事人先进行答辩，然后由另一方当事人答辩，在另一方当事人答辩完后，申请先答辩的一方当事人可以进行再次答辩；

（二）如果双方当事人都请求先答辩的，由上诉方当事人先行答辩，然后由对方当事人答辩，在对方当事人答辩完后，上诉方当事人可以进行再次答辩；

（三）如果双方当事人都请求先答辩并同为上诉人的，由原告人先进行答辩，然后由被告人答辩，在被告人答辩完后，原告人可以进行再次答辩。

第二百零七条 上诉法院作出予以受理上诉的裁定后，有权要求初级法院发出传票令或者拘捕令，对初级法院已经释放的被告人予以拘留或暂时释放。如果被告人在上诉期间被执行拘留的，可以要求初级法院释放或暂时释放被告人。

第二百零八条 依照本节规定，上诉案件的审判方式如下：

（一）上诉法院认为应该补充询问证人的，有权亲自询问证人或者要求初级法院询问证人。初级法院在询问证人后应当将卷宗材料送交上诉法院，以便上诉法院对案件进行继续审理。

（二）由于初级法院没有依照审判程序正确执行，如果上诉法院认为有必要时，可以根据案件情况，责令初级法院重新审理案件，或者责令其作出新的判决或裁定。

第二百零八条之二[137] 如果上诉法院审判庭庭长认为有必要的，可以在审判委员会会议中对案件的任何问题进行审查。

---

[137] 第二百零八条之二 增加于《刑事诉讼法典修正案》〔1944〕2号文件。

审判委员会的组成成员由审理该案件的审判人员组成,但不得少于该法院审判人员总人数的一半。审判委员会主席由上诉法院审判庭庭长担任。

审判委员会评议案件以多数人意见为准,但如果在某一问题上产生两种或两种以上意见,不能形成多数意见时,所持意见对被告人产生较大不利影响的审判人员应当服从所持意见对被告人产生较小不利影响的审判人员。

如果案件中的某个问题已经过审判委员会评议,那么该案件的判决或裁定应当依照审判委员会的评议意见作出,并且应当注明该问题是已经过审判委员会的评议。参加会议的审判人员,即便该审判人员不是审判庭的组成人员,也有权审理案件、作出裁定或者对案件持有不同意见。

第二百零九条 上诉法院应当尽快对案件作出判决,并决定由上诉法院自行宣读判决或者交由初级法院宣读判决。

第二百一十条 如果上诉法院认为某上诉是没有按照规定提起的,应当裁定驳回上诉。

第二百一十一条 如果当事人对案件要点作出的判决不服,并且对该案在审判期间作出的裁定不服提起上诉的,上诉法院可以在同一判决书中对上述事项一并进行处理。

第二百一十二条 被告人因不服被判处的刑罚而提起上诉的,上诉法院不得加重被告人的刑罚,但是原告人同时提起上诉的除外。

第二百一十三条 多名被告人因同一罪名或者持续性犯罪被判处刑罚,其中一名被告人不服判决提起上诉,上诉法院裁定撤销原判,发回初级法院重审,或者依法对提起上诉的被告人改判为免除刑罚或减轻刑罚的,上诉法院有权对未提起上诉的被告人作出免除刑罚或减轻刑罚的判决。

第二百一十四条　上诉法院的判决书除应当包含初级法院判决书的内容之外,还应当包括下列内容:

(一)上诉人的姓名或职务;

(二)维持原判、撤销原判、依法改判或发回初级法院重审的内容。

第二百一十五条　上诉法院审判案件,除适用已有规定之外,还应当参照适用初级法院关于审判和裁定的相关规定。

第二章　终审

第一节　一般原则

第二百一十六条[138]　依照第二百一十七条至第二百二十一条的规定,当事人不服上诉法院的判决或裁定的,有权自宣读判决书或者视为向提起终审上诉的当事人宣读判决书或裁定书之日起一个月内向最高法院提起上诉。

向最高法院提起上诉的,应当向初级法院提交上诉状,并应当参照适用第一百九十八条、第二百条和第二百零一条的规定。[139]

第二百一十七条　如果一方当事人只能就案件的法律适用问题向最高法院提起上诉的,该限制条件同样适用于案件的对方当事人以及相关人员。

第二百一十八条　上诉法院作出维持下级法院判决或者仅对原判决稍作修改,并且被告人被判处五年以下有期徒刑或者被判处

---

[138] 第二百一十六条　修改于《刑事诉讼法典修正案》〔1956〕6号文件。
[139] 第二百一十六条第二款　修改于《刑事诉讼法典修正案》〔2016〕32号文件。

罚金的,或者被判处五年以下有期徒刑并处罚金的,当事人不得就事实认定问题向最高法院提出上诉。

上诉法院作出维持下级法院判决,或者仅对原判决稍作修改,并且被告人被判处五年以下有期徒刑,不管是否附加有其他刑罚,原告人不得就事实认定问题向最高法院提出上诉。[⑩]

第二百一十九条[⑪] 对于初级法院判处被告人两年以下有期徒刑、判处四万泰铢以下罚金或者两者并罚的案件,如果上诉法院对被告人判处的刑罚不超过上述刑罚的,当事人不得就事实认定问题向最高法院提出上诉。但是本禁止规定不适用于上诉法院对原判决作大幅变更且加重被告人刑罚的案件。

第二百一十九条之二[⑫] 当事人不得对判决或裁定中涉及采取安全措施的事实认定问题提起上诉,即便该案件属于可以向最高法院提起上诉的案件。

依照第二百一十八条和第二百一十九条的规定计算有期徒刑刑期的,禁止把法院判决或裁定采取安全措施的时间计算在内。

第二百一十九条之三[⑬] 对于初级法院判处以拘留代替监禁、变更拘留为监禁、以拘留代替罚金或没收财产并处拘留的案件,上诉法院维持初级法院判决的,当事人不得就事实认定问题向最高法院提起上诉。

第二百二十条[⑭] 当事人不得就初级法院和上诉法院裁定驳回原告人起诉的案件向最高法院提起上诉。

---

⑩ 第二百一十八条第二款 增加于《刑事诉讼法典修正案》〔1989〕17号文件。
⑪ 第二百一十九条 修改于《刑事诉讼法典修正案》〔1989〕17号文件。
⑫ 第二百一十九条之二 增加于《刑事诉讼法典修正案》〔1974〕8号文件。
⑬ 第二百一十九条之三 增加于《刑事诉讼法典修正案》〔1974〕8号文件。
⑭ 第二百二十条 修改于《刑事诉讼法典修正案》〔1989〕17号文件。

第二百二十一条　对于本法典第二百一十八条、第二百一十九条和第二百二十条规定的禁止向最高法院提出上诉的案件,如果初级法院中参与案件审判的审判人员、在判决书上签名的审判人员或持有不同意见的审判人员或者上诉法院审查后认为,裁决的内容属于应当准许向最高法院上诉的重要问题,或者检察院检察长在上诉状上签名并认为有正当理由,应当向最高法院上诉的,最高法院应当受理上诉,并对案件进行进一步审判。

第二百二十二条　如果案件只存在法律适用问题,最高法院在对该法律适用问题作出裁判时,应当根据案件卷宗证据对上诉法院认定的事实进行查明。

第二百二十三条　初级法院有责任对上诉状进行审查,并裁定是否应当依照本法典规定向最高法院转呈上诉状。如果认为不应接收上诉状的,应当在该法院的裁定书中注明理由。

第二百二十四条[16]　初级法院作出不接收上诉状裁定的,上诉人对该裁定不服的,可以向最高法院提交上诉申请。该申请书应当自初级法院宣读裁定之日起十五日内递交至初级法院。初级法院应当及时将该申请书连同上诉状、初级法院和上诉法院的判决书或者裁定书一并移送最高法院。

最高法院认为应当审查卷宗,以便对申请书作出裁定的,初级法院应当将卷宗移送最高法院。

第二节　最高法院的审判、判决与裁定

第二百二十五条　最高法院审判案件,参照适用关于上诉法院审理、判决与裁定的相关规定,但禁止提出异议的除外。

---

[16]　第二百二十四条　修改于《刑事诉讼法典修正案》〔1989〕17号文件。

第五编　证据

第一章　一般原则

第二百二十六条　能够证明被告人有罪或无罪的物证、书证、证人都可以作为证据使用,但不得以引诱、承诺、威胁、欺骗以及其他非法手段收集证据,并应当依照本法典或其他有关审查证人的法律规定对证据进行审查。

第二百二十六条/(一)[146]　法院不得采信合法产生但以非法手段取得的证据,或者依靠非法信息手段或其他非法手段取得的证据。但是采信该证据对公正审判的益处大于对刑事司法标准或者人民群众权利自由的影响的除外。

法院依照第一款的规定对是否采信证据进行权衡时,应当综合考虑案件的下列情况:

(一)证据的证明力、重要性及可信度;

(二)案件的情况及犯罪情节轻重;

(三)非法行为的性质及造成的损失;

(四)实施非法手段取得证据的人是否受到了处罚及处罚轻重。

第二百二十六条/(二)[147]　法院不得用被告人以往犯罪的证据或者被告人有不良表现的证据来证明被告人在本次案中被起诉的违法犯罪行为,但下列证据除外:

---

[146] 第二百二十六条/(一)　增加于《民事诉讼法典修改案》〔2008〕28号文件。
[147] 第二百二十六条/(二)　增加于《民事诉讼法典修改案》〔2008〕28号文件。

（一）与被起诉案件的犯罪行为有直接关联的证据；

（二）能证明被告人犯罪行为的性质、方式与行为特点的证据；

（三）证明被告人无罪的证据或者证明被告人有良好行为的证据。

第一款的规定并不禁止法院为了确定刑罚或者加重刑罚而对上述证据进行审查。

第二百二十六条 /（三）[148] 证人将其听到的内容向法院提交，或者将记载在文件或其他物品上的内容作为证据使用，并向法院提交的，如果其提交是为了证明上述内容的真实性的，应当视为传闻证据。

法院不得采信传闻证据，下列情形除外：

（一）传闻证据的情况、性质、来源和环境情况具有极高可信度，可以证明案件事实的；

（二）由于看到、听到或知道案件内容的证人无法亲自出庭作证，如果有正当事由且出于案件公平正义审判需要的，法院可以采信该传闻证据。

法院认为不应该采信传闻证据，相关当事人在法院继续审判案件前提出异议的，法院应当将相关当事人的姓名或传闻证据的类型与性质、不采信的理由以及相关当事人的异议记录在案卷中。对于相关当事人提出异议的理由，法院应当在斟酌定夺后，将其记录在案卷中或者要求该方当事人提交书面异议陈述意见，以便将其一并列入卷宗中。

第二百二十六 /（四）[149] 对于性犯罪案件，被告人不得向被告人

---

[148] 第二百二十六条 /（三）增加于《民事诉讼法典修改案》〔2008〕28 号文件。
[149] 第二百二十六条 /（四）增加于《民事诉讼法典修改案》〔2008〕28 号文件。

以外的其他人提供与性侵犯行为有关的证据,或者提问与被害人受性侵犯行为有关的问题,但是向法院申请并得到法院准许的除外。

法院只有在为了案件公平审判需要的情形下,才能依照第一款的规定对申请予以批准。

第二百二十六条/(五)[150]　在审判阶段,如果有必要原因或正当理由的,法院可以采信在审查起诉阶段中获得的证言记录或者采信证人在其他案件中的证言记录,作为定案的根据。

第二百二十七条　法院应当公平客观地判定所有证据的证明力,法院在确定有违法犯罪行为且被告人为违法犯罪者前,不得对被告人判处刑罚。

当对被告人是否有违法犯罪行为持有合理怀疑时,则应当遵循"存疑时有利于被告人"的原则。

第二百二十七条/(一)[151]　法院在判定被告人刑罚时,应当谨慎认定传闻证据、目击者证词、未经被告人质证的证据或者有瑕疵会影响可信度的证据的证明力,并且不应该单独将上述证据作为定案的根据。但如果有充足理由、特殊情况或者其他补充证据相互印证的除外。

第一款规定的补充证据,是指其他具有可信度的且与需要印证的证据有不同来源的证据。此外,该证据本身需要具有足够的证明力,能使需要印证的证据更具有可信度。

第二百二十八条　法院在审判案件的过程中,可以根据案件情况或者依一方当事人的申请,对证人进行补充询问。法院可以亲自询问证人,可以就案件要点进行询问。

---

[150]　第二百二十六条/(五)　增加于《民事诉讼法典修改案》〔2008〕28号文件。
[151]　第二百二十七条/(一)　增加于《民事诉讼法典修改案》〔2008〕28号文件。

第二百二十九条 法院对证人进行补充询问,可以根据证据性质选择在庭内或庭外进行。

第二百二十九条/(一)[132] 依照第一百七十三条/(一)中关于审查起诉或审判的规定,原告人应当提交证据清单。证据清单的主要内容包括注明物品类别和性质、获取物品的详细地点、能说明物品的所有文件以及相关人员或专家的姓名与地址。原告人应当至少在审查起诉或询问证人前十五日,将上述证据提交或者申请法院对上述证据进行审查。此外,原告人还应当准备数量充足的证据清单复制件,以便交给被告人。被告人应当在询问被告方证人之日前,将证据清单及其复制件提交。

在审查阶段,当事人向法院申请取回法院收缴的涉案财物或者需要对证据清单上的财物进行收缴的,应当至少在审查前七日提出申请,并且应当提交数量充足的证据清单复制件,以便交给其他相关人员(如有)。

第一款或第二款(视情况而定)规定的提交证据清单的期限届满后,已经提交证据清单的双方当事人或者相关人员有充足理由证明其无法知晓应当要提交某个证据以便于审查的,或者不知晓某一证据已存在的或有其他正当理由的,且法院认为有必要对上述证据进行审查的情况下,可以在证据审查结束前的任一时间内,向法院申请补交上述证据以及相应的证据清单与证据清单复印件;或者未提交证据清单的双方当事人或者相关人员有足够理由向法院证明其因故无法在上述规定的期限内提交证据清单,且法院认为有必要对上述证据进行审查的情况下,可以在案件审判结束前任一时间内,向法院申请补充上述证据以及相应的证据清单与证据清单复印

---

[132] 第二百二十九条/(一) 增加于《民事诉讼法典修改案》〔2008〕28号文件。

件。为了对案件要点作出公正的判决,法院有权批准审查或者采信上述证据。

法院不得批准审查和采信当事人或相关人员未按照本条第一款、第二款、第三款或者第一百七十三条第一款、第二款的规定自愿提交的补充证据。但是为了对案件要点作出公正的判决,或者为了给予被告人充分的应诉机会,法院认为有必要保护或审查上述证据的,有权批准审查和采信上述证据。

第二百三十条[153] 在相关当事人申请或法院认为合理的情况下,法院可以进行实地审查证据。在有正当理由不能将证据带到法庭上举证,且无法采用其他方法进行审查的情况下,法院有权将案件要点转送至其他法院代为审查,接收案件要点的法院与原法院拥有同等权力与责任(包括转送案件要点至其他法院的权力)。

依照第一百七十二条和第一百七十二条之二的规定,应当向接收案件要点的法院提交诉讼案件卷宗或复制件、供词复制件及其文件、证物,以供其进行证据审查。被告人在审判期间被处拘留的,应当由狱警将其押送至接收案件要点的法院。依照第一百七十二条之二的规定,被告人拒绝出庭的,可提交其拟向证人询问的问题记录或者审查证据的申请,法院依照被告人的申请,进行证据审查。

法院根据当事人的请求对证据审查结束后,应当将案件卷宗、相关文件和证物归还原法院。

第二百三十条/(一)[154] 证人因正当事由无法出庭作证,在当事人申请或法院认为合理的情况下,法院可以批准上述证人到其他法院、政府机关办公地或法院以外的其他场所作证,并以会议投影形

---

[153] 第二百三十条 修改于《民事诉讼法典修改案》〔2008〕28号文件。
[154] 第二百三十条/(一) 增加于《民事诉讼法典修改案》〔2008〕28号文件。

式现场直播画面及声音。上述事项应当由管辖区内有管辖权的上一级法院进行监管,并且应当依照《最高法院院长规定》规定的方式与标准执行,该规定自经最高法院会议批准且于《政府公报》上公布后生效。

第一款规定中的作证将视为在法庭上的作证。

第二百三十条/(二)[155] 在不能依照第二百三十条/(一)的规定询问证人时,如果当事人提出请求或法院认为合理的,法院可以批准在境外有居所的人,以提交书面证言或意见笔录的方式代替其出庭作证。以上活动不得剥夺证人出庭补充陈述的权利。

第一款规定的笔录应当包括下列内容:

(一)法院名称和案号;

(二)笔录制作日期和地点;

(三)当事人姓名;

(四)证人的姓名、年龄、住所、职业以及与当事人的关系;

(五)事实细节或证人意见;

(六)提供证言笔录的当事人和证人的签名。

对于证人签名,应当参照适用《民事诉讼法》第四十七条第三款的规定。

禁止修改已向法院提交的证言笔录,修改细微错误的除外。

第二百三十一条 下列情形下,当事人或其他人应当作出陈述或者应当提交任一证据:

(一)政府机密文件或信息;

(二)该人因职务而获得、获悉的机密文件或信息;

(三)对于法律保护不予公开的措施、方案或其他工作内容,当事

---

[155] 第二百三十条/(二)增加于《刑事诉讼法典修正案》〔2008〕28号文件。

人或该人员有权不进行陈述或者提交证据,但是经该机密工作人员或有关人员批准的除外。

如果当事人或其他人不愿意作出上述陈述或提交证据的,法院有权传唤该机密工作人员或有关人员出庭说明理由,以裁决该行为是否有正当理由。如果法院认为该行为无正当理由的,应当责令其作出陈述或提交证据。

第二章　证人

第二百三十二条　原告人不得主张被告人为证人。

第二百三十三条[156]　被告人可以主张自己是证人。如果被告人主张自己是证人的,法院应当先询问该被告人,然后再询问被告的其他证人。如果该被告人的证言对其他被告人不利的,其他被告人可进行交叉询问。

如果被告人以证人身份作证的,其证言可以作为认定该被告人刑罚的支撑证据,法院也可以结合其他证据对该证据予以采信。

第二百三十四条　对于可能使自己被提起刑事诉讼的直接或间接问题,证人可以不予回答。如果出现这样的问题,法院应当提醒证人注意。

第二百三十五条　在审判案件的过程中,如果法院认为有必要的,有权对原告人、被告人或证人中的任何一人进行询问。

法院不得为了弥补原告人证据存在的瑕疵而讯问被告人,但被告人主张自己为证人的除外。

第二百三十六条　在审判案件的过程中,法院有权命令即将出

---

[156] 第二百三十三条　修改于《刑事诉讼法典修正案》〔2008〕28号文件。

庭作证,且非被告人的人员在作证前于庭外等候。此外,该证人作证结束后,可在庭内等候。

第二百三十七条[157] 法院应当在被告人出席的情形下,向证人宣读审查起诉期间或者审判案件期间所制作的证言,但第一百六十五条第三款规定的情形除外。

经双方当事人同意后,法院可批准将在审查起诉期间制作的证言作为审判案件期间的证言,证人不用重新作证,或者可以让证人立即回答被告人的交叉询问。但被告人可能被判处最低法定刑为五年以上有期徒刑或更重的刑罚的案件除外。

第二百三十七条之二[158] 在向法院提起诉讼前,当有理由相信证人将离开泰王国且其无固定住所的,或其住所远离审判案件的法院的,或有理由相信将对证人造成直接或间接不便的,或者对将来询问证人可能造成困难的,检察人员可以直接或者依照被害人、侦查人员的请求向法院递交申请书,指明犯罪嫌疑人的所有被控罪名,以便法院裁定立即询问该证人。如果已经知晓违法犯罪者的身份,且该人处于侦查人员或者检察人员的控制中的,检察人员应当将其带至法院;如果该人处于法院控制中的,法院应当将该人带至法庭,以便对案件进行继续审判。

当法院在收到上述申请书时,应当立即询问该证人。在这种情形下,犯罪嫌疑人可以亲自或委托律师进行交叉询问。

在第二款规定的情形中,如果该犯罪嫌疑人被指控涉嫌刑事犯罪,且被提起刑事诉讼的,法院应当为该被告人指派律师,或者被告人有权依照第一百二十三条的规定,在询问证人前,请求法院为其

---

[157] 第二百三十七条 修改于《刑事诉讼法典修正案》〔2008〕28号文件。
[158] 第二百三十七条之二 修改于《刑事诉讼法典修正案》〔1999〕20号文件。

指派律师。对于法院应当为犯罪嫌疑人指派律师的案件,法院应当询问犯罪嫌疑人是否已经聘请律师,如果法院认为能及时为其指派律师的,则应当立即为其指派,并立即开始询问证人;如果法院认为无法及时为其指派律师,或者犯罪嫌疑人不能及时聘请律师的,法院应当代为询问证人。

法院应当向证人宣读上述证言。如果犯罪嫌疑人本人出庭的,法院应当在犯罪嫌疑人出庭时向证人宣读证言。

如果接下来该犯罪嫌疑人被指控为刑事诉讼被告人的,法院可以在案件审判过程中采信上述证言。

如果被指控为被告人的犯罪嫌疑人认为,有必要进行询问的己方证人,如果该证人将要离开泰王国且其无固定住所的,或其住所远离审判案件的法院的,或有理由相信将对证人造成直接或间接不便的,或者将来询问证人可能造成困难的,该犯罪嫌疑人可以向法院提出申请,说明必要理由,以便法院下令批准立即询问该证人。

当法院认为合理时,应当下令批准询问该证人,并告知相关侦查人员和检察人员。检察人员有权进行交叉询问,并参照适用第三款、第四款和第五款的规定。

询问不满十八周岁的未成年证人,应当参照适用第一百七十二条之三的规定。

第二百三十七条之三[159] 对专家证人、其他证据的审查以及已经提起诉讼,但由于必要事由应当依照第一百七十三条/(二)第二款规定的审查证人前的证据审查,参照适用第一百三十七条之二规定。

如果认为科学证据能够证明案件的重要事实,或者有充足理由认为,如果延迟审查该科学证据会导致证据灭失或难以鉴定的,犯

---

[159] 第一百三十七条之三 增加于《刑事诉讼法典修正案》〔2008〕28号文件。

罪嫌疑人、检察人员或检察人员依照侦查人员、被害人的申请,可以依照第二百四十四条/(一)的规定向法院递交申请书,请求法院在起诉前对该科学证据进行技术性鉴定。上述事项,参照适用第二百三十七条之二的规定。

第三章　书证

第二百三十八条　书证原件可以作为证据使用。如果无法提供原件,与原件一致的复印件或者有知情人作证的,也可以作为证据使用。

如果主张将政府公文作为证据使用的,即便原件存在,也可以递交与原件一致的复印件。但是传票中有其他规定的除外。

第二百三十九条　当事人拟援引某一文件作为证据使用,但该当事人未持有该文件的,如果该当事人将文件的特征和存放地点告知法院的,法院应当传唤文件的持有人将文件送交法院。

第二百四十条[⑩]　法院依照第一百七十三条/(一)的规定没有对审查证据的日期予以明确规定,如果当事人想将其本人持有的文件作为证据使用的,应当至少在审查起诉或证据审查前十五日将该文件送交法院,以供另一方当事人在审查证据前查阅和复制上述文件。但是当事人主张作为书证使用的文件是证言笔录的,或者文件上有证人的姓名或住址信息的,或者法院根据文件的形式和必要性而作出其他裁定的情形除外。

在无须依照第一款规定提交文件的情形下,如果法院将该文件作为定案的根据,应当宣读或送交给当事人查阅。如果任何一方当

[⑩]　第二百四十条　修改于《刑事诉讼法典修正案》〔2008〕28号文件。

事人需要复制件的,法院有权根据情况,责令主张该文件作为证据的一方送交复制件给另一方。

任一方当事人不提交第一款规定的文件、第二款规定的文件复制件或第一百七十三条/(二)第一款规定的书证或物证的,法院有权拒绝采信该证据。但法院认为为了实现公平正义或未进行上述行为不是故意而为之,以及不会导致另一方当事人在应诉中失去机会的情形除外。

第四章　物证

第二百四十一条　应当把作为物证的所有物品带到法院。

如果无法把物证带到法院的,法院应当根据物证的性质,按照其认为合适的时间和方法,到该物证的存放地对物证进行审查,制作报告。

第二百四十二条　在侦查、审查起诉和审判的过程中,作为物证使用的物品应当让双方当事人或证人查阅。

物品需要打开包装或封条的,并需要重新包装或加盖封条的,应当在双方当事人或证人在场的情况下进行。

第五章[161]　专家鉴定

第二百四十三条[162]　任何擅长科学、艺术、手工艺、商务、医务或外国法律等领域的人,无论从事该职业与否,其意见可能有利于案

---

[161] 第五章　专家鉴定　第一百四十三条至第二百四十四条/(一)　修改于《刑事诉讼法典修正案》〔2008〕28号文件。

[162] 第二百四十三条　修改于《刑事诉讼法典修正案》〔2008〕28号文件。

件裁决、侦查、审查起诉或审判的,可以在诸多事务中担任证人,如检查被害人、犯罪嫌疑人、被告人的身体或精神,检查签名是否属实,进行实验或其他事务。

专家可以将意见制成意见书,但应当把上述意见书复制件递交给法院和另一方当事人,并且出庭作证,有必要理由或当事人无意愿交叉询问该专家的,法院可以采信上述意见书的意见,专家不必出庭作证。

专家必须出庭作证的,应当至少在出庭作证前七日,将上述意见书的足量复制件提交法院,以便提供给另一方当事人来取。

在出庭作证的过程中,专家可以宣读意见书。

第二百四十四条[163] 法院或政法干警认为在审查起诉、审判或侦查的过程中有必要检查尸体的,即使尸体已经装棺或埋葬,有权下令取出尸体以供专家检查,但是执行上述命令时,应当考虑到宗教教义以及不得造成其他严重危害。

第二百四十四条/(一)[164] 被判处监禁的犯罪行为,如果有必要使用科学证据证明作为犯罪要点的事实的,法院有权下令通过科学方法验证任何人物、物品或文件。

依照前款规定进行鉴定,需要采集当事人或任何人员的血液、生理组织、皮肤、毛发、唾液、尿液、粪便、分泌物、遗传物质或人体组成部分,法院有权下令医生或专家进行上述鉴定,但是仅鉴定必要的和合理的部分,要求尽量采用给被鉴定人造成疼痛最轻的方法,不能危及其身体健康,当事人或相关人员应当同意。如任何一方当事人无正当理由不同意或无正当理由阻挠相关人员同意的,可初步

---

[163] 第二百四十四条 修改于《刑事诉讼法典修正案》〔2008〕28号文件。
[164] 第二百四十四条/(一) 增加于《刑事诉讼法典修正案》〔2008〕28号文件。

推测事实和对方当事人的陈述一致。

如果科学证据能够证明法院作出裁决的事实而不必再审查其他证据,或有理由相信如因迟延审查该重要的科学证据将导致证据灭失或难以鉴定的,任何一方当事人申请或法院认为合理的,可以下令依照第一款和第二款的规定,及时进行技术性鉴定,可以在证据审查之日前鉴定。以上参照适用第二百三十七条之二规定。

本条款中所产生的鉴定费用,依照财政部批准普通法院管理委员会的规定支付。

第六编　执行判决与诉讼费用

第一章　执行判决

第二百四十五条⑯　依照第二百四十六条、第二百四十七和第一百四十八条的规定,案件审理结束后,应当及时执行判决。

对于被判处死刑或无期徒刑的案件,如果当事人未提出上诉且法院尚未作出终审判决的情形下,初级法院应当将该案件卷宗送至上诉法院(上诉法院维持原判的除外)。

第二百四十六条⑯　当被告人、被告人的配偶或亲属、检察人员、监狱长或有逮捕执行权的工作人员提出申请,或者法院认为有必要的,法院在下列情形下,有权准予监外执行,直至监外执行的条件消失:

(一)被告人精神有障碍的;

(二)监禁后有可能造成被告人生命危险的;

(三)被告人怀孕的;

(四)被告人分娩不满三年且须抚养自己孩子的。

监外执行期间,法院可以将监狱之外的适合场所或监禁令中规定的场所作为监管上述人员的场所,并有权决定由执行监禁令的工作人员作为执行该命令的负责人。

第二款规定的适合场所必须符合部令的规定,包括应当规定适合被告人状况的监管与保护方法,以及防止逃匿或者避免损害发生

---

⑯　第二百四十五条　修改于《刑事诉讼法典修正案》〔1956〕6号文件。
⑯　第二百四十六条　修改于《刑事诉讼法典修正案》〔2007〕25号文件。

的措施。

法院依据第一款作出裁定后,被告人不依照第三款中的方法或措施执行,或情况发生变化的,法院有权变更原裁定或裁定,收监执行。

被告人在本条规定下的监外执行的时间不应当计入刑期。

第二百四十七条 被告人被判处死刑的案件,在依照本法典规定申请赦免前禁止执行判决。

如果怀孕的妇女被判处死刑的,应当自其分娩之日起满三年后执行该判决,并将死刑减刑为无期徒刑,但婴儿在上述规定期限内死亡的除外。分娩后的三年期间内,让该妇女在监狱内适合养育婴儿的地方哺育自己的孩子。[167]

第二百四十八条 被判处死刑的罪犯在被执行死刑前精神出现障碍的,则延迟至其恢复后执行。延迟执行死刑期间,法院有权依照《刑法典》第四十六条第二款的规定执行。

上述精神出现障碍的罪犯,自最终判决一年后才恢复的,将其死刑减为无期徒刑。

第二百四十九条[168] 退还或者赔偿财产损失、支付赔偿金或诉讼费用的判决或裁定,参照适用《民事诉讼法典》的相关规定。

第二百五十条[169] 如果判决书没有特别说明的,因触犯同一罪名而被判决刑罚的所有人,应当共同承担和各自承担退还或者赔偿财产损失、支付赔偿金或诉讼费用的责任。

第二百五十一条[170] 如果必须将一次性扣押的财产作为支付诉讼费用、罚金、资产价值或赔偿金的,但被告人的财产不足以支付上

---

[167] 第二百四十七条第二款　修改于《刑事诉讼法典修正案》〔2007〕25号文件。
[168] 第二百四十九条　修改于《刑事诉讼法典修正案》〔2005〕24号文件。
[169] 第二百五十条　修改于《刑事诉讼法典修正案》〔2005〕24号文件。
[170] 第二百五十一条　修改于《刑事诉讼法典修正案》〔2005〕24号文件。

述所有费用的,应当按照下列次序支付:

(一)诉讼费用;

(二)资产价值或赔偿金;

(三)罚金。

第二章 诉讼费用

第二百五十二条 在刑事案件中,普通法院不得收取本节规定以外的诉讼费用。

第二百五十三条[⑪] 在检察人员作为原告人的案件中,检察人员依照第四十三条的规定,在起诉状中提出退还或赔偿财产损失或受害人要求被告人支付赔偿金的,禁止收取诉讼费用。但法院认为被害人收取的赔偿金过高或案件审判不公平的除外,在此情况下,法院有权裁定让被害人在法院规定的期限内,支付全部或部分诉讼费用,被害人不按法院裁定执行的,视为放弃对附带民事诉讼部分的诉讼。

依照第一款规定判决或裁定退还或支付赔偿财产损失或赔偿金的,法院为执行该判决或裁定需要另外作出其他安排的,获得所退还财产或赔偿金的人必须支付其附带民事诉讼部分的诉讼费用。

第二百五十四条[⑫] 依据第二百五十三条第一款的规定,被害人要求退还或赔偿财产损失或赔偿金的刑事诉讼案件,或单独提起民事诉讼案件,应当按照民事案件收取诉讼费用。

第一款规定的附带民事诉讼案件,被害人作为原告人,请求免交初级法院、上诉法院或最高法院的诉讼费用的,应当向提起诉讼

---

⑪ 第二百五十三条 修改于《刑事诉讼法典修正案》〔2005〕24号文件。
⑫ 第二百五十四条 修改于《刑事诉讼法典修正案》〔2005〕24号文件。

的初级法院提交申请书,并且将起诉状、上诉状和终审上诉状(视情况而定)一并提交。如果初级法院认为刑事案件具有合理事由,且对赔偿金的要求是合理的,法院可以依申请予以准许;但是如果法院裁定准许原告人免交部分诉讼费用或者驳回原告人申请的,法院应当对原告人支付上述诉讼费用的期限进行明确规定。初级法院裁定准许免交诉讼费用或者驳回原告人申请的,应当在案件审理期间至案件审理终结前作出,但案件情况发生变化的,审理案件的法院可以根据案情,适当变更该裁定。

禁止对法院依照第二款规定作出的裁定提起上诉或者向最高法院提出上诉。

第二百五十五条 对于第二百五十三条第二款和第二百五十四条规定的案件,如果当事人提出申请的,法院有权裁定由败诉方承担另一方的诉讼费用。

第二百五十六条[113] 法院应当依照经财政部批准的普通法院司法委员会规定,向依传票出庭作证的证人支付必要且合理的交通费、误工费和住宿费。

证人依照其他法律规定已经获得相同性质的交通费、误工费或住宿费的,无权依照本条规定再次获得上述费用。

第二百五十七条[114] 对于公民作为原告人的案件,原告人应当支付送达起诉书副本和传票的费用,上述费用不应该高于必要数额。

第二百五十八条[115] 上述事项,参照适用《民事诉讼法典》关于诉讼费的相关规定。

---

[113] 第二百五十六条 修改于《刑事诉讼法典修正案》〔2008〕28号文件。
[114] 第二百五十七条 增加于《刑事诉讼法典修正案》〔2019〕33号文件。
[115] 第二百五十八条 修改于《刑事诉讼法典修正案》〔2005〕24号文件。

第七编 赦免、从轻处罚和减刑

第二百五十九条[176] 当案件审理终结时,如果被处刑罚的人或利害关系人向国王陛下请求赦免刑罚的,可以向司法部部长提交申请书。

第二百六十条[177] 如果在监狱里服刑的人要请求赦免刑罚的,可以向狱警或监狱长提交申请书。当其收到申请书后,应当向申请人出具注明收到的书面凭证,然后尽快将申请书送交司法部部长。

第二百六十一条[178] 司法部部长负责将申请书呈报国王陛下,并提出是否应该钦赐赦免的建议。

如果无人提交申请书,司法部部长认为应当呈报国王陛下的,可以向国王陛下提议钦赐赦免被判处刑罚的人。

第二百六十一条之二[179] 内阁认为应当呈报国王陛下的,可以向国王陛下提议钦赐赦免服刑人员。

国王陛下依照第一款规定钦赐赦免的,应当签发法令。

第二百六十二条 依照第二百四十七条和第二百四十八条规定,对于案件审理终结被判处死刑的罪犯,工作人员应当自宣告判决之日起满六十日后,将其押送去执行死刑。如果出现第二百六十一条规定需要呈报国王陛下或向国王陛下提议赦免的情形的,应当中止执行,直至司法部部长向国王陛下呈报或提议赦免建议之日起满六十日后再执行;但如国王陛下驳回该呈报的,可以在此规定期限

---

[176] 第二百五十九条 修改于《刑事诉讼法典修正案》〔2005〕23号文件。
[177] 第二百六十条 修改于《刑事诉讼法典修正案》〔2005〕23号文件。
[178] 第二百六十一条 修改于《刑事诉讼法典修正案》〔2005〕23号文件。
[179] 第二百六十一条之二 增加于《刑事诉讼法典修正案》〔1974〕9号文件。

前执行死刑。⑱

请求赦免或者为被判处死刑的人提议赦免,只能呈报一次。

第二百六十三条 对死刑以外的其他刑罚呈报赦免,不作为中止执行该刑罚的理由。

第二百六十四条 对死刑以外的其他刑罚申请赦免的,如果已经被驳回过一次的,自上一次被驳回之日起,两年内不得再次提交申请。

第二百六十五条 在获得无条件赦免的情形下,禁止执行该刑罚。如果刑罚已经部分执行了,应当立即停止执行;如果是被判处罚金且已经支付罚金的,应当全额退还。

如果赦免仅仅是从轻处罚或减刑的,剩余的刑罚可以继续执行。

但即便被赦免人获得了钦赐赦免,被赦免人也必须依照判决书的规定,退还、赔偿财产损失或支付赔偿金。

第二百六十六条 因某一违法行为被指控为其他违法行为而获得钦赐赦免的,该赦免不剥夺法院依照《刑法典》关于累犯或缓刑的规定对被告人增加刑罚和不予缓刑的权力。

第二百六十七条 本节的规定,适用于请求从轻处罚或减刑。

---

⑱ 第二百六十二条第一款 修改于《刑事诉讼法典修正案》〔2005〕23号文件。

《刑事诉讼法典》附表[181]

《刑事诉讼法典》第七十九条规定在无逮捕令的情况下可逮捕犯罪嫌疑人的罪名

伤害王室后裔	第九十七条和第九十九条
境内叛乱	第一百零一条至第一百零四条
境外叛乱	第一百零五条至第一百一十一条
损害泰国与外国的友好关系	第一百一十二条
破坏外国国旗或国徽	第一百一十五条
对工作人员实施犯罪	第一百一十九条至第一百二十二条与第一百二十七条
从羁押处逃匿	第一百六十三条至第一百六十六条
亵渎宗教	第一百七十二条和第一百七十三条
制造暴动	第一百八十三条和第一百八十四条
危害公共安全 对公众之间的来往、信息传递、物品寄送造成不便 危害公众的安宁生活	第一百八十五条至第一百九十四条、第一百九十六条、第一百九十七条和第一百九十九条
伪造货币	第二百零二条至第二百零五条、第二百一十条
强奸	第二百四十三条至第二百四十六条
伤害他人生命	第二百四十九条至第二百五十一条
伤害他人身体	第二百五十四条至第二百五十七条
侵犯人身自由	第二百六十八条、第二百七十条和第二百七十六条
盗窃	第二百八十八条至第二百九十六条
抢夺、抢劫、海盗	第二百九十七条至第三百零二条
勒索	第三百零三条

---

[181] 《刑事诉讼法典》附表 修改于《刑事诉讼法典修正案》〔1956〕6号文件。

《1940年刑事诉讼法典修正案》[182]

第二条 本法典于《政府公报》公布之日起生效。

《1940年刑事诉讼法典修正案》采用以下原则:

(一)修改部分领导级别的司法警察人员的职位,调整部分警衔,使之与其担任的行政职务一致,实现职位安排的合理性;

(二)为了让侦查顺利、快速进行,泰国皇家警察局局长有权在《政府公报》上发布任命警衔为警长以上的警察人员作为侦查人员。

《1944年刑事诉讼法典修正案》[183]

第二条 本法典于《政府公报》公布之日起生效。

1944年法令不予通过《1944年刑事诉讼法典修正案》[184]

第三条《1944年刑事诉讼法典修正案》不予通过。

《刑事诉讼法典修正案》〔1944〕2号文件[185]

第二条 本法典于《政府公报》公布之日起生效。

《刑事诉讼法典修正案》〔1947〕3号文件[186]

第二条 本法典于《政府公报》公布之日起满三十日后生效。

---

[182] 《政府公报》第57期/—/第501页/1940年10月8日。
[183] 《政府公报》第61期/第23卷/第394页/1944年4月11日。
[184] 《政府公报》第61期/第56卷/第780页/1944年9月10日。
[185] 《政府公报》第61期/第79卷/第1210页/1944年12月31日。
[186] 《政府公报》第64期/第3卷/第118页/1947年1月14日。

《刑事诉讼法典修正案》〔1950〕4号文件[187]

第二条 本法典于《政府公报》公布之日起次日生效。

《刑事诉讼法典修正案》〔1953〕5号文件[188]

第二条 本法典于《政府公报》公布之日起次日生效。

《刑事诉讼法典修正案》〔1956〕6号文件[189]

第二条 本法典于《政府公报》上发布之日起满六十日后生效。
注释： 公布施行本法典的原因是：为了让案件审判合理、快速、顺利地进行，解决法庭、工作人员和当事人在审判过程中出现的一些重要问题，以及将《刑事诉讼法典》附表修改得更合理。

《刑事诉讼法典修正案》〔1958〕7号文件[190]

第二条 本法典于《政府公报》公布之日起次日生效。
注释： 公布施行本法典的原因是：《泰王国行政管理条例》〔1956〕4号文件对地方管理作出修改并进行新的划分，仅保留府和县级管理，取消东、南、北、东北、中部地区管理，各地区的地区长官、地区副长官、地区长官助理、地区内政部长官也随之取消，由部分负责侦查刑事案件的地区级别的行政人员担任政法干警。因此有必要对《刑事诉讼法典》中关于"政法干警"一词的定义进行修改。

---

[187] 《政府公报》第67期/第60卷/第979页/1950年11月7日。
[188] 《政府公报》第70期/第10卷/第198页/1953年2月3日。
[189] 《政府公报》第73期/第16卷/第126页/1956年2月21日。
[190] 《政府公报》第75期/第78卷/第521页/1958年10月7日。

《革命委员会公告》〔1972年12月13日〕333号文件[191]

革命委员会讨论后认为,根据《刑事诉讼法典》的规定,现任的泰国皇家警察局局长、副局长的任务繁重,且法典中规定的尸检方法不便于使用,应当对上述情况进行更改。

第三点 由于工作人员执行公务的行为或工作人员的控制而导致死亡的案件,需在革命委员会发布的本文件生效前开始进行尸检的,则根据当时正在使用的《刑事诉讼法典》执行。

第四点 革命委员会的文件于《政府公报》公布次日生效。

《刑事诉讼法典修正案》〔1974〕8号文件[192]

第二条 本法典于《政府公报》公布三十日后生效。

注释:公布施行本法典的原因是:为了让区级法院和府级法院管辖下的人民拥有平等的上诉权,让上诉法院和最高法院能够快速、便利地审判案件。综上所述,故签发本法典。

《刑事诉讼法典修正案》〔1974〕9号文件[193]

第二条 本法典于《政府公报》公布次日生效。

注释:公布施行本法典的原因是:《刑事诉讼法典》第七编中关于赦免、减刑和减轻处罚的规定中未详细规定为一般服刑人员申请赦免的方法,因此应当规定由内阁为上述服刑人员向国王进言申请赦免。此外,过去一直是以法令形式赦免一般服刑人员,1974年《泰国宪法》第一百九十二条规定"泰国国王有权根据宪法或其他法律的

---

[191] 《政府公报》第89期/第190卷/特刊版 第167页/1972年12月13日。
[192] 《政府公报》第91期/第202卷/特刊版 第1页/1974年11月30日。
[193] 《政府公报》第91期/第225卷/特刊版 第5页/1974年12月29日。

规定批准法令",理应规定依照从前以法令形式进行赦免。因此,有必要对《刑事诉讼法典》进行修改。

《刑事诉讼法典修正案》〔1979〕10号文件[⑭]

第二条 本法典于《政府公报》公布六十日后生效。

注释:公布施行本法典的原因是:现行的《刑事诉讼法典》未明确规定初级法院拥有暂时释放提出申请的犯罪嫌疑人或被告人的权力,初级法院宣读判决书后,如果要暂时释放被判处法定最高刑十年以上有期徒刑的人员,须就每一情形向侦查人员、检察人员或者原告人询问是否有异议,法院因此无法快速作出裁定。因此,为了使法院能对暂时释放申请快速作出裁定,也为了使犯罪嫌疑人和被处拘役的被告人的权利和自由得到充分保护,应当赋予初级法院在宣读判决后,拥有暂时释放提出申请的犯罪嫌疑人或被告人的权力,且在有正当理由无法进行询问的情形下,赋予法院不用询问侦查人员、检察人员或者原告人即可暂时释放犯罪嫌疑人或被告人的权力。法院作出判决时,应当作出规定,如果在审判过程中发现的事实与起诉状中描述的事实仅在作案时间和地点、在勒索、诈骗、侵占及收受赃物之间的罪名区分或故意犯罪、过失犯罪的区分等细节上不符,禁止法院将其认定为重要内容而驳回起诉。为了公平与正义,故签发本法典。

《刑事诉讼法典修正案》〔1980〕11号文件[⑮]

第二条 本法典于《政府公报》公布三十日后生效。

注释:公布施行本法的原因是:修改于《法院组织法修改案》

[⑭] 《政府公报》第96期/第64卷/特刊版 第1页/1979年4月28日。
[⑮] 《政府公报》第97期/第109卷/特刊版 第1页/1980年7月16日。

〔1979〕7号文件的《法院组织法》已经修改了区级法院在审判刑事案件中的权力,即将罚金从原来的六千泰铢增加为六万泰铢。因此,应当对《刑事诉讼法典》进行相应修改,使之与《法院组织法修改案》〔1979〕7号文件内容相一致。即:府级法院和区级法院对案件事实作出相同判决的刑事案件中,禁止提起上诉的,应当赋予府级法院和区级法院管辖内的人民享有同等的上诉权利和案件审判结果。综上所述,故签发本法典。

《刑事诉讼法典修正案》〔1980〕12号文件[196]

第二条 本法典于《政府公报》公布次日生效。

注释:公布施行本法典的原因是:《革命委员会公告》333号文件第二点中以尸检方法不方便、不合适为由,宣布废止修改于《刑事诉讼法典修正案》〔1956〕6号文件的《刑事诉讼法典》第一百五十条的规定,但是发现宣布废止该条规定后,依法拥有相关权力的工作人员利用职务之便实施不正当行为,例如:枪击或伤害自然人致死后,通常被视为特殊命案,总结案件卷宗后不必通过法院审查即可提交给检察院检察长裁定。侦查人员权力过大,死者家属无法进行举证,会对死者不公。因此,应当取消《革命委员会公告》333号文件第二点的规定,且应当恢复使用被废止的《刑事诉讼法典》第一百五十条的规定。

《刑事诉讼法典修正案》〔1982〕13号文件[197]

第二条 本法典于《政府公报》公布次日生效。
注释:公布施行本法典的原因是:现行的《刑事诉讼法典》:

---

[196] 《政府公报》第97期/第113卷/特刊版 第1页/1980年7月25日。
[197] 《政府公报》第99期/第80卷/特刊版 第4页/1982年6月11日。

（一）在法定最高刑一年以下有期徒刑的案件中允许无保证金暂时释放；

（二）初级法院宣读判决后,将案件卷宗送至上诉法院或最高法院前,有人向初级法院提出暂时释放申请,初级法院认为不应当予以批准的,则"尽快"将申请书和案件卷宗送至上诉法院或最高法院（视情况而定）以作裁定。对于上述情形并未作出明确规定,仅对在将案件卷宗送至上诉法院或最高法院后,向初级法院提出暂时释放申请的情形作出了明确规定,导致犯罪嫌疑人和被告人在被批准暂时释放上获得的自由权没有得到充分保护,且同一件事项在不同的法律规定中相互矛盾。

因此,应当对本法典进行修改,在更大程度上允许轻微的刑事案件无保证金暂时释放,且应当让上述法律在同一件事项上进行统一规定。综上所述,故签发本法典。

《刑事诉讼法典修正案》〔1982〕14号文件[198]

第二条 本法典于《政府公报》公布次日生效。

注释:公布施行本法典的原因是:为了让侦查和案件进行得更快捷、合理,也为了使之与在逮捕犯罪嫌疑人前调查和侦查的原则相符合。因此,有必要对《刑事诉讼法典》进行修改。

《刑事诉讼法典修正案》〔1984〕15号文件[199]

第二条 本法典于《政府公报》公布次日生效。

注释:公布施行本法典的原因是:现行的《刑事诉讼法典》:

---

[198] 《政府公报》第99期／第108卷／特刊版　第1页／1982年8月6日。
[199] 《政府公报》第101期／第127卷／特刊版　第1页／1982年9月20日。

（一）没有赋予被逮捕人或犯罪嫌疑人和律师单独会见的权利、被探视的权利和快速就医的权利,导致被逮捕人或犯罪嫌疑人没有获得应得的保护;

（二）没有赋予被逮捕人或犯罪嫌疑人对法院不予暂时释放的裁定提出上诉的权利;

（三）没有赋予法院在法定最高刑三年以上有期徒刑、罚款超过五千泰铢或两者并罚的案件中不对被告人公开审判和审查证据的权力,使得法院无法尽快结案;

（四）没有赋予法院在法定最高刑五年以上十年以下有期徒刑的案件中为被告人任命律师的权力,使得上述案件中贫穷的被告人没有律师为其应诉;

（五）没有赋予法院在起诉前提前对即将去往泰国境外的证人进行询问的权力,使得案件的审判和作出的判决不公正。

应当对《刑事诉讼法典》进行修改,让被害人、被逮捕人、犯罪嫌疑人和被告人受到法律保护,让刑事案件的审判顺利、公平进行,也能让贫穷的被告人在案件中获得更多法律援助。因此,有必要对《刑事诉讼法典》进行修改。

《刑事诉讼法典修正案》〔1986〕16号文件[200]

第二条 本法典于《政府公报》公布次日生效。

注释: 公布施行本法典的原因是:对《刑事案件比照法条定案法》进行了修改,让侦查人员拥有更多比照法条定案的权力,其中处最高罚金不超过一万泰铢的单项处罚案件可以比照法条定案,为了让《刑事诉讼法典》中的相关规定与上述法律规定一致,有必要对《刑

---

[200] 《政府公报》第103期/第215卷/第147页/1986年12月4日。

事诉讼法典》进行修改。

《刑事诉讼法典修正案》〔1989〕17号文件[201]

第二条 本法典于《政府公报》公布三十日后生效。

注释：公布施行本法典的原因是：为了让犯罪嫌疑人在案件中受到公平审判，赋予了侦查人员或检察人员批准暂时释放的权力；对于被判处死刑且被告人没有委托律师的案件，赋予了法院为被告人指派律师的权力与职责；对于被判处三年以上、十年以下有期徒刑且被告人因经济困难无法委托律师的案件，赋予了法院在被告人应诉答辩前，为其指派律师的权力与职责；对于超过诉讼请求审判的案件，解决其判决结果的法律适用问题；同时为了让初级法院、上诉法院和最高法院能够顺利快速地审判，应当对《刑事诉讼法典》进行修改。综上所述，故签发本法典。

《刑事诉讼法典修正案》〔1992〕18号文件[202]

第二条 本法典于《政府公报》公布次日生效。

注释：公布施行本法典的原因是：依照《泰国内政部警察局条例》〔1989〕15号文件的规定，制定泰国皇家警察局职位的新名称。因此，为了泰国皇家警察局的管理工作顺利进行，内政部对《刑事诉讼法典》第二条第（十七）项中有关"政法干警"的术语进行重新定义。综上所述，故签发本法典。

---

[201] 《政府公报》第106期／第149卷／特刊版　第4页／1989年9月8日。
[202] 《政府公报》第109期／第32卷／第10页／1992年4月1日。

《刑事诉讼法典修正案》〔1996〕19号文件[203]

第二条 本法典于《政府公报》公布次日生效。

第八条 在本法典生效前处理的案件中,侦查人员、检察人员或法院工作人员(视情况而定)的工作不适用《刑事诉讼法典修正案》条例的规定。

第九条 总理、内政部部长和司法部部长应当依据本法典代行职务。

注释:公布施行本法典的原因是:现施行的《刑事诉讼法典》中的某项条例对案件侦查工作造成阻碍,导致案件侦查进展缓慢,使被害人、犯罪嫌疑人或被告人受到不平等待遇,无法充分应诉。对《刑事诉讼法典》进行适当修改,规定侦查人员、检察人员或法院为不会说或不懂泰语且没有翻译的被害人、犯罪嫌疑人、被告人或证人提供翻译。将司法警察在紧急情况下控制被捕人员的时长缩短至三日以内,侦查人员有权请求法院下令将犯罪嫌疑人拘留在侦查人员规定的场所内,由法院规定拘留时长。在审判法定刑为有期徒刑或在被起诉之日被告人不满十八周岁的案件前,法院应当询问被告人是否已委托律师,被告人没有委托律师但需要律师的,法院应当为其指派律师。为了尽快完成侦查工作,也为了被害人、犯罪嫌疑人和被告人获得平等的法律援助,并且让被告人能够全力应诉。综上所述,故签发本法典。

《刑事诉讼法典修正案》〔1999〕20号文件[204]

第二条 本法典于《政府公报》公布一年后生效。

---

[203] 《政府公报》第113期/第61(1)卷/第6页/1996年11月17日。
[204] 《政府公报》第116期/第81(1)卷/第30页/1999年9月14日。

注释: 公布施行本法典的原因是:目前在询问不满十八周岁的被害人或证人的侦查中,以及在法庭询问未成年证人时,《刑事诉讼法典》规定了和成人相同的实施方式。在侦查期间,侦查人员对未成年人心理的了解不够全面,没有充分考虑到未成年人脆弱的身心状态,对未成年人使用不恰当的语言,使该询问对未成年人心理造成影响并使侦查出现偏差。在法院询问证人的过程中,未成年人必须要在法庭面对被告人,反复回答和侦查期间相同的问题,等同再次沦为受害者,而且询问儿童的问题还可能会对未成年人心理造成更加严重的伤害,并使询问证人获得的事实再次出现偏差。此外,涉及儿童的案件的起诉状制作、尸检、审查起诉和审判案件也可能产生上述后果。因此,为了契合《1989年儿童权利公约》第十二款和《泰王国宪法》第四条、第五十三条第一款的规定,对《刑事诉讼法典》中的上述事项进行适当修改,制定针对未成年人的证人询问程序,适当调整在开庭前有关询问证人的流程,将在法庭询问不满十八周岁的未成年证人的方式运用于开庭前询问证人的过程中。综上所述,故签发本法典。

《刑事诉讼法典修正案》〔1999〕21号文件[205]

第二条 本法典于《政府公报》公布一百八十日后生效。

第六条 在本法典生效前,向工作人员报告死亡案件后的尸检和审查不适用《刑事诉讼法典修正案》的所有规定,尸检和审查适用报案当日施行的法律,直至法院作出最终判决。

第七条 自本法典生效之日起五年内,依照《刑事诉讼法典》第一百四十八条第三项和第四项的规定必须进行尸检的,如依照《刑事诉讼法典修正案》第一百五十条规定的医生因必要原因不能到案

---

[205] 《政府公报》第116期/第137(1)卷/第17页/1999年12月30日。

发现场进行尸检,上述医生可委托接受过法医学培训的医院工作人员或府公共卫生办公室工作人员,共同到案发现场进行初步尸检,并立即向医生报告,以便进一步依照《刑事诉讼法典修正案》第一百五十条的规定执行。

私立医院医生或登记为志愿者医生的执业医师不适用第一款的规定。

依照第一款规定受到委托的工作人员,应当根据财政部批准的司法部相关规章获得报酬、补偿费、交通费或住宿费。

第八条 总理、国防部部长、内政部部长、司法部部长、公共卫生部部长、大学事务部部长应当依照本法典代行职务。

注释: 公布施行本法典的原因是:侦查人员通常和地方公共卫生部工作人员或镇代理医生共同进行尸检,可能导致法医学物证检验系统效率低下,导致死亡原因分析和死亡方式的鉴定出现失误。同时,工作人员以执行公务为由致人死亡、以执行公务为由在控制相关人员期间致人死亡的尸检,还缺少共同进行尸检的人员的检验和相互约束。此外,尸检方式和审查死亡进展缓慢,且死者家属的权利没有得到充分的保障。因此,对《刑事诉讼法典》中的上述事项进行适当修改,重新规定共同进行尸检的人员,即侦查人员应当依照顺序和法医、医院医生、府公共卫生办公室医生进行尸检。工作人员以执行公务为由致人死亡、以执行公务为由在控制相关人员期间致人死亡的,检察人员和行政官员应当参加尸检活动。此外,还对尸检方式和审查死亡的方式进行了调整,以便提高工作效率,更好地保障死者家属的权利,应当对造成尸检或案件结果发生变化的行为规定新的罪名。同时,依照相关条例规定,对法定刑进行适当修改,使之协调统一。综上所述,故签发本法典。

《刑事诉讼法典修正案》〔2004〕22号文件[206]

第二条 本法典于《政府公报》上公布次日生效,但《刑事诉讼法典修正案》第一百三十四条/(一)第二款的规定于《政府公报》公布一百八十日后生效。

第四十六条 在《普通法院司法委员会规章》还没有依照《刑事诉讼法典修正案》第一百七十三条的规定制定关于向法院指派的律师支付奖金和报酬的相关规章期间,以上事项适用本法典于《政府公报》公布之日起生效的相关规章。自本法典生效之日起九十日内,必须在《普通法院司法委员会规章》补充上述规定。

第四十七条 最高法院院长和司法部部长依照本法典代行职务。

注释:公布施行本法典的原因是:《泰王国宪法》已有多项规定保障刑事案件中的被捕人员、犯罪嫌疑人和被告人的权利,例如:不得在非公开场所逮捕、拘留人员和进行搜查活动,但法院下达指令或令状,或法律规定具有必要原因的除外。犯罪嫌疑人和被告人享有获得快速、连续和公正的侦查或审判的权利,并享有获得国家指派律师援助的权利。对《刑事诉讼法典》进行适当修改以符合上述宪法条例的规定,因此必须签发本法典。

《刑事诉讼法典修正案》〔2005〕2号文件[207]

第二条 本法典于《政府公报》公布次日生效。

第四条 在《1934年刑事诉讼法典》施行期间颁布的所有部令与修改于本法的《1934年刑事诉讼法典修正案》无冲突的,在制定新

---

[206] 《政府公报》第121期/第79(1)卷特刊版 第1页/2004年12月23日。
[207] 《政府公报》第122期/第6(1)卷/第14页/2005年1月18日。

的规定或部令后仍继续有效。

第五条 最高法院院长、总理、内政部部长和司法部部长依照本法代行职务。

注释：公布施行本法典的原因是：由于《泰王国宪法》第一百七十五条规定普通法院办公室是直属于最高法院院长的独立机构，2002年法律对部、署和局的划分进行调整，规定最高检察院检察长办公室听从司法部部长指挥，规定国家警察办公室听从总理指挥。因此，应当对法律进行适当修改，施行《1934年刑事诉讼法典》，增加最高法院院长和总理依照有关个人权力部分执行的规定。综上所述，故签发本法典。

《刑事诉讼法典修正案》〔2005〕23号文件[208]

第二条 本法典于《政府公报》公布次日生效。

第五条 在本法典生效前，且内政部部长还未向国王禀报申请书事宜，所有送至内政部部长请求赦免刑罚的申请书应当移送至司法部部长。

在本法典生效前，内政部部长向国王禀报或进言请求赦免刑罚的事宜，视为司法部部长依照《刑事诉讼法典修正案》的规定进行上述事宜。

第六条 内政部部长和司法部部长依照本法典代行职务。

注释：公布施行本法典的原因是：2002年法律对部、署和局的划分进行调整，规定将主管刑事案件中被拘役人申请赦免刑罚的惩教署转隶司法部。因此，依照《刑事诉讼法典》有关请求赦免刑罚的规定，由内政部部长负责上述事宜，因此不符合政府机构的调整，应对

---

[208] 《政府公报》第122期／第14（1）卷／第30页／2005年2月8日。

《刑事诉讼法典》进行适当修改,由司法部部长负责请求赦免刑罚的事宜。综上所述,故签发本法典。

《刑事诉讼法典修正案》〔2005〕24 号文件[209]

第二条 本法典于《政府公报》公布次日生效。

第九条 《刑事诉讼法典修正案》第二百五十三条和第二百五十四条的规定不影响本法典生效前的诉讼费支付。

注释: 公布施行本法典的原因是:对于原告人为检察人员的刑事附带民事诉讼案件的诉讼,《刑事诉讼法典》规定检察人员仅在某些财产犯罪行为上拥有代为要求退赔被害人财产损失的权力。因被告人的违法行为遭受损失的被害人追偿其他财产损失,需要自行提起民事诉讼,由此产生的诉讼费用由被害人承担,增加了被害人的负担。因此,为了便于快速审判附带民事诉讼的部分,取消上述案件诉讼的诉讼费用,减轻被害人的负担,应当修改《刑事诉讼法典》,让被害人有权在原告人为检察人员的各类刑事案件中递交起诉书,要求被告人赔偿财产损失。综上所述,特签发本法典。

《关于授权工作人员依照〈2007 年刑事诉讼法典〉第一百四十八条第三项、第四项和第五项规定执行参与尸检的法令》[210]

第二条 本法典自 2005 年 6 月 27 日起生效。

第三条 依照条例规定延长《刑事诉讼法典修正案》〔1999〕21 号文件中第七条规定的使用期限。

第四条 本法典于《政府公报》公布次日起到第三条规定中的

---

[209] 《政府公报》第 122 期/第 127(1)卷/第 1 页/2005 年 12 月 30 日。
[210] 《政府公报》第 124 期/第 22(1)卷/第 1 页/2007 年 5 月 1 日。

期限止,如果出现应当按照《刑事诉讼法典》第一百四十八条(五)进行尸检的情形,参照适用《刑事诉讼法典修正案》〔1999〕21号文件第七条的规定。

第五条 内阁总理、国防部部长、内政部部长、司法部部长、教育部部长和公共卫生部部长依据本法典代行职务。

注释:公布施行本法典的原因是:《刑事诉讼法典修正案》〔1999〕21号文件中的第七条规定,如果在该法典生效之日起五年内出现应当依照《刑事诉讼法典》第一百四十八条第三项、第四项规定进行尸检的情形的,《刑事诉讼法典》第一百五十条第一款规定中的医生可以授权已经通过法医培训的医院或府公共卫生办公室的工作人员到案发地点代为参与尸检工作,但该期限届满后,应该对医生数量作出规定,因此应当根据情况,延长上述时间以及对医生数量作出规定,应当就非《刑事诉讼法典》第一百四十八条第五项规定中的死亡情形予以授权尸检。综上所述,故签发本法典。

《刑事诉讼法典修正案》〔2007〕25号文件[211]

第二条 本法典于《政府公报》公布三十日后生效。

第七条 修改于本法典的《刑事诉讼法典》中的第二百四十七条第二款,不适用于已在本法典生效前呈报国王陛下或向陛下提议赦免、减刑和减轻处罚的情形。

第八条 司法部部长依据本法典代行职务。

注释:公布施行本法典的原因是:现今监狱拥挤,与被判处拘役或监禁的人数不相匹配,不能与部分被判处拘役或监禁的人员的情况相适应,尤其是需要特殊照顾的怀孕妇女,加之用于控制上述人

---

[211] 《政府公报》第124期/第53(1)卷/第17页/2007年9月12日。

员的技术有了长足的进步。因此,为了让被判处拘役或监禁的人员获得合理的对待,应当调整拘役和监禁的方式,规定监外拘役或监禁的方式和地点,使之与各个被判处拘役或监禁的人员的特点相适应,包括对怀孕妇女延期执行监禁以及将对其判处的死刑改为无期徒刑,为了让其孩子能够获得母亲的养育和传承家庭关系,成长为对社会有贡献的人。综上所述,故签发本法典。

《刑事诉讼法典修正案》〔2007〕26号文件[212]

第二条 本法典于《政府公报》公布次日生效。

注释:公布施行本法典的原因是:《刑事诉讼法典》已经对年龄不满十八周岁的未成年被害人或未成年证人进行询问、审查证据和指认犯罪嫌疑人的方式以及对年龄不满十八周岁的犯罪嫌疑人进行讯问的方式作出规定,为了不让该未成年人的身体和精神因司法程序受到影响,应当有心理学家或社会工作者、该未成年人要求的人和检察人员在场,但由于未限定必须采取特殊方式的案件类型,导致部分类型的案件受理迟缓,加之每个环节的询问出现重复,使得未成年被害人和未成年证人因司法程序遭受到过度影响,因此,为了让法律能有效实施。综上所述,故签发本法典。

《刑事诉讼法典修正案》〔2007〕27号文件[213]

第二条 本法典于《政府公报》公布一百八十日后生效。

注释:公布施行本法典的原因是:现行的《刑事诉讼法典》规定工作人员有权扣押可能作为案件证据使用的物品直至结案,有时需

---

[212] 《政府公报》第124期/第100(1)卷/第1页/2007年12月28日。
[213] 《政府公报》第125期/第3(1)卷/第15页/2008年1月7日。

要长期扣押上述物品,导致该物品破损、性能衰退或者贬值,给被害人、犯罪嫌疑人、被告人或其他人员造成损失的,上述人员有权请求返还该物品,应当规定工作人员有权斟酌决定予以通融,让上述人员在刑事案件审判期间保管或使用该物品以减小损失,维护守法自然人的权利,减轻工作人员保管该物品的负担。加上制作工作人员以执行公务为由致人死亡或在以执行公务为由在控制期间致人死亡的尸检卷宗,以及侦查上述案件,其中包括工作人员以死者妨碍公务为由致其死亡的案件等对自然人的权利和自由产生重要影响的案件,应当让检察人员联合侦查人员制作尸检卷宗和侦查上述案件,以更好地维护自然人的权利与自由。综上所述,故签发本法典。

《刑事诉讼法典修正案》〔2008〕28号文件[24]

第二条 本法典于《政府公报》公布次日生效,但第三条和第七条于《政府公报》公布一百八十日后生效。

第二十四条 本法典不影响在本法典生效前进行的审判程序,在本法生效前且在依据本法典修改的执行期限内还未进行任何法律程序的,应当在上述规定的期限内执行该审判程序。

第二十五条 最高法院院长、总理、内政部部长和司法部部长依据本法典代行职务。

注释: 公布施行本法典的原因是:应当修改《刑事诉讼法典》中关于证据的规定,使之与时俱进,适应现今国家经济、社会和科技的发展状况。综上所述,故签发本法典。

---

[24] 《政府公报》第125期/第30(1)卷/第1页/2008年2月7日。

《刑事诉讼法典修正案》〔2008〕29号文件[215]

第一条 本法典于《政府公报》公布次日生效。

注释：公布施行本法典的原因是：应当修改发生在泰国境外的违反泰国法律的犯罪行为的侦查准则，依照《刑事诉讼法典》第二十条的规定，应当让最高检察院检察长或其代理人有权授权给检察人员或侦查人员代行侦查或者授权给检察人员和侦查人员合作侦查，为了更加快速、有效地侦查上述违法行为。综上所述，故签发本法典。

《关于修改〈刑事诉讼法典〉的〈泰国国家安全委员会公告〉》〔2014年7月21日〕第115/2014期[216]。

《刑事诉讼法典修正案》〔2015〕30号文件[217]

第二条 本法典于《政府公报》公布次日生效。

第七条 自本法典生效之日起满三年后，让内阁就使用修改于本法的《刑事诉讼法典》第一百零八条第三款规定中的电子设备或其他设备的价值和费用进行评估，内阁办公厅认为应当向使用上述设备的被予以暂时释放人员收缴费用的，应当在条例中规定收缴费用的比率、准则、方式和条件，针对经济条件不足以支付的人员应当另行规定。

第八条 最高法院院长、总理、内政部部长和司法部部长依据本法代行职务。

注释：公布施行本法典的原因是：现今电子设备被应用到刑事司法程序的执行当中，应当把上述电子设备用于追踪被暂时释放人

---

[215] 《政府公报》第125期/第30(1)卷/第16页/2008年2月7日。
[216] 《政府公报》第131期/第143(5)卷/特刊版 第29页/2014年7月30日。
[217] 《政府公报》第132期/第127(1)卷/第1页/2015年12月30日。

员。无论通过何种方式破坏上述设备或导致其无法正常使用的,应当推测被暂时释放人员逃跑或将逃匿。禁止收缴过多的担保物,以保证犯罪嫌疑人或被告人有更多机会获得暂时释放。应当规定可根据保证人对逃匿人员的追踪情况和损失情况,按照担保书予以中止执行或减少担保书规定的赔偿金数额,必须有执行局的工作人员执行案件的,应当修改执行担保书的准则。为了更有效地执行担保书。综上所述,故签发本法典。

《刑事诉讼法典修正案》〔2016〕31号文件[218]

第二条 本法典于《政府公报》公布次日生效。

注释:公布施行本法典的原因是:现今部分案件的审判和判决可能会给国家的重要利益造成影响,因此,为了让法院的审判和判决更加有效,应当规定最高法院院长有权下令移交该案件给其他更适宜受理的法院受理。综上所述,故签发本法典。

《刑事诉讼法典修正案》〔2016〕32号文件[219]

第二条 本法典于《政府公报》公布次日生效。

第五条 在本法典生效前向上诉法院或向最高法院提起上诉的案件,依照本法典生效前使用的法律执行。

第六条 最高法院院长依据本法典规定履行职务。

注释:公布施行本法典的原因是:《刑事诉讼法典》未规定有意愿向上诉法院提起上诉的被告人到法院报到,导致法院无法确定被告人是否还在世,给正在逃匿的被告人向上诉法院或最高法院提起上

---

[218] 《政府公报》第133期/第23(1)卷/第4页/2016年3月15日。
[219] 《政府公报》第133期/第104(1)卷/第30页/2016年12月11日。

诉创造了机会,就未被拘留的犯罪嫌疑人作为上诉人向上诉法院或最高法院提起上诉的情形,应当修改向上诉法院或最高法院提起上诉的准则。综上所述,故签发本法。

《刑事诉讼法典修正案》〔2019〕33号文件[20]

第二条 本法典于《政府公报》公布次日生效。

第八条 本法典生效前法院依照第一百六十七条的规定已经受理的案件,不适用本法典新修改的第一百六十五条/(一)、第一百六十五条/(二)和第一百六十七条的规定。

第九条 最高法院院长依据本法典规定履行职务。

注释:公布施行本法典的原因是:由于现行法律关于案件审查的相关规定没有注重保护被告人的权益,可能会出现被告人没有辩护律师为其提供帮助的情形,或者被告人认为法院应予以认定的重要的事实问题和法律问题没有依据时,被告无法向法院提出申诉的,以及在审查阶段,如果被告人未到庭的或没有其他代理人代为进行案件的,法院可能无法继续对案件证据进行审查,直至被告人到庭,这导致了案件审理迟延,不利于及时、公正地审理案件,甚至影响法院审判的权威性和公信力。因此,有必要对上述内容进行修改和有必要规定原告在对被告人送达起诉书副本和传票时,应当支付送达费用,但不应该高于必要数额。综上所述,故签发本法典。

《刑事诉讼法典修正案》〔2019〕34号文件[21]

第二条 本法典于《政府公报》公布次日生效。

---

[20] 《政府公报》第136期/第20(1)卷/第1页/2019年2月19日。
[21] 《政府公报》第136期/第34(1)卷/第18页/2019年4月20日。

注释：公布施行本法典的原因是：本法典对于可能判处法定最高刑五年以上有期徒刑的案件，被准予暂时释放的人员必须交纳保证金的规定，可能会给犯罪嫌疑人或被告人带来负担。对于犯罪嫌疑人或被告人没有逃跑嫌疑或者不会破坏证据或造成其他危害行为的，应当将可能判处法定最高刑延长至十年以上，以便犯罪嫌疑人或被告人可以获得暂时释放，这有利于保护人民群众的权利和自由，这个规定符合《泰王国宪法》第二十九条的规定。《泰王国宪法》第二十九条规定，应当推定犯罪嫌疑人或被告人无罪，只有在应当采取措施防止犯罪嫌疑人或被告人逃跑的情形下，方可控制和拘捕犯罪嫌疑人或被告人。对于请求犯罪嫌疑人或被告人提供担保的事项必须进行审查，且不得要求提供高于必要数额的保证金。同时，对于获得暂时释放的犯罪嫌疑人或被告人，如果他们逃跑的，行政司法人员应当有权对其执行逮捕。此外，如果法院发现或者有证据证明原告人不诚信起诉或者隐瞒事实真相，企图欺骗、利用被告或企图获得其他不当利益的，法院应当有权驳回起诉。因此，为了使暂时释放制度和刑事案件的审理更符合实际情况，以及为了更高效、公平地维护人民群众的权利和自由，有必要制定本法典。

法令委员会办公室／修改
2015 年 10 月 30 日
布尼佳／增加
帕亚／校对
2016 年 1 月 4 日
素拉／修改
2016 年 12 月 15 日

薇莱鹏／增加

微查蓬／校对

2019 年 2 月 20 日

薇帕／增加

2019 年 3 月 20 日

穆素拉／校对

2019 年 3 月 21 日

1999年泰王国行政法院成立与程序法

普密蓬·阿杜德
批准于 1999 年 10 月 5 日
任国王第 54 年

圣谕	第 1—6 条
第一节　行政法院设立及其职权	第 7—11 条
第二节　行政法院的法官	第 11/1—34/1 条
第三节　行政法院司法委员会	第 35—41/1 条
第三节/（一）行政法院执行委员会	第 41/2—41/9 条
第四节　行政案件的审理程序	
一、行政案件的起诉	第 42—53 条
二、行政案件的审理	第 54—66 条
二/（一）行政调解	第 66/1—66/12 条
三、行政案件的裁判	第 67—75/4 条
第五节　行政法院办公室	第 76—93 条
附则规定	第 94—107 条

尊敬的国王陛下普密蓬·阿杜德发布圣谕公告如下：

鉴于现在是应当制定"行政法院成立与程序法"的适当时机。

根据议会的提议和同意，特发布圣谕，批准制定法律如下：

第一条 本法称作《1999年行政法院成立与程序法》。

第二条① 本法于《政府公报》公布之次日起施行。

第三条 本法下列用语的含意是：

行政机关，是指国务院各部委、厅、局，以及其他国家机关或地位相当于局的其他国家机构，省级行政机关、地方行政机关、依照条例或皇家法令建立的国营企业以及其他政府机构，还包括行政授权组织和行政委托执行机构。

政府工作人员，是指：

（一）公务员、工作人员、雇员以及受委派从事行政公务的团体和个人；

（二）争议裁决委员会和依法律授权享有制定普遍性法律效力的法规、命令和决定等的组织和个人；

（三）受第（一）款和第（二）款规定的行政机关和政府工作人员监督和管理的个人。

争议裁决委员会，是指依照法律设立的具有裁决权力和职责的委员会，其宗旨是依法为处理行政纠纷权利和职责提供解决方案的组织和机制。

行政法官，是指最高行政法院的法官和初级行政法院的法官。

J.C.A.C.，是指行政法院司法委员会。

A.C.E.C.②，是指行政法院执行委员会。

---

① 《政府公报》理论版(1999年10月1日)，第116期。
② 第三条"A.C.E.C." 增加于《行政法院成立与程序法》〔2017〕9号文件。

C.S.C.A.C.③,是指行政法院公务员委员会。

当事人,是指原告、被告、第三人和参加诉讼的行政机关及其工作人员。无论其是自愿申请为当事人,还是由行政法院通知成为当事人,主要因其与案件有利害关系,或者案件的审理结果有可能对其产生影响,或者出于案件审理的需要参加案件审理的人。

诉状,是指向法院提出请求,包括向初级行政法院和最高行政法院提出的请求;包括第一审的起诉状和答辩状;包括起诉后增加的诉讼请求、修改诉讼请求和反诉;包括申请书、强制执行申请书和申诉书。

法规,是指行政法规、部门规章、部门规定、地方法规、规章和规定,以及其他不针对特定的人或特定的事颁布的,具有普遍约束力的规定。

行政合同,是指合同至少有一方当事人是行政机关或代表政府的个人,行政合同包括特许权合同、公共服务合同、规定公共用途的合同或天然资源开发合同和代表国家的合同。

公共利益④,是指因履行公共管理职能而产生的利益,因兴建公共设施而形成的利益,因支持或促进不特定多数人而形成的利益,或者不特定多数人在作为过程或行为中所得到的利益。

第四条 最高行政法院院长依照本法履行职务。

第五条⑤ 最高行政法院法官大会、行政法院司法委员会制定的、行政法院司法委员会制定经最高行政法院法官大会通过的、行政法院执行委员会或行政法院公务员委员会制定的规定、决定和公告,自政府公报公告后生效。

---

③ 第三条"C.S.C.A.C." 增加于《行政法院成立与程序法》〔2017〕9号文件。
④ 第三条"公共利益" 增加于《行政法院成立与程序法》〔2007〕5号文件。
⑤ 第五条 修改于《行政法院成立与程序法》〔2017〕9号文件。

第六条⑥ 依照第四十四条、第四十六条、第六十条/(一)、第六十六条、第七十条、第七十五条/(一)、第七十五条/(二)和第七十五条/(四)的规定,最高行政法院法官大会在制定上述规定时必须提请国会审查。如果有提出议案申请撤销全部或部分决议的,必须提请国会审查,并由国会自提请之日起三十日内,以全体成员的过半数通过。最高行政法院法官大会必须依照上述规定执行。

第一款规定的时间是指在最高行政法院法官大会会议期间。

第一节 行政法院设立及其职权

第七条 行政法院分为二级:

(一)最高行政法院;

(二)初级行政法院,包括:

(1)中级行政法院;

(2)地方行政法院。

最高行政法院和初级行政法院可以内设法庭或其他称谓的机构,使其对该管辖范围内的某类案件或某领域内的案件享有专门管辖权,以上规定在经行政法院执行委员会同意后,以最高行政法院院长公告的方式公布。⑦

依据本条第二款最高行政法院院长公布的规定,于《政府公报》公布后生效。⑧

第七条/(一)⑨ 当在最高行政法院和初级行政法院内部设立法庭或其他称谓的机构时,必须任命法庭庭长或其他称谓的机构审

---

⑥ 第六条 修改于《行政法院成立与程序法》〔2017〕9号文件。
⑦ 第七条第二款 修改于《行政法院成立与程序法》〔2011〕6号文件。
⑧ 第七条第三款 增加于《行政法院成立与程序法》〔2011〕6号文件。
⑨ 第七条/(一) 增加于《行政法院成立与程序法》〔2011〕6号文件。

判庭长一名,由其负责法庭或其他称谓的机构的工作,依照行政法院执行委员会规定的标准进行。

第八条 设立最高行政法院,应当将其设立在曼谷及曼谷周边地区。

设立中级行政法院,应当将其设立在曼谷及曼谷周边地区。中级行政法院的管辖范围覆盖曼谷整个辖区、佛统府、暖武里府、巴吞他尼府、叻丕府、北榄府、夜功府和龙仔厝府。

中级行政法院对尚未设立地方行政法院的地区享有管辖权。

依照本法第二款和第三款的规定,所有发生在中级行政法院管辖范围以外的案件均可以向中级行政法院起诉。但中级行政法院也有权决定不予受理,依照行政案件审理规则移送的案件除外。

地方行政法院的设立和管辖范围依照法律规定,应当综合考虑案件的数量和行政法院的人员情况,地方行政法院可以对多个府的案件享有管辖权。

最高行政法院、中级行政法院和地方行政法院的运作由最高行政法院院长提出,经行政法院执行委员会同意,在政府公报发布运作公告之日起正式运作。⑩

第八条/(一)⑪ 初级行政法院基于有利于案件公平正义需要改变管辖权的,应当综合考虑程序正义、案件处理、审理时间等因素,依照行政法院执行委员会的提议进行,并发布成文规范。

第九条 行政法院的受案范围:

(一)对行政机关及其工作人员作出的违反法律规定的行政行为不服的。无论是行政机关及其工作人员发布的规定和命令,还是

---

⑩ 第八条 第六款 修改于《行政法院成立与程序法》〔2017〕9号文件。
⑪ 第八条/(一) 增加于《行政法院成立与程序法》〔2017〕9号文件。

其他违反法律规定的行政行为。包括该行政行为没有法律授权或超出授权范围或违反法律规定,或者特定的程序或方式出现实质性错误,或者不诚信,或者选择性执法导致出现不公平,或者增设不必要的程序,或者给人民群众增加的负担超过必要限度,亦或者违法行使自由裁量权。

(二)对行政机关及其工作人员依照法律规定应当履行职务而玩忽职守或者履行职务严重迟延的行政行为不服的。

(三)认为行政机关及其工作人员的职务行为涉嫌行政侵权的,或者应当承担其他责任的。无论其作出的职务行为是依照法律的授权,或者依照行政法规、行政决定或其他命令,或者是法律规定应当履行职务而玩忽职守或履行职务严重迟延的。

(四)行政协议案件。

(五)法律规定允许行政机关及其工作人员向行政法院提起诉讼,请求行政法院要求某人为或不为某种行为。

(六)法律规定属于行政法院管辖的行政案件。

行政法院不受理对下列事项提起的诉讼：

(一)涉及军事纪律的案件；

(二)行政法院司法委员会按照法官条例作出的行为；

(三)属于青少年和家庭法院、劳动法院、税务法院、知识产权和国际贸易法院、破产法院和其他专门法院的案件。

第十条 初级行政法院对行政案件享有普遍管辖权,属于最高行政法院管辖的案件除外。

第十一条 最高行政法院有权审理下列行政案件：

(一)司法争端委员会依据最高行政法院法官大会规定作出裁决引起争议的案件；

(二)关于皇家法令、国务院决定或经国务院批准后作出的决定是否具有合法性进行审查的案件；

(三)法律规定由最高行政法院审判的案件；

(四)对初级行政法院判决和裁定的上诉案件。

第二节 行政法院的法官

第十一条/(一)[12] 行政法院司法工作人员由下列人员组成：

(一)行政法院的法官，即第十二条规定的最高行政法院法官，第十七条规定的初级行政法院法官和第十九条规定的接受任命的法官；

(二)行政法院的行政工作人员，即依照第七十八条、第七十八条/(一)接受任命或第八十七条经过招聘和任命的行政法院办公室的司法工作人员。

第十二条[13] 最高行政法院法官设立下列职务：

(一)最高行政法院院长；

(二)最高行政法院副院长；

(三)最高行政法院庭长；

(四)最高行政法院法官；

(五)行政法院司法委员会规定的其他称谓的最高行政法院法官。

上述人员的数量，适用《行政法院司法委员会条例》的规定。

行政法院司法委员会设立上述第(五)项规定的最高行政法院法官，其职务必须相当于第一款第(二)(三)或(四)项规定的法官的

---

[12] 第十一条/(一) 增加于《行政法院成立与程序法》〔2017〕9号文件。
[13] 第十二条 修改于《行政法院成立与程序法》〔2011〕6号文件。

职务,其任命自《政府公报》发布任命公告之日起发生效力。

第十三条 担任最高行政法院法官必须具备下列条件:

(一)具有泰王国国籍;

(二)年龄不低于四十五岁;

(三)依照行政法院司法委员会规定,具备法学、政治学、行政学、经济学、社会学或者行政管理学专业知识的人,以及依照法律规定,具有工作经验的公职人员;以及

(四)具备下列任何一个条件:

(1)是或曾经是法律起草委员会委员、申诉委员会委员或者法制委员会委员;

(2)担任或曾经担任职位不低于初级行政法院庭长的职务;

(3)担任或曾经担任职位不低于或相当于最高法院法官或最高军事法院法官的职务;

(4)担任或曾经担任职位不低于或相当于庭长的职位;

(5)担任或曾经担任职位不低于或相当于总干事,或者依照行政法院司法委员会规定的其他职务;

(6)是或曾经是高等教育机构法学、政治学、行政学、经济学、社会学或者行政管理学等专业的教学人员,以及担任或曾经担任教授职位或专职教授职位;

(7)是或曾经是任职不少于四十年的专职律师和依照行政法院司法委员会规定具有办理行政案件的经验。

第十四条 最高行政法院法官不能兼任下列职务:

(一)兼任有固定职务或薪水的其他公务员;

(二)兼任政府机构或任何个人的工作人员或雇员;

(三)兼任政治官员、地方议会成员、地方行政管理人员、政党行政委员或政党行政负责人以及政党成员或政党工作人员;

(四)兼任国营企业董事;

(五)兼任政府机构委员,但获得行政法院司法委员会的批准的除外;

(六)兼任公司董事、经理、顾问以及其他类似职务;

(七)兼任律师或兼任违反行政法院司法委员会规定的其他职务等。

第十五条[14] 最高行政法院法官的任命,由行政法院司法委员会依照以下规定执行:

(一)提拔初级行政法院中职务不低于初级行政法院庭长的法官,应当综合考虑其资质、个人能力、责任心、经验和工作成果等方面;

(二)选拔未在初级行政法院担任法官但具备第十三条规定的资质,且适合担任最高行政法院法官的人员。

依照第一款任命最高行政法院法官,应当考虑依照第一款第(二)项任命的法官数量不少于最高行政法院所有行政法官数量的五分之一。

行政法院司法委员会应当将第一款第(一)项或第(二)项任命的法官名单提交总理。总理自收到名单后十五日之内将名单提交众议院,征得众议院同意后,由总理提请国王恩准任命。

第一款第(一)项或第(二)项的法官选拔程序,依照《行政法院司法委员会条例》的规定进行,并经最高行政法院法官大会同意。

第十五条/(一)[15] 行政法院司法委员会应当从最高行政法院法官中选出一名法官担任最高行政法院院长,提名给总理,由总理在收到提名之日起十五日内向众议院提交同意提议,众议院同意

---

[14] 第十五条 修改于《行政法院成立与程序法》〔2017〕9号文件。
[15] 第十五条/(一) 增加于《行政法院成立与程序法》〔2017〕9号文件。

后,由总理提请国王恩准任命。

行政法院司法委员会负责选拔或任命最高行政法院副院长、最高行政法院庭长和最高行政法院法官或相当职务的人员,提名给总理,由总理提请国王恩准任命。

选拔最高行政法院副院长、最高行政法院庭长和最高行政法院法官或相当职务人员的程序,应当符合经过最高行政法院的法官大会通过的《行政法院司法委员会条例》的规定。

第十五条/(二)[16] 最高行政法院院长的任期为四年,自国王发布同意任命诏谕之日起,任期仅为一届。

最高行政法院院长任职期间,且未依照第二十一条第(三)项离职的,应当兼任《行政法院司法委员会条例》规定的其他最高行政法院职务,月薪和福利不低于原来的最低水平。

最高行政法院院长在任期届满前离职,但未依照第二十一条第(三)项离职的,最高行政法院可安排其任职其他法官职务,月薪和福利可适用《行政法院司法委员会条例》的规定。

第十六条 经众议院同意担任最高行政法院法官的人员,如果兼任本法第十四条规定的职务的,必须辞去该兼任职务;或者自众议院同意之日起十五日内向总理提供证据,证明其已经不再从事上述禁止性职务。

第十七条[17] 各初级行政法院法官设立下列职务:

(一)初级行政法院院长;

(二)初级行政法院副院长;

(三)初级行政法院庭长;

---

[16] 第十五条/(二) 增加于《行政法院成立与程序法》〔2017〕9号文件。
[17] 第十七条 修改于《行政法院成立与程序法》〔2011〕6号文件。

（四）初级行政法院法官；

（五）行政法院司法委员会规定的其他称谓的初级行政法院法官。

行政法院司法委员会设立上述第（五）项规定的地方行政法院法官，其职务必须相当于第一款规定的法官的职务，且其任命自《政府公报》发布任命公告之日起发生效力。

第十八条 担任初级行政法院法官必须具备下列条件：

（一）具有泰王国国籍；

（二）年龄不低于三十五岁；

（三）依照《行政法院司法委员会条例》规定的标准，具备法学、政治学、行政学、经济学、社会学或者行政管理学专业知识的人以及依照法律规定具有工作经验的公职人员；以及

（四）具备下列任何一个条件：

（1）[18]（删除）；

（2）担任或曾经担任《行政法院司法委员会条例》规定的行政司法工作人员职务，且任职不少于三年；

（3）[19]担任或曾经担任职位不低于或相当于三级工资级别的初级法院法官的职务，或者中级军事法院宪法法官的职务，且任职不少于三年；

（4）担任或曾经担任职位不低于或相当于府检察官的职务，且任职不少于三年；

（5）[20]依照《行政法院司法委员会条例》的规定，担任或曾经在法律或法规规定的政府部门、事业单位或国企担任职位不低于或相当

---

[18] 第十八条第一款第（四）项第（1）目　删除于《行政法院成立与程序法》〔2017〕9号文件。
[19] 第十八条第一款第（四）项第（3）目　修改于《行政法院成立与程序法》〔2017〕9号文件。
[20] 第十八条第一款第（四）项第（5）目　修改于《行政法院成立与程序法》〔2017〕9号文件。

于一般公务员第八层级、学术型公务员、领导或管理型专家级别公务员或者政府机构的其他职务；

（6）是或曾经是高等教育机构法学、政治学、行政学、经济学、社会学或者行政管理学等专业的教学人员，以及担任或曾经担任不低于副教授职位或专职副教授职位，且其任职不少于三年；

（7）[21]公法硕士毕业或博士，公法硕士自毕业起，在法律或法规规定的政府部门、事业单位或国企从事公职工作不少于十年，公法博士自毕业起在上述部门从事公职工作不少于六年；

（8）是或曾经是任职不少于十二年的专职律师，且依照行政法院司法委员会的规定，具有办理行政案件的经验。

对于初级行政法院的法官，参照适用第十四条和第十六条的规定。

第十九条[22]　行政法院司法委员会负责根据本法第十八条规定的任职条件，选拔出具备任职资格且适合担任初级行政法院法官的人员，采用考试、技能水平测试或遴选的方式选拔，应当符合经过最高行政法院法官大会同意的《行政法院司法委员会条例》的规定。

初级行政法院法官的培训和执行职务，参照适用《行政法院司法委员会条例》的规定。

行政法院司法委员会从通过培训的人员中选拔初级行政法院法官，且培训成绩符合行政法院司法委员会的标准，证实该人员具备正直、有才干、有责任心、举止得体等任职条件，将该人员名单提交国务院总理，由总理提请国王恩准任命。

对于不符合初级行政法院任职资格或培训成绩不符合行政法院

---

[21]　第十八条第一款第（四）项第（7）目　修改于《行政法院成立与程序法》〔2017〕9号文件。

[22]　第十九条　修改于《行政法院成立与程序法》〔2017〕9号文件。

司法委员会标准的法官,经过行政法院司法委员会法官大会同意后,由最高行政法院院长下令辞退,或转为行政法院的普通公务人员。

任命初级行政法院法官参照适用第二十一条、第二十二条、第二十三条和第二十五条第一款和第二十六条规定。

第十九条/(一)[23] 行政法院司法委员会负责将初级行政法院的法官升迁和调任为初级行政法院院长、初级行政法院副院长、初级行政法院庭长,以及负责任命初级行政法院法官和相当职务法官,行政法院司法委员会在选拔后提名给总理,然后由总理提请国王恩准任命。

初级行政法院院长、初级行政法院副院长、初级行政法院庭长或初级行政法院法官及相当职务的选拔方法,应当符合经过最高行政法院法官大会同意的《行政法院司法委员会条例》的规定。

第二十条 行政法院法官在首次任职前,必须在国王面前做如下宣誓:

"我(就职人员)庄严地宣布:我将会忠诚于国王陛下,我会为了公平正义和公共秩序,毫无偏见地履行职责,我也将会维护和遵守泰王国的宪法和法律。"

第二十一条 行政法官有下列情形之一的,予以辞退:

(一)死亡;

(二)辞职;

(三)行政法官年龄达到六十五周岁,政府财政预算期满的,除非依照第三十一条规定通过技能审核,适合继续任职的;

(四)欠缺任职资格条件或具有第十三条、第十四条或第十八条规定的禁止性任职条件的;

---

[23] 第十九条/(一)增加于《行政法院成立与程序法》〔2017〕9号文件。

(五)破产的;

(六)无行为能力人或准无行为能力人,意识不清的人或精神病人;

(七)依照《行政法院司法委员会条例》规定患病的或有身体或心理障碍不适合担任行政法官,且经最高行政法院法官大会同意的;

(八)依照第二十二条被调离公务员岗位的;

(九)依照第二十三条被开除的;

(十)[24] 调任为行政法院行政工作人员或其他行政部门的人员的。

在上述前款规定离职的,除第(一)(三)(八)和(九)项之外,应当提交国王,由国王恩准予以辞职。[25]

第二十二条[26] 行政法官的言行必须符合《行政法院司法委员会条例》法官纪律的规定。

行政法院司法委员会可以依照《公务员养老基金条例》作出决定辞退某个行政法官的职务。在这种情况下,被辞退职务的行政法官有权依照《公务员养老基金条例》获得养老金,但辞退行政法官职务必须具备下列情形之一:

(一)依照行政法院法官纪律规定,执行职务严重失职的或者渎职的;

(二)欠缺履行公职能力或遭受疾病导致其无法正常履行职务的,但不是由于身体虚弱导致的;

(三)被终审法院判决监禁的,除了因疏忽大意或轻微犯罪的

---

[24] 第二十一条第一款第(十)项　增加于《行政法院成立与程序法》〔2018〕10号文件。
[25] 第二十一条第二款　修改于《行政法院成立与程序法》〔2018〕10号文件。
[26] 第二十二条　修改于《行政法院成立与程序法》〔2018〕10号文件。

除外；

行政法院司法委员会作出决定辞退第二十一条第一款第（四）（五）（六）或（七）项的人员的，被辞退职务的人员有权依照《公务员养老基金条例》获得养老金，视情况而定。

第二十三条 在下列情况下，行政法院司法委员会可以开除其行政法官职务：

（一）职务腐败的；

（二）依照行政法院法官纪律规定，严重违反纪律的；

（三）被终审法院判决监禁的，因疏忽大意或轻微犯罪的除外。

第二十三条/（一）[27] 行政法院法官违反纪律程度轻微，未达到开除的程度的情况下，行政法院司法委员会可决定其三年内不得升职或加薪。如果认错态度良好，可单处警告处分，进行书面警告或口头警告均可。

审查委员会的成立，对受调查人员或相关人员的权利和调查方式，应当符合经过最高行政法院法官大会同意的《行政法院司法委员会条例》的规定。

第二十四条 依照第二十二条第（一）（二）（四）项，第二十一条第（四）项或第（七）项，或者第二十三条第（一）项或第（二）项免去职务的，行政法院司法委员会必须设立审查委员会。审查委员会的组成人员如下：最高行政法院法官或初级行政法院法官四名，以及由公务员委员会秘书长或秘书长委托的副秘书长选任担任委员的人员一名。[28]

审查委员会有权要求行政法院相关机构或个人提供相关事实、

---

[27] 第二十三条/（一） 增加于《行政法院成立与程序法》〔2017〕9号文件。
[28] 第二十四条第一款 修改于《行政法院成立与程序法》〔2018〕10号文件。

陈述和证据。

在依照前款进行调查或审查的过程中,如果行政法院司法委员会认为被调查对象继续履行职务会给公务造成损失的,可以通过决议免去其职务。

在调查或审查的过程中给予暂停职务的,如果在调查或审查结束后,发现被暂停职务的人员没有做该被调查或审查事项的,可以恢复原职。

关于被调查人员或相关人员的审查方式和权利,适用经最高行政法院法官大会同意后的《行政法院司法委员会条例》的相关规定。

第二十四条／(一)[29] 行政法院的行政工作人员、普通工作人员或政府部门的其他人员担任行政法院法官,在任命之日前有违纪行为的,行政法院司法委员会有权依照与行政法院法官纪律管理有关的法律法规对其进行处理。但是如果在任命之日前已开展检查或调查的,适用行为时的法律法规进行检查或调查直至结束后。当将案件交给行政法院司法委员会,依照与行政法院法官纪律管理有关的法律法规进行审查。如果需要对该名人员进行违纪处分的,适用行为时的与行政法院法官纪律管理有关的法律法规、与公务员纪律管理有关的法律、其他部门公职人员纪律管理有关的法律和其他机构公职人员纪律管理有关的法律进行处分。

第二十五条[30] 任何被免去职务的行政法官,如果没有犯错误,或者不是依照行政法院司法委员会第二十一条第(四)(五)(六)(七)(八)(九)项的规定免去职务的,如果该人员具备行政法官任

---

[29] 第二十四条／(一) 增加于《行政法院成立与程序法》〔2017〕9号文件。
[30] 第二十五条 修改于《行政法院成立与程序法》〔2018〕10号文件。

职条件且不具有第十三条和第十八条第一款规定的禁止性条件的，可以再次选任该人员担任职位不高于或相当于原职务的行政法官。在预算年结束之日起年龄不满七十周岁，可由最高行政法官大会任命为宪法法院法官。如果该名人员年龄满七十周岁，应当根据第三十一条规定进行履职能力评估，但未参加过履职能力评估，即使根据第三十一条第一款规定已超过履职能力评估年龄。

调任为担任行政法院办公室秘书长的行政法院法官，如果因第七十八条／（一）第二款规定的任期届满或在任期届满前提交回任申请，该人员具备第十三条或第十八条的资质的，由行政法院司法委员会批准其担任高级别职位，给予同级别法官的薪资、津贴或补贴。

依照第一款规定获得返聘任职的行政法院法官，或者依照第二款规定经批准获得调任的行政法院法官，如果出现第十四条规定的不得兼职的情形，视情况参照适用第十六条和第十八条第二款的规定。

对于依照第一款规定获得选任的行政法院法官，或者依照第二款规定获得调任的行政法院法官，视情况参照适用第十五条第三款或第十九条第三款的规定。

第二十六条 任何行政法官想辞职，应当提出书面辞职申请，经最高行政法院院长批准后，视为免去该职务。

行政法官为了担任宪法规定的职务或政治职务，或为了申请具备候选人资格而提出辞职的，自提交书面辞职信之日起发生效力。

在第二款规定的情况下，如果最高行政法院院长基于公务的需要，认为有必要的，可以不批准该行政法官辞职，但延长时间自提交书面辞职信之日起不能超过三个月。

第二十六条/(一)[31] 如果调动行政法院司法工作人员担任行政法院公务员或其他部门的工作人员职务的,征得该名行政司法工作人员同意且行政法院司法委员会同意的前提下,最高行政法院院长可予以批准。

第二十七条 对行政法官的职务的调动,在征得行政法官的同意的前提下,最高行政法院院长有权依照《行政法院司法委员会条例》的规定,在征得最高行政法院法官大会同意的条件下予以任命。

前款规定的任命,适用于晋升职务或调离编制任命,或者正处于被纪律处分期间,或者沦为刑事被告的情形。

第二十八条 最高行政法院院长依照最高行政法院法官大会批准的《行政法院司法委员会条例》和《行政法院执行委员会条例》的规定,对行政法院的工作负责。最高行政法院副院长根据最高行政法院院长的授权,协助其履行职务工作。[32]

初级行政法院法官应当对初级行政法院的工作负责,使得行政法院的运作符合最高行政法院法官大会批准的《行政法院司法委员会条例》和《行政法院执行委员会条例》的规定有序进行。初级行政法院副院长根据初级行政法院院长的授权,协助其履行职务工作。[33]

如果最高行政法院院长或中级行政法院院长出现职位空缺,或无法履行职务的,由最高行政法院副院长或中级行政法院副院长,或者其他行政法官依照最高行政法院法官大会批准的《行政法院司法委员会条例》规定,代为执行最高行政法院院长或中级行政法院院长的工作。

代为履行最高行政法院院长或中级行政法院院长职务工作的

---

[31] 第二十六条/(一) 增加于《行政法院成立与程序法》[2017]9号文件。
[32] 第二十八条第一款 修改于《行政法院成立与程序法》[2017]9号文件。
[33] 第二十八条第二款 修改于《行政法院成立与程序法》[2017]9号文件。

人必然具有与被代替者相同的权力。

第二十九条 合议庭行政法官的职务变动,必须依照最高行政法院法官大会条例的规定进行,不管是由于免去职务、被暂停职务、担任其他职务、疾病,或者是由于其他原因不能履行职务的。

依据前款代替该职务的行政法官,具有与原被调离行政法官同样的审理案件和在判决书上签名的权力。

第三十条[34] 行政法院法官的工资和津贴或补贴,依照本法规定预算,具体如下:

(一)最高行政法院法官

(1)最高行政法院院长,适用第四等级工资标准;

(2)最高行政法院副院长、最高行政法院庭长和最高行政法院法官,适用第三等级工资标准。

(二)初级行政法院法官

(1)初级行政法院院长,适用第三等级工资标准;

(2)初级行政法院副院长和初级行政法院庭长适用第二等级至第三等级工资标准,即工资起始于第二等级工资标准,当工作期满七年后,工资上升为第三等级工资标准;

(3)初级行政法院法官适用第一等级至第三等级工资标准,即工资起始于第一等级工资标准,当工作期满一年后,工资上升为第二等级工资标准;而当执行第二等级工资标准满七年后,工资上升为第三等级工资标准。[35]

行政法院法官的津贴或补贴,根据其职务确定,自担任上述职务之日起开始执行。

---

[34] 第三十条第一款 修改于《行政法院成立与程序法》〔2018〕11号文件。
[35] 第三十条第二款 修改于《行政法院成立与程序法》〔2018〕11号文件。

行政法院法官的公务出差费用、住宿费用和其他费用开支,适用公务出差费用开支规定。

为了便于行政法官获得养老金,依照《公务员养老基金条例》的规定,认定行政法院法官为公务员。在这种情况下,由行政法院办公室负责管理涉及行政法官的退休事务工作。

行政法院法官工资和津贴或补贴的调整必须符合经济的发展变化。如果是增加工资的,且其增加工资的幅度相当于或不超过工资比例的10%的,依照本法令进行,并且将上述工资和津贴或补贴法令视为本工资和津贴或补贴法令。以上这些,其调整幅度可以将其调整为相当于上述工资比例。如果调整的工资幅度不超过10泰铢的,可以将上述工资增加为10泰铢,且不将上述工资的调整视为不同的工资比例。㊱

其他称谓的行政法官,如果其职务相当于本条第(一)项第二目、或本条第(二)项、第二款或第三款的,适用与上述行政法官工资和津贴或补贴相同的工资标准,包括依照该职务享有的其他报酬。㊲

第三十条/(一)㊳ 根据经济状况,行政法院法官可以获得临时性的增加生活费补助,其增加生活费的补助方式和标准适用《行政法院执行委员会条例》的规定。㊴

如果依照前款规定出现必须要增加生活费补助的,行政法院办公室秘书长须向国务院提交报告,由国务院进行审查。

第三十条/(二)㊵ 初级法院的法官适用第一级别工资标准,可

㊱ 第三十条第六款 增加于《行政法院成立与程序法》〔2007〕4号文件。
㊲ 第三十条第七款 增加于《行政法院成立与程序法》〔2011〕6号文件。
㊳ 第三十条/(一) 增加于《行政法院成立与程序法》〔2007〕4号文件。
㊴ 第三十条/(一)第一款 修改于《行政法院成立与程序法》〔2017〕9号文件。
㊵ 第三十条/(二) 增加于《行政法院成立与程序法》〔2017〕9号文件。

获得初级行政法院法官补贴,但没有津贴,参照适用第三十条第四款和第五款的规定。

第三十一条 行政法院司法委员会对下一年度将年满六十五周岁的行政法官履行职务的能力进行评估。

根据前款对行政法官履行职务的能力进行评估的,其评估标准和方式适用经最高行政法院法官大会同意的《行政法院司法委员会条例》的规定。

根据前款规定的行政法官通过履行职务的能力评估的,可以继续担任职务,直至年满七十周岁。

第三十二条 如果某个地方行政机关公务员或工作人员被任命为行政法院法官的,为了便于其获得养老金,将其在地方行政机关担任公务员或工作人员的任职期间视为其担任行政法官的任职期间,并参照适用《公务员养老金条例》或《公务员养老基金条例》。

第三十三条[41] 行政法院法官制服和着装标准,适用《行政法院执行委员会条例》的规定。

第三十四条 从履行职务方面看,行政法官是司法人员,其必须依照《刑法典》规定履行其职务。

第三十四条/(一)[42] 对于行政法院法官的不端履职行为,行政法院有权管辖。

第三节 行政法院司法委员会

第三十五条[43] 设立"行政法院司法委员会",简称J.C.A.C.,行政法院司法委员会由下列人员组成:

---

[41] 第三十三条 修改于《行政法院成立与程序法》〔2017〕9号文件。
[42] 第三十四条/(一) 增加于《行政法院成立与程序法》〔2018〕10号文件。
[43] 第三十五条 修改于《行政法院成立与程序法》〔2018〕10号文件。

（一）最高行政法院院长担任行政法院司法委员会委员长；

（二）从行政法院法官中选拔十名具有委员资格的法官,担任行政法院司法委员会委员,具体如下：

（1）从最高行政法院法官中选拔六名作为行政法院司法委员会委员；

（2）从初级行政法院法官中选拔四名作为行政法院司法委员会委员。

（三）从不是行政法院法官的人员中选拔二名具有委员资格的人,担任行政法院司法委员会委员,分别由初级行政法院和最高行政法院选出。

由行政法院办公室秘书长担任行政法院司法委员会秘书；由行政法院司法委员会从行政法院司法人员中任命行政法院司法委员会秘书助理,数量不超过二名。

第三十五条／（一）㊹　依照第三十五条第一款第（三）项中选拔出具有委员资格的行政法院司法委员会委员,必须具备或禁止具备下列条件：

（一）具有泰王国国籍；

（二）年龄不低于四十五岁；

（三）学历不低于或相当于本科学历；

（四）不得是宪法法院法官、选举委员会委员、审计委员会委员、国家预防和控制腐败委员会委员、国家人权委员会委员或者不得是普通法院或其他法院司法委员会委员；

（五）不得是检察官、警察、普通法院法官、军事法院法官或者律师；

（六）不得是国营企业的董事、顾问、工作人员、雇员或者其他工

㊹　第三十五条／（一）增加于《行政法院成立与程序法》〔2014〕7号文件。

作人员；

（七）不得是道德败坏或道德有缺陷的人；

（八）不得是破产人或者不曾是破产欺诈人；

（九）不曾被政府机构或国营企业解雇、解聘或免去公职；

（十）不曾被终审法院判决监禁的,因疏忽大意或轻微犯罪的除外；

（十一）不得是无行为能力人或准无行为能力人,意识不清的人或精神病人；

（十二）不得是众议院成员、参议院成员、政治官员、地方议会成员、地方行政长官、政党委员、政党成员或者政党工作人员；

（十三）不得兼任可能会影响其履行行政法院司法委员会委员职责的其他职务或专业性职务。

第三十五条／（二）[45]　依照第三十五条第一款第（二）项和第（三）项规定,具备行政法院司法委员会委员资格的人员,不得担任第四十一条／（二）第一款第（三）（四）（五）项规定的行政法院执行委员会委员以及第八十一条第一款第（三）（四）（五）项规定的行政法院公务员委员会委员。

第三十六条[46]　依照第三十五条第一款第（二）项选拔具有行政法院司法委员会委员资格的人员,其投票采用直接投票和秘密投票相结合的方式。由行政法院办公室秘书长统计出具有被选拔资格的人员名单,将该人员名单划分为最高行政法院法官和初级行政法院法官两类,并将该名单分别送达给最高行政法院法官和初级行政法院法官,然后告知具体的选拔的时间和地点,进行投票选举。

---

[45]　第三十五条／（二）　增加于《行政法院成立与程序法》〔2018〕10号文件。
[46]　第三十六条　修改于《行政法院成立与程序法》〔2014〕7号文件。

设立选举委员会,其由下列人员组成:行政法院办公室秘书长、行政法院法官三名和公立高等教育机构法学院院长三名。同时由最高行政法院院长作为委员和主持人,负责依照前款规定选拔行政法院司法委员会委员,审查投票数和公布投票结果。

最高行政法院院长负责监督选拔工作,保证选拔工作正确、有序进行。

依照第三十五条第一款第(二)项被选任为行政法院司法委员会委员的人员,自最高行政法院院长宣布被选任为行政法院司法委员会委员的人员名单之日起开始入职,并由行政法院办公室秘书长在《政府公报》上公布被选任为行政法院司法委员会委员的人员名单。

第三十七条[47] 由最高行政法院院长选拔具备委员资格的人员,不得有第三十五条/(一)第一款规定的从业禁止情形。具备第三十五条第(三)项资格的人员,由委员会进行资格审查和审查是否具有从业禁止情形,然后制作候选人员名单,交给最高行政法院法官和初级行政法院法官,对选拔时间、地点进行通知。

选拔前款规定的具备委员资格的行政法院司法委员会委员参照适用第三十六条的规定。

第三十八条[48] 依照第三十六条、第三十七条和第三十九/(一)规定的原则、方法、计分方式和公布结果,选拔行政法院司法委员会委员,应当符合行政法院司法委员会批准的最高行政法院院长公告的规定。

第三十九条[49] 依照第三十五条第一款第(二)项和第(三)项中选任具备委员资格的行政法院司法委员会委员的,每届的任职期限

---

[47] 第三十七条 修改于《行政法院成立与程序法》〔2018〕10号文件。
[48] 第三十八条 修改于《行政法院成立与程序法》〔2018〕10号文件。
[49] 第三十九条 增加于《行政法院成立与程序法》〔2014〕7号文件。

为二年,可以连任两届,但不能超过两届。

最高行政法院院长对依照第三十五条第一款第(二)项和第(三)项规定被选任为行政法院司法委员会委员的人员,在其任职期满不少于六十日但未满九十日时,选拔新的行政法院司法委员会委员,须在原届行政法院司法委员会委员任期届满前完成选任,因特殊情况不能按时完成选任的,可以延长选任时间,但不超过原委员卸任之日起六十日。[50]

第三十九条/(一)[51] 依照第三十五条第一款第(二)项或第(三)项担任具备委员资格的行政法院司法委员会委员的,如果其职位在任期届满前出现空缺的,由最高行政法院法官主持,在职位出现空缺之日起六十日内重新选任新委员;但如果距离该届任期期满不超过九十日的,可以不重新选任。

依照前款重新选任新委员的,最高行政法院院长宣布补选委员名单后,相关人员成为行政法院司法委员会委员。

新选任出来的行政法院司法委员会委员的任职期限等同于被代替委员的任职期限剩余的期限。

第四十条[52] 依照第三十五条第一款第(二)项或第(三)项的规定被选任为行政法院司法委员会委员的人员有下列情形之一的,必须辞去该委员职务,除了因任期届满而终止职务之外:

(一)死亡;

(二)其向最高行政法院院长书面申请辞职的;

(三)依照第三十五条第一款第(二)项的规定被选任为行政法院司法委员会的委员,其辞去最高行政法院法官或初级行政法院法官

---

[50] 第三十九条第二款 修改于《行政法院成立与程序法》〔2018〕10号文件。
[51] 第三十九条/(一) 修改于《行政法院成立与程序法》〔2018〕10号文件。
[52] 第四十条 增加于《行政法院成立与程序法》〔2016〕7号文件。

职务的；

（四）依照第三十五条第一款第（三）项的规定被选任为行政法院司法委员会的委员，其不具备第三十五条/（一）规定的任职条件或者具备其规定的禁止性条件的；

如果对前款规定的行政法院司法委员会委员离职有争议的，由行政法院司法委员会作出裁决。㉝

第四十条/（一）㉞ 经行政法院司法委员会全体委员一半以上同意，有权发布委员会条例，或按照本法对条例进行颁布，并对行政法院司法委员会的职权、人员管理工作、原则和方法进行规定。

第四十一条 举行行政法院司法委员会大会，要求参加大会的委员人数不得少于全体委员人数的一半。

如果最高行政法院院长不参加会议或无法履行职务的，由最高行政法院副院长代替其履行职务；如果没有最高行政法院副院长的，或者有最高行政法院副院长，但其无法履行职务的，由大会在行政法院司法委员会委员中选任一名委员担任大会主席。

如果行政法院司法委员会委员的职位出现空缺，可以由其他委员继续履行其职责，但必须保证剩下的委员人数达到大会举办的条件。

大会表决实行少数人服从多数人的原则。如果出现表决数相同的，由最高行政法院院长投一决定票。

行政法院司法委员会有权制定大会规则和作出决议。

行政法院司法委员会有权根据需要设立小组委员会，由其负责大会的相关事务。

第四十一条/（一）㉟ 依照第三十五条第一款第（二）项第（1）

㉝　第四十条第二款 增加于《行政法院成立与程序法》〔2018〕10号文件。
㉞　第四十条/（一） 增加于《行政法院成立与程序法》〔2018〕10号文件。
㉟　第四十一条/（一） 修改于《行政法院成立与程序法》〔2018〕10号文件。

或(2)目或第(三)项规定,如果没有选出行政法院司法委员会委员的,或者已选出委员但人数不足的;如果行政法院司法委员会的委员不少于六人的,且认为情况紧急需立即作出决定的,可以由上述委员组成行政法院司法委员会,对紧急事情作出决定。

第三节/(一) 行政法院执行委员会[56]

第四十一条/(二)[57] 设立"行政法院执行委员会",简称A.C.E.C.,成员如下:

(一)最高行政法院院长担任委员会委员长;

(二)国务委员会秘书长和行政事务委员会秘书长担任委员;

(三)行政法院执行委员会中具备委员资格的行政法院法官八名,如下:

(1)从最高法院法官中选任四名最高行政法院法官;

(2)从初级行政法院法官中选任四名初级行政法院法官。

(四)行政法院执行委员会中具备委员资格的、级别不低于行政法院司法委员会规定的工作人员二名,由行政法院的工作人员按照最高行政法院法官大会审批通过的《行政法院司法委员会条例》的方式和标准进行选任;

(五)由委员会委员长选任并依照第(二)(三)(四)项规定选任具备预算审计、组织发展和行政管理能力的行政法院执行委员会委员各一名。

行政法院办公室秘书长担任委员和秘书,行政法院办公室秘书长授权的行政法院办公室副秘书长担任秘书助理。

---

[56] 第三节/(一) 行政法院公务员委员会 第四十一条/(二)到第四十一条/(五),增加于《行政法院成立与程序法》〔2017〕9号文件。

[57] 第四十一条/(二) 增加于《行政法院成立与程序法》〔2017〕9号文件。

第四十一条/(三)[58]　第四十一条/(二)第一款第(三)(四)或(五)项规定的行政法院执行委员会委员,不得同时担任第三十五条第一款第(二)项或第(三)项规定的行政法院司法委员会委员,或者第八十一条第一款第(三)(四)(五)项规定的行政法院公务员委员会委员。

第四十一条/(四)[59]　第四十一条/(二)第一款第(五)项规定的行政法院执行委员会委员,应当具备以下资格,且不得具有法律禁止的情形:

(一)具有泰国国籍;

(二)年龄不低于四十岁;

(三)不属于被停职或离职的人员;

(四)不属于破产人或未曾是失信破产人;

(五)不曾被政府部门或国企辞退、解雇或退出公职人员身份;

(六)未曾被判处最高刑为有期徒刑的刑罚,过失犯罪或轻微犯罪的除外;

(七)不是无民事行为能力人、准民事行为能力人或精神病人;

(八)不是议员、国务院成员、政务官、地方议会议员、地方负责人、政党委员、政党成员或政党工作人员。

第四十一条/(五)[60]　设立选举委员会,负责选举第四十一条/(二)第一款第(三)项规定的行政法院执行委员会委员。选举委员会由最高行政法院院长选举的四名行政法院法官以及行政法院办公室秘书长担任委员,负责与选举、计票和公布结果有关的工作。

由行政法院办公室秘书长任命行政法院工作人员为秘书和秘

---

[58] 第四十一条/(三)　增加于《行政法院成立与程序法》〔2017〕9号文件。
[59] 第四十一条/(四)　增加于《行政法院成立与程序法》〔2017〕9号文件。
[60] 第四十一条/(五)　增加于《行政法院成立与程序法》〔2017〕9号文件。

书助理。

第一款规定的行政法院执行委员会委员的资格审查,参照适用第三十六条第一款、第三款和第四款的规定。

第四十一条/(六)[61] 第四十一条/(二)第一款第(三)(四)或(五)项规定的行政法院执行委员会委员,任期每届二年,可参与换届选举,但连续担任委员不得超过两届。

行政法院执行委员会委员任期届满前不少于六十日内,选举新的行政法院执行委员会委员,须在原届行政法院执行委员会委员任期届满前完成,在规定时间内未能完成换届选举的,原届行政法院执行委员会委员继续任职,任职时间不超过三十日。

行政法院执行委员会委员在任期届满前出现空缺的,自委员职位出现空缺之日起三十日内完成委员补选,该名委员距离任期届满不足九十日的除外,在此情况下可不进行委员补选。

行政法院执行委员会补选委员的在职期间,与其代职委员的剩余期间相同。

第四十一条/(七)[62] 除按照任期届满离职之外,第四十一条/(二)第一款第(三)(四)(五)项规定的行政法院执行委员会委员可在下列情形下离职:

(一)死亡;

(二)以书面形式向最高行政法院院长递交辞职申请;

(三)第四十一条/(二)第一款第(三)项的行政法院执行委员会委员依照第二十一条规定离职的;

(四)第四十一条/(二)第一款第(三)项第(1)目规定的从初级

---

[61] 第四十一条/(六)增加于《行政法院成立与程序法》〔2017〕9号文件。
[62] 第四十一条/(七)增加于《行政法院成立与程序法》〔2017〕9号文件。

行政法院法官中选拔出的行政法院执行委员会委员被任命为最高行政法院法官的；

（五）第四十一条／（二）第一款第（三）（四）（五）项规定的行政法院执行委员会委员被选任为第三十五条第一款规定的行政法院司法委员会委员的；

（六）第四十一条／（二）第一款第（五）项规定的行政法院执行委员会委员不具备第四十一条／（四）规定的资质或具有禁止就职情形的。

第一款规定的行政法院执行委员会委员离职问题，由行政法院执行委员会作出裁决。

第四十一条／（八）[63]　行政法院执行委员会有权管理行政法院和行政法院办公室的事务，执行的事务不得与最高行政法院法官大会、行政法院司法委员会和行政法院公务员委员会冲突，应当依照与公务相关的法律法规、计划和惯例以及最高行政法院院长的规定执行，具体如下：

（一）出台与行政法院和行政法院办公室的事务有关的条例、公告；

（二）出台行政法院办公室的事务分工条例，明确上述部门的分工和职责；

（三）对行政法院法律文件草案提出意见；

（四）对依照第九十一条规定的年度预算进行审批；

（五）对行政法院的预算管理进行审批；

（六）出台与行政法院办公室预算、财政、财产和物资有关的条例；

（七）出台与聘用和任命对行政法院履行职责有利的人员的条

---

[63]　第四十一条／（八）　增加于《行政法院成立与程序法》〔2017〕9号文件。

例,包括规定薪资待遇;

(八)出台与行政法院工作人员、行政法院办公室的公务人员和雇员的福利津贴和补贴相关的条例;

(九)出台与行政法院工作人员和行政法院办公室雇员的工作时间、休息日和请假事项有关的条例;

(十)规定行政法院事务管理的公章、标志或标志牌,包括制作和使用公章、标志或标志牌的标准、方法;

(十一)出台与任命行政法院或行政法院办公室的委员或小组委员相关的条例,同时规定禁止委员或小组委员超过规定人数,委员、小组委员、秘书或秘书助理的开会补贴或任职补贴;

(十二)依照本法或其他法律管理行政法院和行政法院办公室的事务;

(十三)制止不符合条例、公告或准则的行为;

(十四)依照最高法院法官大会、行政法院司法委员会或行政法院公务员委员会的要求对相关事项进行审查。

第四十一条/(九)[64] 行政法院执行委员会的会议事宜,参照适用第四十一条的规定。

第四节 行政案件的审理程序

一、行政案件的起诉

第四十二条 任何因行政机关及其工作人员的作为或不作为而遭受侵害或损害的个人,或者可能遭受侵害或损害的个人或机构,或者因行政协议而产生行政争议的个人或机构,或者其他行政争议纠纷,属于第九条规定的行政法院的受案范围,且依照第七十

---

[64] 第四十一条/(九)增加于《行政法院成立与程序法》〔2017〕9号文件。

二条的规定,需要由行政法院对纠纷作出减轻损害、减少损失和解决纠纷裁决的,可以向行政法院提起诉讼。

如果法律对减轻损害、减少损失的程序或方法有专门规定的,当事人只能依照该法律规定的程序或方法进行起诉,并依照该法在合理期间或该法规定的期间内,采取或不采取相应救济措施。

第四十三条 监察专员认为行政机关及其工作人员作出的规则或行为违反宪法的,其有权将该事项向行政法院提出,并附加其意见。监察专员提交上述意见的,其权利和义务相当于依照第七十二条规定提起诉讼的人。

第四十四条[65] 任何与起诉有关的行为、反诉、传唤个人、行政机关或其工作人员到庭参与诉讼,案件的审理程序、证据的调查以及案件的裁判,以上这些除适用本法的规定之外,还应适用最高行政法院法官大会条例规定的原则和方式。

第四十五条 起诉状应当使用文明用语,且应当记明下列事项:

(一)有原告的姓名和地址;

(二)引起行政争议的行政机关名称及相关工作人员的姓名;

(三)起诉的缘由,包括与案件相关的必要的事实或行为根据;

(四)原告的诉讼请求;

(五)原告的签名,如果是代理人代为起诉的,必须附上授权委托书;

起诉状记明事项不足、不明确或不清楚的,行政法院办公室应当给予指导和释明,以便原告能正确对起诉状作出补正,诉讼时效自原告第一次提交起诉状之日开始起算。

原告一方人数众多的,且因同一行政行为发生的行政案件,原

---

[65] 第四十四条 修改于《行政法院成立与程序法》〔2018〕10号文件。

告可以联合起来共同提起诉讼,原告可以委托一名代表进行诉讼。代表人的诉讼行为对其所代表的当事人发生效力。

当事人进行行政诉讼,不需要交纳案件受理费。案件涉及请求支付金钱或转移财产属于第九条第一款第(三)项或者第(四)项规定的范围的案件以及诉讼请求可以金钱计算的案件除外,诉讼费用的收取按照《民事诉讼法》规定的收费标准收取。⑥

当事人可以亲自进行诉讼,或者委托律师或其他人即符合最高行政法院法官大会条例规定的资格条件的人代为诉讼。

第四十五条/(一)⑥⑦ 依照第四十五条第四款的规定应当交纳诉讼费用的,如果当事人向法院提出其没有足够的财产可以支付诉讼费用,或者如果不免除诉讼费用会致使其处于非常艰难境地的,法院审查后认为事实足够清楚的,或者当事人向法院提出申诉,法院在审查事实和理由后,认为其申诉理由充分的,可以同意其免交全部或部分诉讼费用,该免交诉讼费的裁定为最终裁定。⑥⑧

法院作出同意申请人免交部分诉讼费用的决定或者驳回请求的,申请人有权自收到通知之日起十五日内作出下列行为:

(一)请求法院对请求予以重新审查,请求法院允许其补充证据以证明其没有足够的财产可以支付诉讼费用,或者如果不免除诉讼费用,会致使其处于非常艰难的境地的;

(二)向最高行政法院提出申诉。

在这种情况下,如果当事人已经依照第(一)项或第(二)项的规定行使权利的,不得再行使其他的权利。

提出请求、审查请求或重新提出请求、提出申诉,或者依照第一

---

⑥ 第四十五条第四款 修改于《行政法院成立与程序法》〔2005〕3号文件。
⑥⑦ 第四十五条/(一) 增加于《行政法院成立与程序法》〔2005〕3号文件。
⑥⑧ 第四十五条/(一)第一款 增加于《行政法院成立与程序法》〔2018〕10号文件。

款和第二款规定的与请求相关的其他事项,应当依照最高行政法院法官大会条例第四十四条规定的原则和方式进行。

第四十六条[69] 当事人可以亲自将起诉状提交给行政法院的工作人员,也可以采取邮寄挂号信、发送电子邮件等数字化形式送达起诉状,还可以依据最高行政法院法官大会的规定,以传真的方式送达起诉状。起诉日期自当事人向行政法院工作人员邮寄、发送电子邮件或发送传真起诉状之日起计算。

第四十七条 属于初级行政法院管辖的案件,向初级行政法院提起诉讼的,由原告住所地或案件发生地的初级行政法院管辖。

属于最高行政法院管辖的案件,向最高行政法院提起诉讼。

行政法院发现其受理的行政案件属于其他行政法院管辖的,应当将该案件移送有管辖权的行政法院。初级行政法院之间因管辖权发生争议的,由最后受理该案的初级行政法院报请最高行政法院,并由最高行政法院决定管辖法院。

行政法院受理案件后,应当在规定的工作日和上班时间内,在行政法院办公场所审理案件,除非出现紧急情况或出于必要性方面的考虑,或者为了方便当事人,行政法院可以在其他场所,在非工作日或其他时间审理案件。

第四十八条 最高行政法院院长在《政府公报》上公布行政法院的日常工作日和上班时间。

任何一所行政法院可以根据需要,设立临时办公地点,该临时办公场所的设立地址、工作日和上班时间由最高行政法院院长在《政府公报》上予以公布。

最高行政法院法官大会有权决定将行政案件,或任何与行政案

---

[69] 第四十六条 修改于《行政法院成立与程序法》〔2018〕10号文件。

件审理和判决相关的诉讼行为,提交临时办公场所审理。

第四十九条 向行政法院提起诉讼的,应当自知道或者应当知道起诉事由之日起九十日内提出;或者应当自申请人书面向行政机关及其工作人员提出申请复议,但行政机关及其工作人员超过九十日不作决定的,或者收到复议决定书,但对复议决定不服的,申请人可以向行政法院提起诉讼。法律另有规定的除外。

第五十条 对于可以向行政法院提起诉讼的行政决定,作出该行政决定的行政机关应当在行政决定书中指明提起诉讼的方式以及提起诉讼的时间。

如果事后发现作出该行政决定的行政机关没有按照前款规定对起诉方式或时间予以指明的,或指明不明确的,作出该行政决定的行政机关应当重新告知行政相对人。行政相对人的起诉期限自其收到该通知之日起重新计算。

依照第二款规定,如果没有重新告知的,且其规定的起诉期限少于一年的,将该起诉期限延长为自收到行政决定书之日起一年。

第五十一条[70] 依照第九条第一款第(三)项提起诉讼的,应当自知道或者应当知道起诉事由之日起一年内提出;依照第九条第一款第(四)项的规定提起诉讼的,应当自知道或者应当知道起诉事由之日起五年内提出,但自出现起诉事由之日起不得超过十年。

第五十二条 因保护公共利益或个人身份问题提起的行政诉讼,可以在任何时间内提出。

行政案件超过起诉期限的,如果行政法院认为该案件有益于公众利益或具有必要性的,可以决定受理该案件;或者经当事人申请,法院决定受理该案件。

---

[70] 第五十一条 修改于《行政法院成立与程序法》〔2008〕5号文件。

第五十三条　当事人任何一方在行政法院作出判决前死亡的,行政法院应当中止诉讼,直至该死者的继承人、遗产管理人、遗产占有人或者利害关系人提出申请,代替已故方继续诉讼,包括上述人员主动提出申请参加诉讼,或是法院传票传唤其参加诉讼。上述人员主动提出申请后参加诉讼的,该申请应当自该已故方死亡之日起一年内提出。

如果上述人员没有提出申请,或者任何一方当事人没有在第一款规定的时间内提出申请,法院可以按照撤诉处理。

二、行政案件的审理

第五十四条　最高行政法院审理行政案件,应当组成合议庭。合议庭的组成成员应当不少于五人。

初级行政法院审理行政案件,应当组成合议庭。合议庭的成员,应当不少于三人。

第五十五条　审理案件必须快速,但必须为当事人提供答辩或提交证据的机会,以及当事人之间相互答辩的机会。但答辩必须以书面形式,法院批准可以以口头形式在法庭上答辩的除外。

当事人有权查阅各方当事人提交的证据,法律规定不予公开的或者行政法院为了避免政府行政工作遭受损失,认为有必要不公开的除外。但上述不予公开的证据,行政法院不得将其作为证据使用于案件中。

行政法院在审理案件时,可以根据案件需要审查和查找证据。在这种情况下,行政法院可视情况,采信除当事人提交的证据以外的人证、书证、专家证人或其他证据。

证人或专家证人根据行政法院的要求,到庭作出陈述或发表观点的,可根据皇家法令规定的标准和方式获得报酬。

第五十六条 行政法院受理案件后,由最高行政法院院长和初级行政法院院长按照下列原则对行政案件进行分配:

(一)事先设立有专业合议庭的,应当将该行政案件分配到与之相匹配的事先设立的专业合议庭;

(二)合议庭明确划分具体管辖区域的,应当将该行政案件分配到该管辖区域范围内的合议庭;

(三)如果没有事先设立的合议庭,或者事先设立的合议庭没有明确划分出具体管辖区域的,或者有事先设立的多个相同类型的合议庭或者设立的合议庭正在审理的行政案件的数量过多,如果将行政案件分配给该合议庭,可能会导致行政案件审理迟延,或者影响案件审理公平的,最高行政法院院长或初级行政法院院长可以采取合理的方式,将行政案件分配给其他合议庭。

行政法院某合议庭受理案件后,由该合议庭庭长即最高行政法院合议庭庭长或初级行政法院合议庭庭长,在合议庭组成成员中任命一名行政法官为预审法官。预审法官的职责是查明案件事实、明确当事人的争议焦点以及收集与案件有关的证据。上述这些工作,由行政法院工作人员依照预审法官的授权,协助其进行调查取证工作。

当案件移交给某个预审法官,或者分配给某个合议庭后,禁止收回案件或转移案件,除非出现下列情况:

(一)依照最高行政法院法官大会条例规定转移案件的;

(二)收回案件是因为预审法官需要回避的,或者审理该案件的合议庭需要回避的,或者审理该案件的合议庭组成不完整的;

(三)当受理该案件的预审法官或合议庭正在审理的案件数量过多,由其审理可能会导致案件迟延,并经预审法官或合议庭请求转移案件的。

第五十七条　预审法官的职责是负责案件的调查,对案件的事实问题和法律问题进行总结,并将书面总结记录提交合议庭审查,还包括负责其他与案件有关的调查工作。

　　预审法官在调查取证的过程中,必须为参加诉讼的各方当事人提供充分的机会,知晓各方举证的事实,让各方当事人有机会提出证据材料,并充分表达和证明自己的观点和要求,以便认可或反驳案件的事实和法律问题。如果预审法官认为事实基本清楚,证据基本充分,可以制作书面意见并提交合议庭,由合议庭对案件进行继续审理。

　　预审法官可以根据案件需要,要求当事人在规定的时间内提交证据。如果当事人不提供或逾期不提供的,视为没有相应证据。行政法院则可以依据公平原则对案件进行审理。

　　如果行政机关或工作人员在第三款规定的时间内未履行或怠于履行义务的,行政法院可以向其上级机关、主管部门、直接负责人或总理汇报,以便督促其改正,或给以处罚或纪律处分。以上,不剥夺法院有权对其作出侵犯法院权威的裁定。

　　预审法官及行政法院工作人员依照最高行政法院法官大会条例的规定履行职务。

　　第五十八条　在开庭审理前,预审法官必须将案件副本移送给行政法官专员。行政法官专员就事实问题和法律问题进行全面审查,并以口头形式在开庭日向合议庭汇报。在开庭审理时,行政法官专员有权参与庭审和合议,但无权表决判决。

　　在开庭审理时,如果行政法官专员认为案件事实发生了改变,让该行政法官对案件事实问题、法律问题和个人观点进行重新总结,并将该总结以书面形式提交合议庭。

　　行政法官专员由初级行政法院院长或最高行政法院院长在该

法院的合议庭以外的法官中任命。

最高行政法院行政法官专员可以从初级行政法院的行政法官中任命。

行政法官专员的任命和职责,依照最高行政法院法官大会条例进行。

本条第一款规定的内容不适用最高行政法院法官大会条例中规定的案件。

第五十九条 行政法院审理行政案件至少开庭一次,以便让当事人有机会在开庭时陈述自己的观点。

预审法官应当在第一次开庭审理前提前不少于七日的时间,将其对案件事实问题作出的总结,送达当事人知悉。当事人有权对此进行补充陈述,并提交相应证据,以证明其支持或反驳的事实问题或法律问题。在开庭审理日,当事人也可以不到庭进行口头陈述。

法律对审理期限有规定或案件为了公共利益需要紧急审理的,第二款规定的预审法官基于考虑对当事人权利的保护,可以在七日内,将案件总结送达当事人。[71]

第五十九条／(一)[72] 审理对初级法院判决的申诉的,如果最高行政法院合议庭认为案件的事实或法律问题清楚或不开庭审理亦不影响案件公正的,合议庭可不开庭审理,由行政法官专员在合议庭会议日,依照第五十八条第一款或第二款执行。

第一款规定的不开庭审理决定和预审法官对事实问题的总结报告,应当告知当事人,不剥夺当事人向合议庭提交书面陈述的权利,须在收到通知之日起七日内进行。如果当事人要求开庭审理的,当事

---

[71] 第五十九条第三款 增加于《行政法院成立与程序法》〔2018〕10号文件。
[72] 第五十九条／(一) 增加于《行政法院成立与程序法》〔2018〕10号文件。

人应当在收到通知之日起七日内告知法院,由合议庭开庭审理。

第六十条 行政法院应当公开审理行政案件。

如果案件涉及维护社会稳定或良好道德,或者保护社会公共利益的,法院认为诉讼文书、陈述或证据中的部分或全部事实或案件情况需要保密的,应当作出下列决定:

(一)禁止人民群众旁听整个庭审过程或部分庭审过程的案件审理;

(二)禁止公开这些相关事实或行为。

不管行政法院是否依照第二款作出决定,行政法院可以公正、正确地公开判决书的全部或部分内容,或者公开判决书的主要内容,其公开行为不视为是违反法律的行为。除非行政法院出于维护社会稳定或者良好道德,或者保护社会公共利益的需要,不得决定不公开判决书的全部或部分内容。

第六十条/(一)[73] 当法院认为适当或一方当事人申请,法院为了公正或为当事人提供便利,可按照最高行政法院法官大会条例规定的原则和方法,决定采取线上庭审或视频庭审的方式对案件进行审理。

审理应当在法院进行,法院依照第一款规定作出的决定的,视为在法院的审判庭审理。

法院可收取第一款的手续费,按照最高行政法院院长规定的标准收取,该费用不视为法院的诉讼费用。

第六十一条 经合议庭授权的行政法官,享有下列权力:

(一)有权要求相关的行政机关及其工作人员以书面形式对其履行职务的相关事实情况作出陈述或发表看法;

---

[73] 第六十条/(一) 增加于《行政法院成立与程序法》〔2018〕10号文件。

（二）有权要求行政机关及其工作人员提供文书、文档资料或者相关证据，或者对案件某个事实发表看法，或者委派行政机关工作人员或代理人参加诉讼，并作出解释和说明；

（三）有权要求当事人到庭作出陈述或提供证据；

（四）有权要求与案件有关的个人到庭作出陈述或提供证据；

（五）依照最高行政法院法官大会条例的规定，对案件进行调查或者作出不具有终结案件的裁定。

在必要的情况下，行政法院法官或经行政法院法官授权的个人基于审理案件的需要，有权对场所、个人或其他物品进行调查。

第六十二条 原告在收到行政法院的传唤后，无正当理由未在行政法院规定的期限内到庭作出陈述或提供证据的，行政法院可以按照撤诉处理。

行政法院按照前款规定作出撤诉裁定的，原告自行政法院作出撤诉裁定之日起九十日内向行政法院提供证据，证明其不能依照行政法院规定履行义务，是由于不可抗力或合理的事由的，行政法院可以裁定重新审理或准许其重新提起诉讼。

第六十三条 要求合议庭的行政法官或者行政法官专员回避的，其回避事由适用《民事诉讼法典》的规定，或者是其他有可能影响案件公正审理的严重事由。

请求自身回避、申请回避、审查回避申请、作出回避决定、决定停止参与审理工作，或者决定由其他人代替履行工作的，都应当依照最高行政法院法官大会条例的规定进行。

行政法院法官因回避而终止参与审理的，不影响该行政法院法官回避前已经进行的工作。

第六十四条 藐视法庭的，除适用本法规定之外，还参照适用《民事诉讼法典》的相关规定。对于藐视法庭的行为，行政法院有权

采取下列惩罚措施:

(一)书面或口头训诫;

(二)驱逐出法庭;

(三)有权予以不超过一个月的拘留,或者不超过五万泰铢的罚款,或者拘留和罚款并用。

对藐视法庭采取惩罚措施的,应当视情况采取谨慎的和必要的措施;如果是依照第(三)项予以拘留或罚款的,应当由其他合议庭,即不是审理本案的合议庭进行审查并作出处罚决定。

第六十五条 依照诚信原则,任何个人可以对行政法院的审理或判决进行学术性批判,这种批判不被视为对法院或法官的侵权或藐视。

第六十六条 依照最高行政法院法官大会条例的规定,行政法院在作出判决之前,如果行政法院认为具有必要性或者根据当事人的申请,可以决定对当事人给予临时性救济措施或方法,并将上述决定送达行政机关及其工作人员履行。

依照前款规定的标准和方式,应当考虑行政机关及其工作人员的职责范围,包括其履行职责可能产生的问题和困难。

二/(一) 行政调解[74]

第六十六条/(一)[75] 初级行政法院有权调解其受理的案件,最高行政法院有权调解向其起诉的初审案件。

调解原则、方式和条件,参照适用最高行政法院法官大会条例的规定。

---

[74] 第二部分/(一) 调解 第六十六条/(一)至第六十六条/(十二) 增加于《行政法院成立与程序法》〔2019〕12号文件。

[75] 第六十六条/(一) 增加于《行政法院成立与程序法》〔2019〕12号文件。

第六十六条/(二)[76] 行政法院有权对其管辖范围内的案件进行调解,具体如下:

(一)案件涉及行政机关或工作人员怠于履行法律规定的职责或迟延履行职责的;

(二)案件涉及行政机关或工作人员侵权或有其他过错的;

(三)案件涉及行政协议的;

(四)最高行政法院法官大会条例规定的其他案件。

如果第一款规定的调解与金钱或财产有关的,国务院可以责令涉案的行政机关或工作人员对调解原则作出规定,且须征得财政部或其他有权机关的批准。

第六十六条/(三)[77] 禁止对以下案件进行调解:

(一)违反法律或属于法律明令禁止调解的案件;

(二)影响社会安定或公序良俗的案件;

(三)影响他人身份利益或公共利益的案件;

(四)对法律适用具有严重影响的案件;

(五)对当事人的权利、职责或能力之外的因素有争议的案件;

(六)第十一条第(一)项规定的司法争端委员会作出的裁决有异议的案件;

(七)法律规定向最高行政法院提起诉讼的司法争端委员会作出裁决的案件;

(八)最高行政法官大会条例规定的其他案件。

第六十六条/(四)[78] 从起诉到事实审查结束的期间内,当事人可共同向行政法院申请调解,或一方当事人申请调解,另一方当事

---

[76] 第六十六条/(二) 增加于《行政法院成立与程序法》〔2019〕12号文件。
[77] 第六十六条/(三) 增加于《行政法院成立与程序法》〔2019〕12号文件。
[78] 第六十六条/(四) 增加于《行政法院成立与程序法》〔2019〕12号文件。

人同意调解的,如果合议庭认为合适,且征得最高行政法院院长或初级行政法院院长(视情况而定)的同意。对于当事人不同意调解的,行政法院可继续审理。

合议庭在审理中发现应当调解且当事人同意的,适用本条第一款。

最高行政法院院长或初级行政法院院长(视情况而定)任命不参与案件的法官作为调解员,应当考虑该法官的专业能力的匹配程度。

第六十六条/(五)[79] 案件应当在调解法官规定的期间内完成调解,不能引起不必要的延迟。

第六十六条/(六)[80] 调解法官应当中立、不偏袒履职。

法官回避和法官退出审理,参照适用第六十三条的规定。

第六十六条/(七)[81] 不得对最高行政法院院长、初级行政法院院长、调解法官、合议庭或相关的审理人员在调解过程中作出的方案、意见、命令、程序或审理行为提出申诉。

第六十六条/(八)[82] 禁止参与调解的当事人、调解法官、调解专家或其他人员,以任何方法公开或在案件审理中引用下列事项:

(一)当事人参与调解的意愿;

(二)在调解过程中涉及中止审理的方案或方法有关的意见或建议;

(三)在调解过程中当事人认可或作出的行为;

(四)当事人在调解过程中引用的事实;

---

[79] 第六十六条/(五) 增加于《行政法院成立与程序法》〔2019〕12号文件。
[80] 第六十六条/(六) 增加于《行政法院成立与程序法》〔2019〕12号文件。
[81] 第六十六条/(七) 增加于《行政法院成立与程序法》〔2019〕12号文件。
[82] 第六十六条/(八) 增加于《行政法院成立与程序法》〔2019〕12号文件。

（五）为调解而制作的文件。

第一款规定以外的调解信息，可根据最高行政法院法官大会条例进行公开或引用。

调解使用的证据，如果是在仲裁阶段、审理阶段或其他阶段能够依法调取的，不适用第一款的规定。

禁止仲裁机构、法院、行政机关或其他人员采信或使用违反本款规定获得的事实。

第六十六条／（九）[83]　符合下列情形的，行政案件调解终止：

（一）行政法院允许撤诉或法院责令从案件目录中注销案件；

（二）依照第六十六条／（十）的规定对案件全部或部分争议焦点已调解完成的；

（三）一方当事人不愿意继续调解的；

（四）当调解法官认为没有必要继续调解，调解无法顺利完成，继续调解会导致案件拖延，或继续调解违反调解原则的，由合议庭下令终止调解。

第六十六条／（十）[84]　行政案件调解顺利完成，所有争议焦点达成一致意见的情况下，行政法院根据调解结果作出判决。如果只是部分争议焦点达成一致意见，法院应当记录已调解完成的争议焦点，对未达成一致意见的争议焦点继续进行调解，最后统一记录于判决书中。

第六十六条／（十一）[85]　禁止对第六十六条／（十）规定的初级行政法院就达成一致意见的部分或全部争议焦点作出判决的案件提出上诉，下列情形除外：

---

[83]　第六十六条／（九）　增加于《行政法院成立与程序法》〔2019〕12号文件。
[84]　第六十六条／（十）　增加于《行政法院成立与程序法》〔2019〕12号文件。
[85]　第六十六条／（十一）　增加于《行政法院成立与程序法》〔2019〕12号文件。

（一）一方当事人主张其被对方当事人欺诈的；

（二）行政法院的判决被认为违反关于社会安定或公序良俗的法律规定的；

（三）行政法院的判决被认为与调解协议的约定不一致的；

对经过调解的案件提出上诉，应当自判决书作出之日起三十日内向作出该判决书的法院提出。

第六十六条/（十二）[86] 最高行政法院法官大会条例的制定，适用本节第六条的规定。

三、行政案件的裁判

第六十七条 行政法院的判决和裁定，如果由多个行政法官进行审理的，应当按照行政法官中人数多的一方的意见作出；行政法官中持有不同的意见的，应当在判决书或裁定书，将其不同的意见予以注明。

第六十八条 最高行政法院院长认为有必要，可以将任何争议问题或案件提交法官大会审理；法律或最高行政法院法官大会条例规定任何争议问题或案件由法官大会审理的，应当提交法官大会审理。

法官大会由所有在职的最高行政法院法官组成，除依照第六十三条规定被要求回避的除外，但其组成人数不得少于最高行政法院法官人数的一半，由最高行政法院院长担任法官大会主席。

法官大会的决议，应当按照多数人的意见作出；如果双方票数相同的，由最高行政法院院长投一决定票。

第六十九条 行政法院的判决或裁定至少应当写明：

---

[86] 第六十六条/（十二）增加于《行政法院成立与程序法》〔2019〕12号文件。

（一）原告的名称；

（二）引起诉讼发生的行政机关或其工作人员；

（三）诉讼的理由；

（四）争议的事实；

（五）裁判依据；

（六）判决结果；

（七）判决执行，如果有判决执行的，必须写明须履行执行职责的行政机关或其工作人员；

（八）如果有判决执行的，执行方法或程序依照判决书。

依照前款作出的判决书或裁定书，由参加审理的行政法官签名；如果有某个行政法官因正当事由无法签名的，由初级行政法院院长或最高行政法院院长将上述事由记录在判决书或裁定书中。

行政法院公开宣读判决或裁定，该宣告日视为行政法院作出判决或裁定的日期；行政法院应当适当提前告知当事人宣读判决或裁定的时间。

在行政法院约定的宣告判决或裁定之日，如果没有当事人到庭的，行政法院不开庭宣告，并对此事予以记录；该记录日视为行政法院作出判决或裁定之日。

行政法院办公室应当将行政法院的判决或裁定整理归类，并将其放置于行政法院，便于人民群众查阅或复制；人民群众查阅或复制的，可以依照《行政法院司法委员会条例》的规定收取手续费。

行政法院办公室应当公开行政法院的判决书或裁定书以及公开行政法官专员依照第五十八条规定作出的意见。

第七十条 行政法院的判决书对当事人具有约束力，当事人自判决书作出之日起直至该判决书被修正，或被改判、被撤销，或被驳回之日止，应当遵守该判决书。

初级行政法院的判决,自上诉期满之日起发生法律效力;如果有上诉的,终审法院的判决具有最终法律效力。但如果上诉案件是最高行政法院法官大会条例规定的案件,胜诉的一方当事人有正当事由的,可以向初级行政法院或最高行政法院申请执行,最高行政法院依照最高行政法院法官大会条例规定的原则、方式和条件,对执行申请进行审查并作出审查决定。[87]

第七十一条 依照上诉判决或裁定的规定,判决或裁定在下列情形下对案外人具有约束力,具体如下:

(一)对于驱逐出其居住场所的判决或裁定,约束力及于居住在该场所内的家属,能证明其有特殊权利的除外;

(二)基于判决或裁定而参与案件的保证人,该判决或裁定适用于该保证人,而无须另行起诉保证人;

(三)判决或裁定涉及个人或法人身份或能力的,案外人可以该判决或裁定为依据,主张相关权利或者对案外人具有约束力,案外人享有其他更优越权利的除外;

(四)判决或裁定涉及财产权利的,相关当事人可以主张该财产与案外人有关,案外人有更优越权利的除外。

第七十二条 在审理案件时,行政法院有权作出下列任何一个裁定:

(一)当事人依照第九条第一款第(一)项的规定起诉行政机关或其工作人员违法作出行政行为的,行政法院有权裁定撤销其作出的决定、命令,或责令其停止全部或部分行政行为;

(二)当事人起诉行政机关或其工作人员玩忽职守或者履行职务严重迟延的,行政法院有权责令行政机关的负责人或工作人员,

---

[87] 第七十条第二款 修改于《行政法院成立与程序法》〔2016〕8号文件。

在规定的时间内履行职责;

(三)当事人起诉行政机关或其工作人员的职务行为涉及行政侵权的,或者应当承担其他责任的,或者起诉涉及行政协议的,行政法院有权责令其在规定的期限和条件下支付金钱或交付财产,或者作出或不作出某种行为;

(四)当事人向法院提起诉讼,请求法院确认其享有某种权利或履行义务的,行政法院有权裁定相关个人享有该权利或履行该义务;

(五)责令个人依法作出或不作出某种行为。

行政法院依照第一款第(一)项的规定作出的裁定,其可以根据公平原则,规定该裁定具有或不具有溯及既往的效力,或者对未来多长时间内具有法律约束力,或者应当具备何种条件具有法律约束力。

行政法院终审判决撤销规则的,应当将该判决公布于行政公报,该撤销规则判决于《政府公报》公布之日起发生效力。

第四款[88](废除)

第五款[89](废除)

第六款[90](废除)

第七十二条/(一)[91] 行政法院应当根据案件胜诉的比例退回全部或部分诉讼费用。

第七十三条 当事人不服初级行政法院判决或裁定的,有权在判决书或裁定书作出之日起三十日内向初级行政法院提起上诉;如果没有在上述规定的上诉期内提起上诉的,该判决或裁定视为终审

---

[88] 第七十二条第四款 废止于《行政法院成立与程序法》〔2016〕8号文件。
[89] 第七十二条第五款 废止于《行政法院成立与程序法》〔2016〕8号文件。
[90] 第七十二条第六款 废止于《行政法院成立与程序法》〔2016〕8号文件。
[91] 第七十条/(一) 增加于《行政法院成立与程序法》〔2016〕8号文件。

判决或裁定。

第一款规定的判决或裁定,包括藐视法庭的裁定和其他具有最终法律效力的裁定。

最高行政法院认为上诉的事实或法律问题不具有实质审查意义的,可以裁定不予受理。

最高行政法院的判决和裁定是具有最终法律效力的判决和裁定。

第七十四条 不同层级的行政法院对同类性质的行政争议纠纷作出了相反的或矛盾的判决或裁定,且该判决或裁定都具有最终法律效力的,应当以最高行政法院的判决或裁定为准。

初级行政法院之间对同类性质的行政争议纠纷作出了相反的或矛盾的判决或裁定,且该判决或裁定都具有最终法律效力的,当事人或利害关系人向最高行政法院请求遵循某个判决或裁定的,最高行政法院对该申请作出的决定是最终的决定。

第七十五条 判决或裁定生效后,当事人、利害关系人或被判决结果影响的人在下列情形之下,可以向行政法院申请再审:

(一)行政法院认定事实错误,或者有新证据证明其认定的事实发生了实质性改变的;

(二)真正的当事人或利害关系人未能参加案件审理,或者参加案件但被不公平地剥夺了参与庭审机会的;

(三)审理程序严重错误,影响案件公平判决或裁定的;

(四)依照某个事实或法律作出的判决或裁定后,其所依赖的事实或法律发生了实质性改变,导致该判决或裁定违反现行有效的法律的。

依照前款规定申请再审的,只有在当事人或利害关系人没有过错,且其在最后一次审理时不知道存在上述事由的情况下,方可提起。

再审申请的,应当自知道或应当知道再审事由之日起九十日内提起,但自行政法院作出判决或裁定之日起最长不能超过五年。

第七十五条/(一)[92]　行政法院判决或裁定的执行,参照适用与本法规定和行政诉讼法律原则不冲突的民事诉讼法典关于判决或裁定执行的条款以及执行员费用的条款。

为了能使案件依照前款规定和依照行政法院的判决或裁定执行,最高行政法院法官大会有权制定条例,来规定执行原则、方式和条件。

第七十五条/(二)[93]　执行员的任命,由行政法院依照行政法院司法委员会规定的任命条件,在行政法院公务员中选任;执行员在审理的过程中或者在执行行政法院的判决或裁定时履行职责,应当依照本法规定和最高行政法院法官大会条例。

依照第一款规定履行职责的,执行员可以委托个人或其他人代为履行。以上,适用依照最高行政法院法官大会条例的规定。

第七十五条/(三)[94]　行政法院发现或者当事人向法院提出申请,或执行员向行政法院汇报当事人未按行政法院的执行决定履行义务的,行政法院有权对上述事项予以审理和调查,并且对判决、裁定或其他决定的执行方式予以规定,以便快速地完成案件的执行。

第七十五条/(四)[95]　行政机关或其工作人员未按行政法院的执行决定正确、完整履行义务的;或者迟延履行义务的,行政法院应当查明事实,如果行政法院调查后认为其认定的事实足够证明,其

---

[92]　第七十五条/(一)　增加于《行政法院成立与程序法》〔2016〕8号文件。
[93]　第七十五条/(二)　增加于《行政法院成立与程序法》〔2016〕8号文件。
[94]　第七十五条/(三)　增加于《行政法院成立与程序法》〔2016〕8号文件。
[95]　第七十五条/(四)　增加于《行政法院成立与程序法》〔2016〕8号文件。

未按行政法院的执行决定正确、完整履行义务或者迟延履行义务是没有正当理由的,行政法院可以决定以适当的数额,对未按行政法院的执行令履行义务的行政机关或其工作人员予以罚款,每次罚款不超过五万泰铢。行政法院可以将其未按规定履行义务的情况通知上级机关、主管人、监管人或国务院总理,以督促其履行职责或命令,或者对其予以纪律处分,并将处理结果告知行政法院。

第一款规定的罚款裁定,应当由合议庭作出,罚款上交国库。

行政机关的工作人员不依照第一款规定缴纳罚款的,行政法院可以下令执行其财产。

如果行政机关或其工作人员在作出判决之前未依照第六十六条规定的措施或方法,对当事人给予临时性救济,或者迟延履行救济义务的,参照适用本条规定。

最高行政法院法官大会有权依照本条制定条例,以规定执行原则、方式或条件。

第五节　行政法院办公室

第七十六条　设立"行政法院办公室",行政法院办公室具有法人资格,是依照宪法设立的具有独立法律地位的行政法院内设机构。

第七十七条　行政法院办公室具有如下职责:

(一)负责行政法院的行政管理工作;

(二)根据行政法院的决定履行相关工作;

(三)监督行政案件的执行,使其按照行政法院的判决内容执行;

(四)研究和收集资料,为行政法院履行职务提供便利;

(五)分析行政案件产生的起因,为政府相关机构提出改进建议;

(六)发行和公开行政法院的判决书和裁定书;

（七）培训行政法官、行政法院办公室公务人员和与之相关的政府工作人员，推进公法和国家行政管理事务的发展，培养公法领域的人才，以及协调与其他相关部门的工作；

（八）依照本法或其他法律规定的其他工作。

第七十八条 行政法院办公室秘书长直接对最高行政法院院长负责。行政法院办公室秘书长是行政法院办公室行政事务的管理者，其职责是负责管理行政法院办公室的日常行政事务工作。任命行政法院办公室副秘书长，负责协助行政法院办公室秘书长工作和执行行政法院办公室行政工作。

行政法院办公室秘书长的任命，由最高行政法院院长提名，经行政法院司法委员会同意后提交国务院总理，由国务院总理呈交国王恩准任命。

当行政法院办公室的事务涉及对外业务时，由行政法院办公室秘书长代表行政法院办公室履行相关工作，也可以由行政法院办公室秘书长委派其他工作人员代为履行工作，必须遵守公布于《政府公报》的《行政法院公务员委员会条例》。

行政法院秘书长的任期为任命之日起四年，由最高行政法院院长任命，经行政法院司法委员会同意，任期届满可续期，续期不超过两次，每次一年。[96]

行政法院办公室秘书长离任但保持公职人员身份的，无严重违纪行为或不廉洁行为，如果年龄未满六十周岁，最高行政法院院长经过行政法院公务员委员会的同意，任命其就职与行政法院办公室秘书职务相当的职位。[97]

---

[96] 第七十八条第四款　增加于《行政法院成立与程序法》〔2017〕9号文件。
[97] 第七十八条第五款　增加于《行政法院成立与程序法》〔2017〕9号文件。

第七十八条／（一）⁹⁸　行政法院办公室秘书长可从行政法院法官中选任,经行政法院司法委员会同意,由国王恩准任命,退出行政法院法官职位。

依照第一款规定任命的行政法院办公室秘书长的任期为任命之日起两年,可重新接受任命,但连续不得超过两届。最高行政法院院长在经行政法院司法委员会同意的情形下,可以在上述期限届满前辞退秘书长。

第一款规定的行政法院办公室秘书长,有权依照行政法院办公室秘书长职务级别的工资标准,获得工资和津贴或其他补贴以及获得其在任职前享有的工资和津贴。如果其所得的工资和津贴高于行政法院办公室秘书长职务的最高工资标准的,调整至行政法院办公室秘书长职务的工资和津贴的最高工资标准。

第七十八条／（二）⁹⁹　第一款规定的行政法院办公室秘书长,如果在担任秘书长之前有违反纪律行为的,由行政法院公务员委员会依照行政法院法官纪律的规定进行审查;如果在担任秘书长的过程中有违反纪律行为,且已经调回法官职位任职的,由行政法院司法委员会依照行政法院司法人员纪律规定进行审查;如果有需要给以处罚的,由行政法院司法委员会作出裁决。

依照第一款规定进行纪律审查时,如果在上级机关审查或调查的过程中,发现有违法行为,且发生在其担任行政法院办公室秘书长之前或在调任法官之前的,则依照违法行为发生时的生效法律进行审查,直至案件审理完结。然后视情况将案件移交行政法院公务员委员会或行政法院司法委员会,由其对案件进行继续审查。

---

⑱　第七十八条／（一）增加于《行政法院成立与程序法》〔2017〕9号文件。
⑲　第七十八条／（二）增加于《行政法院成立与程序法》〔2017〕9号文件。

第七十九条 行政法院办公室工作人员的职责是根据预审法官的授权,为其审理案件提供帮助,以及根据行政法院秘书长的授权履行其他职责。

行政法院办公室工作人员根据预审法官的授权履行相关事务的,该行政法院办公室工作人员是《刑法典》规定下的调查人员。

第八十条 依照行政法院司法委员会规定的标准,对各等级的行政法院办公室工作人员的任职资格进行规定。

行政法院办公室秘书长有权任命具备前款规定任职资格的人员为行政法院办公室工作人员。

第八十一条⑩ 设立"行政法院公务员委员会",简称C.S.C.A.C.,由下列人员组成:

(一)委员会会长,即由最高行政法院院长担任,或由最高行政法院院长授权最高行政法院副院长担任委员会会长;

(二)委员会委员,即由行政法院办公室秘书长和行政法院公务员委员会秘书长担任委员会委员;

(三)具备行政法院公务员委员会委员资格的人员,且是行政法院法官的人员四名,其中,任职最高行政法院的法官二名,任职于初级行政法院的法官二名;

(四)从行政法院公务员中选任四名具备行政法院公务员委员会委员资格的人员,且其职务不低于《行政法院司法委员会条例》规定职务的人员;

(五)经委员会会长和第(二)(三)(四)项规定的委员会委员选任,从具备行政法院公务员委员会委员资格,且其不是或不曾是行政法院公务员,且其从事机构发展或管理方面的人员中各选任

---

⑩ 第八十一条 修改于《行政法院成立与程序法》〔2017〕9号文件。

一名。

由行政法院公务员委员会任命行政法院公务员委员会秘书和助理秘书。

第八十一条／（一）[101] 第八十一条第一款第（三）（四）（五）项规定中的具备行政法院公务员委员会委员资格的人员，不得同时担任第三十五条第一款第（二）项或者第（三）项规定中的行政法院司法委员会委员。

第八十一条／（二）[102] 第八十一条第一款规定的具备行政法院公务员委员会委员资格的人员，应当具备第四十一条／（四）规定的委员资格，且不得有法律禁止的相应情形。

第八十一条／（三）[103] 选任第八十一条第一款规定的行政法院公务员委员会委员，依照下列规定进行：

（一）选任第八十一条第一款第（三）项规定的行政法院公务员委员会委员，参照适用第八十一条／（五）的规定；

（二）选任第八十一条第一款第（四）项规定的行政法院公务员委员会委员的方式，适用经最高行政法院法官大会同意后的《行政法院司法委员会条例》的规定。

第八十二条 第八十一条第一款第（三）（四）（五）项规定的行政法院公务员委员会委员每届的任职期限为二年，可以连任两届，但连任不得超过两届。[104]

如果在某届的任职期限内出现委员职位空缺的，可以自职位空缺之日起六十日内重新选任新委员；但如果距离该届任期期满不超

---

[101] 第八十一条／（一） 增加于《行政法院成立与程序法》〔2017〕9号文件。
[102] 第八十一条／（二） 增加于《行政法院成立与程序法》〔2017〕9号文件。
[103] 第八十一条／（三） 增加于《行政法院成立与程序法》〔2017〕9号文件。
[104] 第八十二条第一款 修改于《行政法院成立与程序法》〔2017〕9号文件。

过九十日的,也可以不重新选任。

新选任出来的行政法院公务员委员会委员的任职期限等同于被代替的行政法院公务员委员会委员的任职期限剩余的期限。

第八十三条[105] 第八十一条第一款第(三)(四)(五)项规定的行政法院公务员委员会委员,除了因任期届满而终止职务之外,如果有出现下列情形的,终止职务:

(一)死亡;

(二)辞职;

(三)因行政法院公务员委员会委员个人有不适格的言行,并经现有的行政法院公务员委员会全体人数占四分之三投票表决,同意其调离行政法院公务员委员会委员职位的;

(四)第八十一条第一款第(三)项规定中的行政法院公务员委员会委员依照第二十一条的规定离职的;

(五)第八十一条第一款第(二)项规定从初级行政法院中选拔担任行政法院公务员委员会委员,被任命为最高行政法院法官的;

(六)第八十一条第一款第(三)(四)(五)项规定的行政法院公务员委员会委员,被选任为第三十五条第一款规定的行政法院司法委员会委员的或者第四十一条/(二)第一款规定的行政法院执行委员会委员的;

(七)第八十一条第一款第(四)项规定的行政法院公务员委员会委员从行政法院公务员中离职的;

(八)第八十一条第一款第(五)项规定的行政法院公务员委员会委员,依照第八十一条/(二)规定不具备委员资格或具有法律规定禁止的情形的。

---

[105] 第八十三条 修改于《行政法院成立与程序法》〔2017〕9号文件。

依照第一款规定,行政法院公务员委员会委员离职的,由行政法院公务员委员会作出裁决。

第八十四条[106] 行政法院公务员委员会有权对行政法院办公室的人员管理和其他事宜制定条例或发布公告,具体如下:

(一)规定资格、选拔、招聘、任命、实习、调动、晋升、免职、加薪、辞职、纪律、调查、开除、暂停职以及纪律处分、申诉和处罚上诉;

(二)保护行政法院办公室代表人员和保护其履行代表职务;

(三)规定行政法院办公室公务人员的制服和着装;

(四)委托任何个人或单位从事某种行为;

(五)维护行政法院公务人员的人事档案和退休管理;

(六)规定行政法院公务人员和行政法院办公室人员的聘用方式和条件,包括规定制服和着装、纪律、调查以及纪律处分、申诉、上诉、人事档案保护以及行政法院公务人员和行政法院办公室人员的其他必要事项;

(七)针对行政法院办公室公务人员的职务划分及其职责的规定事宜,向行政法院执行委员会提出建议;

(八)针对行政法院办公室公务人员的福利和其他补助,向行政法院执行委员会提出建议;

(九)规定属于行政法院公务员委员会职权范围内的其他事项。

第八十四条/(一)[107] 行政法院公务员委员会的会议,参照适用第四十一条的规定。

第八十五条 行政法院办公室公务人员的职位、月薪、特殊情况下增加工资,参照适用《普通公务员条例法》中涉及普通公务员的条

---

[106] 第八十四条 修改于《行政法院成立与程序法》〔2017〕9号文件。
[107] 第八十四条/(一) 增加于《行政法院成立与程序法》〔2017〕9号文件。

款。在这里,"C.S.C."是指普通公务员委员会。

第八十六条 行政法院办公室公务人员的工资等级、岗位补贴率、薪资以及工资和补贴的支出,应当参照适用政府公务员工资和补贴条例的相关规定。

第八十七条 行政法院办公室公务人员的招聘和任命,由下列人员负责:

(一)行政法院办公室副秘书长的招聘和任命,由最高行政法院院长提名,经行政法院司法委员会同意后提交国务院总理,由国务院总理呈交国王恩准任命;

(二)行政法院办公室其他公务人员的招聘和任命,除副秘书长以外,由行政法院办公室秘书长负责。

第八十八条 行政法院办公室公务人员调往其他政府机构担任公务员的,或调往地方行政机关担任工作人员的,或者招聘和任命其他政府机构的公务员或地方行政机关的工作人员为行政法院办公室公务人员的,须经被调动人员同意,并经有权招聘和任命的人与原机构协商一致,同意调动,在行政法院公务员委员会或地方行政机关工作人员委员会同意的情况下,可以依照《行政法院公务员委员会条例》的规定予以调动。

依照前款规定,招聘和任命其他政府机构的公务员或地方行政机关的工作人员为行政法院办公室公务人员的,其职务高低、工资和岗位补贴数额,由行政法院公务员委员会审查决定,但其工资不能高于相同等级且具有资格、能力和专业的行政法院办公室公务人员的工资。

前款规定的招聘和任命其他政府机构的公务员或地方行政机关的工作人员为行政法院办公室公务人员的,为了方便计算任职时间,依照本法,可以将其担任公务员或工作人员的任职期间视为其担任行政法院办公室公务人员的任职期间。

依照本法规定,不得将政治官员和处于试用期阶段的公务员调动到行政法院办公室,担任行政法院办公室公务人员。

第八十九条 行政法院办公室公务人员有权依照《公务员养老基金条例》,享有与政府公务员相同的养老金。

第九十条 国家审计办公室对行政法院和行政法院办公室的账号、财务审查之后,应当及时将审计结果直接提交众议院、参议院和国务院。

第九十一条 行政法院办公室应当将预算清单提交国务院,以便于国务院在年度预算草案或补充预算草案中,规划分配行政法院和行政法院办公室的补贴;国务院可以将其对行政法院和行政法院办公室的预算支出提出意见,并将该意见附加在年度预算草案报告或补充预算草案报告中。

第九十二条 涉及提交或审查预算支出、任命行政法院法官或者审查与行政法院办公室或行政法院有关的事项,如果行政法院办公室秘书长向国务院、国会联合会议、众议院、参议院或其他相关委员会提出请求的,可以准许行政法院办公室秘书长或其委托的人对该事项作出说明。

第九十三条 行政法院办公室每年向国务院、众议院和参议院汇报工作一次。

附则规定

第九十四条 在最初时期,应当在地方设立下列行政法院:

(一)孔敬府行政法院设立在孔敬府,其管辖范围覆盖缪拉信府、孔敬府和马哈沙拉堪府;

(二)春蓬府行政法院设立在春蓬府,其管辖范围覆盖春蓬府、巴蜀府、佛丕府和拉农府;

（三）清迈行政法院设立在清迈府,其管辖范围覆盖昌莱府、清迈府、夜丰颂府、喃邦府和喃奔府;

（四）呵叻府行政法院设立在呵叻府,其管辖范围覆盖猜也奔府和呵叻府;

（五）洛坤行政法院设立在洛坤,其管辖范围覆盖甲米府、洛坤、攀牙府、普吉府和素叻他尼府;

（六）武里南府行政法院设立在武里南府,其管辖范围覆盖武里南府和素林府;

（七）彭世洛府行政法院设立在彭世洛府,其管辖范围覆盖甘烹碧府、来兴府、那空沙旺府、披集府、彭世洛府、碧差汶府和素可泰府;

（八）帕府行政法院设立在帕府,其管辖范围覆盖难府、帕天府、帕府和程逸府;

（九）惹拉府行政法院设立在惹拉府,其管辖范围覆盖陶公府、北大年府和惹拉府;

（十）罗勇府行政法院设立在罗勇府,其管辖范围覆盖尖竹汶府、北柳府春武里、桐艾府、巴真武里府、罗勇府和沙缴府;

（十一）华富里府行政法院设立在华富里府,其管辖范围覆盖那空那育、那育他耶府、华富里府、北标府、信武里府和红统府;

（十二）沙功那空府行政法院设立在沙功那空府,其管辖范围覆盖那空帕农府、莫拉限府和沙功那空府;

（十三）宋卡府行政法院设立在宋卡府,其管辖范围覆盖董里府、高头府、宋卡府和沙敦府;

（十四）素攀府行政法院设立在素攀府,其管辖范围覆盖北碧府、猜纳府、素攀府和乌泰他尼府;

（十五）乌隆府行政法院设立在乌隆府,其管辖范围覆盖莱府、廊开府、农磨喃普府和乌隆府;

(十六)乌汶府行政法院设立在乌汶府,其管辖范围覆盖也梭吞府、黎逸府、四色菊府、乌汶府和库纳乍伦府。

第九十五条　依照第八条的规定,在中级行政法院管辖范围内,增设和运行了地方行政法院。依照第九十四条的规定新设了初级行政法院的,其所有在新增加地方行政法院管辖范围,但是中级行政法院或依照第九十四条的规定增加前的初级行政法院正在审理的案件,由中级行政法院或依照第九十四条的规定增加前的初级行政法院继续审理。

第九十六条　自本法实施之日起五年内被任命为最高行政法院法官的人,不适用第二十一条第一款第(三)项的规定。

第一款规定的被任命为最高行政法院法官的人,可以得到或有权获得任命期间的普通的养老金待遇,应当参照适用第三十二条的规定。

第九十七条　自本法实施之日起,第一次任命最高行政法院法官的,应当由最高行政法院选拔委员会负责选任。其最高行政法院选拔委员会委员由下列人员组成:由国务院大会选任的国务院办公室政府官员二名;由最高法院大会选任的,且其职务不低于最高法院法官的最高法院审判人员二名;检察官委员会代表一名;公务员委员会代表一名;律师协会委员会代表一名;从国家法学院或相当的高等教育机构中选任的代表一名;从国家政治学院或相当的高等教育机构中选任的代表一名。同时,由上述委员在其委员中选任一名委员,担任委员会主席。

前款规定的最高行政法院选拔委员会,应当从行政法院办公室公务人员中选任一名公务人员担任秘书。

第九十八条　最高行政法院选拔委员会,应当选拔不超过二十三人担任最高行政法院法官。最高行政法院法官应当具有本法规定的任职条件，具备相应的知识和能力，且其适合担任最高行政法院法官。同时，上述选拔参照适用第十五条第一款规定，其选拔应当自本法实施之日起六十日内完成。

为了最高行政法院选拔委员会能依照前款规定选拔出有知识、有能力，并且最适合担任最高行政法院法官的人选，最高行政法院选拔委员会应当将自愿申请的候选人名单，或依照第十三条规定被有关机构或组织提名的具备任职条件的人员名单列出。上述人员应当提供学术成果或工作经验等证据，以证明其具备和适合担任最高行政法院法官的知识和能力。基于上述目的，在将最终拟录用名单提交国务院总理之前，应当将候选人名单和拟被录用人员的名单予以公示，同时应当邀请法律领域和行政管理领域的人员，对上述人员提出审查意见。

前款规定的人员经国王恩准，任命为最高行政法院法官后，最高行政法院选拔委员会的职责终止。由最高行政法院法官在最高行政法院法官中选任最高行政法院院长一名，最高行政法院副院长二名，最高行政法院庭长四名。上述人员的选任，参照适用第十五条第二款和第三款的规定。

第九十九条 在设立初期，依照第九十八条规定成立的最高行政法院法官大会选任具备任职资格和任职能力的初级行政法院院长一名，每个初级行政法院副院长各一名，其他初级行政法院法官不超过一百三十名。同时将该人员名单提交国务院总理，由总理提请国王恩准任命，参照适用第九十八条第二款的规定。

第一百条 当依照第九十八条规定任命最高行政法院法官和依照第九十九条任命初级行政法院法官之后，参议院、国务院和最高行政法院院长应当在九十日内设立行政法院司法委员会。

第一百零一条 在设立初期至2001年9月30日，不适用第三十条第二款的规定。初级行政法院法官、初级行政法院庭长和初级行政法院副院长有权依据其职务享有对应的工资。但如果其调动到行政法院前享有更高级别工资的,其工资标准按照行政法院司法委员会的规定。

第一百零二条 任何人如果其被调到行政法院担任行政法院法官或行政法院办公室公务人员前,已经是《公务员养老金条例》规定中的公务员的,其在《公务员养老基金条例》第三节实施前,没有申请公务员养老基金的,有权依照《公务员养老金条例》获得养老金。

第一百零三条 当依照第九十八条和第九十九条任命了行政法院法官之后,最高行政法院院长应当在《政府公报》上公布最高行政法院、中级行政法院和地方行政法院的运作之日。最高行政法院和中级行政法院应当自本法实施之日起不超过一百八十日开始运作,对于第九十四条规定的地方行政法院的运作,根据实际需要,并考虑具备相应的知识和能力,且其适合担任行政法官的录用情况,但每年运作的地方行政法院应不少于七所。

在第九十四条规定的地方行政法院没有全部运作期间,最高行政法院法官大会有权根据需要在《政府公报》上公布决定,已经正式运营的行政法院对其附近的府的行政案件享有管辖权。

当公布中级行政法院开始运作后,应当将其所有申诉委员会正在审查的案件,或申诉委员会已经作出审查决定,但国务院总理尚未下决定的案件移交中级行政法院。如果中级行政法院认为该案件属于第九条规定的范围,应当对案件进行审理和作出裁决。

为了便于当事人进行诉讼,中级行政法院在某所地方行政法院开始运作的情况下,可以根据需要将案件移交该有管辖权的地方行政法院审理。

依照第三款规定移交审理的案件,应当依照最高行政法院法官大会条例的规定进行,且不得违反本法规定。

  第一百零四条 在尚未依照第八十四条规定设有人事管理条例或公告期间,行政法院办公室公务人员的人事管理参照适用《普通公务员条例法》,行政法院公务员委员会有权依照上述条例法,行使普通公务员委员会的职责。

  在尚未任命行政法院公务员委员会委员职务之初,行政法院公务员委员会应当及时地选任三人担任行政法院公务员委员会委员。行政法院公务员委员会由其所现有的全体委员组成。

  第一百零五条 自本法实施之日起,所有起诉到其他法院的案件,或者其他法院正在审理的案件,且其具备本法规定的行政案件的特点的,由该法院继续审理,并作出最终裁决。

  第一百零六条 依照《1996年工作人员侵权责任法》第十一条规定起诉到申诉委员会的案件,其不属于本法规定的行政法院的受案范围的,应当视为其有权向普通法院起诉。

  第一百零七条 在行政法院办公室得到年度预算之前,行政法院司法委员会应当将行政法院的运营以及设立和管理行政法院办公室的计划提交国务院,以便为上述机构运作和管理其活动而申请财政经费补贴。

  国务院根据行政法院司法委员会提交的费用开支,根据需要,将其作为一般财政补贴,对该预算进行分配。